墨香财经学术文库

教育部人文社会科学研究青年基金项目（15YJC630067）资助

"十二五"辽宁省重点图书出版规划项目

Analysts' Behavior
and Informed Margin
Trading and Short Selling

证券分析师行为
与买空卖空中的知情交易

李　颖 ◎著

东北财经大学出版社
Dongbei University of Finance & Economics Press

大连

图书在版编目（CIP）数据

证券分析师行为与买空卖空中的知情交易 / 李颖著．—大连：东北财经大学出版
社，2017.3

（墨香财经学术文库）

ISBN 978-7-5654-2703-9

Ⅰ．证…　Ⅱ．李…　Ⅲ．证券交易－研究－中国　Ⅳ．F832.51

中国版本图书馆CIP数据核字（2017）第026339号

东北财经大学出版社出版发行

　　大连市黑石礁尖山街217号　　邮政编码　116025

　　网　　　址：http：//www.dufep.cn

　　读者信箱：dufep @ dufe.edu.cn

大连图腾彩色印刷有限公司印刷

幅面尺寸：170mm×240mm　字数：206千字　印张：13.5　插页：1
2017年3月第1版　　　　　　2017年3月第1次印刷
责任编辑：李　栋　　　　　　责任校对：那　欣
封面设计：冀贵收　　　　　　版式设计：钟福建
定价：32.00元

教学支持　售后服务　　联系电话：（0411）84710309
版权所有　侵权必究　　举报电话：（0411）84710523
如有印装质量问题，请联系营销部：（0411）84710711

序

在现代财务与金融理论中，对证券市场定价的研究占有重要地位。尽管有关资产定价的研究浩如烟海，人类对资产价格波动逻辑的认知仍然很肤浅。2013年的诺贝尔经济学奖授予了美国经济学家尤金·法玛、拉尔斯·皮特·汉森和罗伯特·J.席勒，以表彰他们在资产定价实证分析方面所做的贡献。有趣的是，尤金·法玛和罗伯特·J.席勒持有完全不同的学术观点，前者认为市场是有效的，而后者则坚信市场存在缺陷。

根据有效市场理论，证券市场价格对与价格有关的信息的反应状况决定了市场的有效程度。因此，在证券价格形成过程中，改善信息披露、信息传输、信息解读以及信息反馈等各个环节的效率，将有助于提高市场有效性。

李颖博士的专著《证券分析师行为与买空卖空中的知情交易》，以中国证券市场2010年以后融资融券改革为背景，通过证券分析师评级调整行为观察买空卖空交易中是否存在知情交易，以此判断分析师是否存在不公平披露信息的行为，分析师的信息来源于何处，明星分析师行为与普通分析师有何不同，以及由于分析师不公平信息披露导致的知情交易对市场流动性的影响。通过分析师上调、下调评级前后股票的累积超额收益与之前 10 个交易日的异常买空和卖空之间的相关分析发现，卖空者利用了源自分析师的信息抢先进行了知情交易；与普通分析师相比，明星分析师泄密行为会显著增加卖空者的知情交易，同时，买空者利用了明星分析师即将上调评级这一信息抢先交易；明星分析师提前释放信息导致了大量知情交易，造成市场信息不对称，从而抑制市场流动性；明星分析师利用其与上市公司高管的私人关系，在评级调整尤其是下调评级中，包含比普通分析师相应的评级调整更高的信息含量。研究发现的一些现象能帮助我们更深入、更全面地了解证券分析师的行为及其对证券交易产生的影响，这些研究对于监管部门完善分析师信息披露制度、加强对违规的知情交易的监管也有重要的实践意义。

本书是李颖在其博士论文的基础上补充完善而成的，作为她的指导老师，在五年多的时间里，我见证了她从入学时对学术研究知之甚少到毕业时成为一名能独立从事研究工作的优秀学者的成长过程。在这个过程中，她付出了比其他人多几倍的努力，在家庭、生活方面做出了巨大的牺牲。对学术的热爱和执着，对自己高标准的要求，使她有了今天的成绩，对此我感到十分欣慰。

中国的证券市场恢复建立还不到 30 年的时间，新兴加转轨的特点使得学者们对中国证券市场的研究无论理论层面还是实践层面都还有大量工作要做。希望学界同仁一起，通过扎实的研究，共同为促进中国证券市场的发展做出贡献。

中国人民大学副校长 博士生导师

伊志宏

2016 年 11 月 20 日

前言

　　金融市场上的投资者可以分为知情交易者与噪声交易者两类。通常知情交易者比噪声交易者更具有信息优势，他们在交易双方的博弈中会占据主导地位。假如知情交易者利用不公平披露的信息提前获取信息并抢先交易，这就可能损害其他噪声交易者的利益，而买空与卖空交易由于具有杠杆效应将会放大投资者在信息占有上的不公平。

　　现代证券监管的目的是树立市场信心、保障投资者权益。信息披露制度是造就市场信心的主要机制。证券分析师在其中发挥着重要作用，其基本职责是搜集、加工与传递信息。然而，现实情况却可能与理想状态不符。分析师原本应该公平披露信息，降低资本市场信息不对称程度、提升资本市场定价效率，但事实上他们却有可能提前释放信息给部分利益相关者，加剧知情交易者与噪声交易者之间的冲突。

　　本书围绕分析师泄密行为与买空卖空知情交易这一主线，结合分析师的异质性特征，深入考察了分析师的信息获取及披露、分析师的信息提前释放与买空卖空中的知情交易、买空知情交易对市场流动性的影响等内容。全书共分为九章。其中，第 1 章至第 3 章分别为"引论""制度与背景""文献回顾",第 4 章总体对比考察分析师上调与下调评级前是否存在买空与卖空知情交易;第 5 章与第 6 章分别结合分析师异质性特征,深入考察分析师下调评级与卖空知情交易,以及分析师上调评级与买空知情交易问题;第 7 章结合分析师异质性特征,进一步考察买空知情交易对市场流动性产生的影响;第 8 章结合分析师异质性特征,深入考察分析师的信息挖掘与处理过程;最后,第 9 章在总结全书研究成果的基础上提出政策建议。

全书主要的研究发现及研究结论如下:第一,总体来看,分析师上调评级前后股票的累积超额收益与之前 10 个交易日的异常买空之间无显著的相关关系,而分析师下调评级前后股票的累积超额收益与之前 10 个交易日的异常卖空之间呈显著的负相关关系;表明从总体来看,买空者并未大量利用分析师泄露的信息抢先交易;但卖空者利用了源自于分析师的信息抢先进行知情交易。第二,与普通分析师子样本相比,在明星分析师子样本中,下调评级日的股票超额收益与之前 10 个交易日的异常卖空更加显著负相关;表明分析师异质性对于卖空知情交易会产生重要的影响,具体而言,明星分析师泄密行为显著增加了卖空中的知情交易。第三,与普通分析师子样本不同,在明星分析师子样本中,分析师上调评级日的股票超额收益与之前 10 个交易日的异常买空显著正相关;表明投资者更有可能利用源于明星分析师的信息抢先进行买空交易。第四,明星分析师上调评级发布日股票的超额收益与之前 10 日的股票异常流动性呈显著负相关关系,表明明星分析师提前释放信息会抑制市场流动性。第五,明星分析师评级调整时更多使用了无形信息,而且上市公司高管变更与证券分析师行为准则的执行降低了明星分析师将无形信息融入股价的能力,表明明星分析师发布的评级调整比普通分析师发布的评级调整包含更高的信息含量,而且最可能的机制在于明星分析师直接将源自于公司内部人的无形信息融入了证券市场。

本书在相关论文以及所涉及的教育部项目的研究过程中,得到了许多国内外知名学者的大力支持,其中主要包括中国人民大学伊志宏教授、姜付秀教授、汪叔夜教授、孟庆斌副教授,美国 Western Kentucky 大学 Kam C. Chan 教授、香港岭南大学 Kenny Lin 教授、香港浸会大学 Fang Zhang 副教授，以及中央财经大学江轩宇博士等，他们分别在不同阶段对本研究成果进行过直接的指导，在此深表感谢。另外，还要感谢我的工作单位——山西财经大学在我读博士期间的大力支持，感谢我的家人为此付出的牺牲，感谢 2015 年度教育部人文社会科学研究青年基金项目《证券分析师行为与融资融券中的知情交易》（15YJC630067）的资助，感谢东北财经大学出版社编辑们的辛苦付出。

作者

2016 年 11 月 16 日

目录

第1章 引论

1.1 问题的提出

金融市场上的投资者可以分为知情交易者与噪声交易者两类（Lee et al., 1991; De Long et al., 1990; Lee et al., 2002; Low, 2004; Verma and Verma, 2006; Avramov et al., 2006; Baker and Wurgler, 2007; Davidson and Ramiah, 2010）。在有效市场理论中噪声交易是不存在的，噪声只是一个均值为零的随机扰动项，随着时间的推移，价格会逐渐趋近内在价值，噪声会逐渐消失，非理性交易者会由于"市场选择"而消失，最终由理性交易者主导市场。而噪声交易理论则认为由于信息不对称和金融市场不确定性的长期存在，噪声会长期存在，使价格可能长期偏离基础价值。噪声是众多因素共同作用的结果，其中最主要的因素是金融市场众多交易者存在着严重的信息不对称以及交易者对风险偏好不同。

既然知情交易者比噪声交易者更具有信息优势，所以他们在交易双方的博弈中会占据主导地位。假如知情交易者利用不公平披露的信息提前获取信息并抢先交易，这就更可能损害其他噪声交易者的利益。假如买空卖空交易者是知情交易者，由于买空卖空的杠杆效应能够放大这种信息占有的不公平，因而噪声交易者就会受到更严重的利益侵害。

投资价值是证券市场导向的参数。现代证券投资理论的有效性建立在两个假设的前提下：一是证券价格对证券信息具有不同程度的敏感性；二是存在着一种能够提供信息、传递信息并保证信息质量的法律制度。随着证券专业化程度的提高，即便现在的信息披露有效，人们亦受制于对信息的判断力，无法区分证券品质的高低，做出正确的投资决策。信息披露报告中大量晦涩难懂的法律和会计术语，对投资者而言意义甚微。投资者全面收集和正确分析信息的成本非常高昂，有时可能高于投资的收益。现代证券监管的目的是通过树立市场信心从而实现保障投资者的目的。造就市场信心的主要机制是信息披露制度。证券市场要坚持公平、公开和公正的三公原则，应使所有的投资者能最大限度地获得信息，并且投资者获得信息的机会平等。为投资者的投资决策提供参考意见的证券投资咨询机构因此应运而生，该机构拥有的投资分析专家，拥有先进的信息跟踪设备和专业知识，被称为证券分析师。

证券分析师的基本职责是搜集、加工与传递信息。这是一个高智慧、高挑战的职业。独特的信息应该能够体现证券分析师的核心竞争力。然而，现实中的资本市场却可能与制度制定之初预期的理想状态并不完全一致。例如，分析师基于利益考虑，在获取信息时既可能通过解读公开信息"生产"出新的信息，也可能利用一些不合法的私人关系渠道"挖掘"上市公司尚未公开的信息；在信息披露时既可能向投资者公平地披露信息，又可能向部分利益相关者提前释放信息。相应地，从信息获取的结果来看，由于不同分析师的研究能力以及社会关系存在差异，所以不同分析师最终获取的信息就有可能存在很大差异；从信息披露的后果来看，分析师原本应该公平披露信息，并促使资本市场信息不对称程度降低、促进资本市场定价效率提升，但事实上他们却有可能提前释放信息给部分投资者，导致知情交易者与噪声交易者之间的冲突更加尖锐。

因此，本书专门讨论证券分析师泄密行为所导致的买空卖空知情交易问题。

1.2　研究思路及章节安排

本书围绕分析师泄密行为与买空卖空知情交易这一主线，结合分析师的异质性特征，综合考察了分析师的信息来源、使用及其披露；分析师信息提前释放对买空卖空知情交易的影响；买空知情交易对市场流动性的影响。主体部分的分析思路为：首先，考察总体来看分析师上调（或下调）评级前是否存在买空（或卖空）知情交易，并对这两者进行对比分析。其次，结合分析师异质性特征，分别深入考察分析师下调评级与卖空知情交易，以及分析师上调评级与买空知情交易问题。再次，结合分析师异质性特征，进一步考察知情交易对市场流动性产生的影响。最后，结合分析师异质性特征，深入考察分析师的信息挖掘与处理过程。

除第1章"引论"、第2章"制度与背景"、第3章"文献回顾"以外，本书的主体研究内容还包含其余六章，各章的主要内容阐述如下：

笔者在第4章中研究分析师评级调整与买空卖空中的知情交易。首先，为了总体上判断，分析师泄露利好消息与利空消息时对买空知情交易与卖空知情交易程度的影响是否存在差异，将分析师作为一个整体，对2010年3月至2015年末的数据进行考察，检验分析师上调（或下调）评级前后股票的累积超额收益与之前10个交易日股票的异常买/卖空之间的关系。其次，为了判断知情交易者的信息是否的确来源于分析师泄密，而非直接来源于上市公司高管等其他途径，将研究期间（−10，−1）分别与两个不同的基期（−30，−15）及（−60，−30）相对比，并以此差值为因变量进一步检验分析师上调（或下调）评级前后股票的累积超额收益与之前10个交易日股票的异常买/卖空之间的关系。再次，为了考察本章研究结论的合理性，进一步检验股票交易规模的变化对买空卖空中知情交易程度的影响。最后，为了考察买空卖空知情交易的制约因素，进一步检验券商规模的变化对买空卖空中知情交易程度的影响。

笔者在第 5 章中研究分析师异质性与卖空知情交易。这一章结合分析师异质性特征，对卖空知情交易问题做深入的探讨。首先，将分析师总样本区分为明星分析师与普通分析师两个子样本，分别考察分析师下调评级日的股票超额收益与之前 10 个交易日的异常卖空之间的关系。其次，基于上述检验发现，明星分析师子样本中结果更加显著的现象，为了判断知情交易者的信息是否的确来源于明星分析师泄密，而非来源于其他途径，进一步考察在明星分析师与普通分析师子样本中，（-10，-1）期间的异常卖空与（-20，-11）期间的异常卖空是否存在显著的差异，并以该差值为因变量检验在明星分析师与普通分析师子样本中下调评级日股票的超额收益与之前 10 个交易日股票的异常卖空之间的关系。再次，为了判断是否明星分析师下调评级确实包含更高的信息含量，将明星分析师与普通分析师下调评级的所有股票形成两个不同的证券组合，检验与普通分析师相比，依据明星分析师的"卖出"建议形成的证券组合，在"卖出"日至未来一段时间是否可以获取更好的收益。然后，进一步利用分析师当选为"明星"这一外生事件，检验其对异常卖空与下调评级日股票超额收益之间关系的影响。最后，为了考察明星分析师泄密导致卖空知情交易的制约因素，进一步检验机构投资者的持股比例对明星分析师下调评级日股票超额收益与之前 10 个交易日异常卖空的影响。

笔者在第 6 章中研究分析师异质性与买空知情交易。这一章结合分析师异质性特征，对买空知情交易问题做深入的探讨。首先，将分析师总样本区分为明星分析师与普通分析师两个子样本，分别考察分析师上调评级日的股票超额收益与之前 10 个交易日的异常买空之间的关系。其次，基于上述检验发现明星分析师子样本中结果更加显著的现象，为了判断知情交易者的信息是否的确来源于明星分析师泄密，而非来源于其他途径，将因变量与基期相应变量进行比较。同时，考察上市公司未来盈余意外、异常买空与分析师上调评级之间的关系。再次，为了判断是否明星分析师上调评级确实包含更高的信息含量，比较根据明星分析师上调评级与普通分析师上调评级形成的证券组合在上调评级日之后 1 至 24 个月的风险调整收益。然后，进一步研究市场上买空规模的变化对明星分析师上调评级与异常买空之间关系的影响。最后，为了考察明星分析师泄密导致买空知情交易的制约因素，检验明星分析师所任职券商的规模，以及机构投资者持股比例对明星分析师上调评级与异常买空之间关系的影响。

笔者在第 7 章中研究分析师异质性、买空知情交易与市场流动性。这一章结合分析师异质性特征，首先检验分析师上调评级日股票的超额收益与之前 10 个交易日内股票的异常流动性之间的关系，并区分明星分析师与普通分析师子样本进行检验。其次，为了考察上述现象的出现是否与买空者知情交易相关，进一步检验股票转融通对分析师上调评级日股票的超额收益与之前 10 日的异常流动性之间关系的影响。

笔者在第 8 章中研究明星分析师的信息优势。这一章主要考察明星分析师评级调整时是否更擅长处理有形与无形信息，以及明星分析师是否有更好的渠道获取信息。首先，检验利用明星分析师推荐"买入"或"卖出"的股票形成的证券组合进行投资时，是否比利用普通分析师推荐"买入"或"卖出"的股票形成的证券组合进行投资时能够赚取到更高的收益。其次，检验明星分析师评级调整时是否更多使用了有形信息或者无形信息。然后，为了考察上述现象的出现是否因为明星分析师的研究能力更强，检验上述现象是否在分析师当选为"明星"前后都会发生。同时，检验上述关系是否随着分析师经验的增长而发生变化。最后，为了考察上述现象的出现是否因为明星分析师与上市公司高管的私人关系更好，检验上述现象是否在高管变更与证券分析师行为准则执行之后会减弱。

笔者在第 9 章中提出了研究结论及政策建议。具体包括对全文研究结论的系统总结，以及在此基础上提出的政策建议，并指出本研究的局限性及未来值得进一步研究的方向。

全文的结构安排如图 1-1 所示。

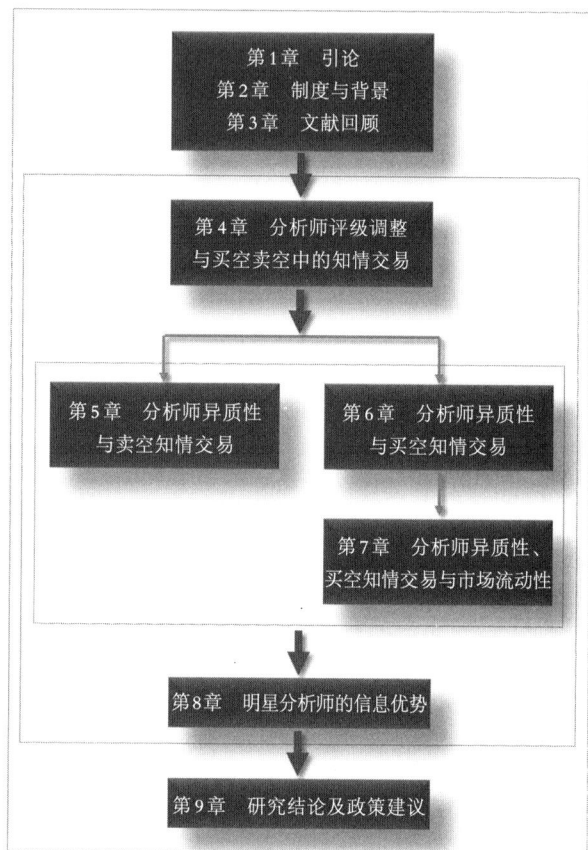

图 1-1　全书结构示意图

1.3　研究价值及创新

本书的理论价值及重要创新点体现在如下三个方面。

第一，本书结合我国新兴市场的特点，分析了融资买空与融券卖空中的知情交易问题。知情交易对资本市场有效性、不同投资者之间信息及交易的公平性均具有重要的影响，而买空卖空交易的杠杆效应则放大了知情交易的影响。考虑到我国新兴市场信息披露环境较差、投资者保护程度较弱、股价波动明显、市场流动性较差的特点，如果融资融券杠杆交易中出现异常知情交易，就可能使上述问题雪上加霜，例如，恶化信息披露环境、侵害部分投资者利益、影响市场质量。综上所述，研究我国资本市场上买空卖空中的知情交易问题具有重要的理论价值。以往学术界的相关研究成果主要聚焦于美国等发达市场，缺乏基于我国特殊制度背景的深入讨论。因而，本研究不仅有助于对我国资本市场上买空卖空知情交易问题进行系统分析，而且本研究的成果也有助于补充学术界有关买空卖空知情交易的文献。

第二，本书从证券分析师泄密的视角，讨论买空卖空知情交易问题。证券分析师是资本市场信息传递的重要中介，其发布的信息、研究报告的逻辑以及推荐的股票会对机构投资者以及中小投资者造成重要的影响。如果分析师拥有的信息未能做到公平披露，就有可能对资本市场的投资者造成较大的影响。如果分析师的信息泄露给买空卖空交易者，对市场的影响就可能更为严重。以往对分析师泄密的相关研究主要聚焦于美国等发达市场，缺乏对新兴市场的讨论。因此，本研究不仅有助于考察我国资本市场上证券分析师泄密的动机、条件与后果，而且本研究的成果也有助于补充学术界有关分析师泄密的文献。

第三，本书不仅将证券分析师作为一个整体进行研究，而且进一步考察了分析师异质性对买空卖空知情交易的影响。在我国，由于法律监管环境相对较为薄弱，声誉奖惩机制并不健全，因此明星分析师虽然为机构投资者提供了更令人满意的服务，但这并不必然意味着明星分析师会更少泄密。相反，由于明星分析师更受市场投资者的信任，其观点的发布有可能产生羊群效应，所以明星分析师也有可能与较高程度的买空卖空知情交易相关。综上所述，分析师异质性有可能影响买空卖空知情交易的程度，但以往的相关研究缺乏对分析师异质性的讨论。因此，本书结合分析师异质性深入考察买空卖空知情交易问题，有助于深入剖析我国资本市场上证券分析师行为对买空卖空知情交易的影响，而且本研究的成果也有助于补充学术界有关分析师异质性的文献。

本书的现实意义主要体现在如下三个方面：

第一，本书的研究成果可以为证券监管部门加强对买空卖空交易者及证券分析师的监管提供思路。首先，本研究发现在一定条件下，买空与卖空中都有可能出现知情交易，而且与买空相比卖空中的知情交易更加严重，但买空知情交易对市场质量产生的不利影响更为明显。因此，监管机构有必要进一步完善市场交易制度，加强对买空卖空交易者的监控，加大处罚力度，规避买空卖空者利用交易规则的漏洞进行知情交易。其次，本研究发现明星分析师比普通分析师更有可能提前释放信息给买空卖空者抢先交易，而且他们更多将私有信息作为评级调整的依据，还会更多利用与上市公司高管的关系挖掘私有信息。上述行为显然已经违背了我国相关法律法规中关于分析师信息来源以及信息披露的规定。因此，监管部门有必要完善针对证券分析师行为的法律法规、加大对分析师违法违规行为的处罚力度，提高分析师违法违规活动面临的法律风险。最后，在约束机制方面，本研究发现分析师所任职券商的规模并不能对分析师泄密行为起到有效的制约作用，但是，当机构投资者重仓持股时，买空卖空中的知情交易会受到一定程度的抑制，因此，监管部门应该加强对券商的监管，加大对其违法违规行为的处罚力度；更加关注机构投资者持股比例较低的股票，以便利用最低的监控成本实现最佳监控效果。

第二，本书的研究成果可以为证券分析行业的发展提供一些参考依据。本研究发现部分分析师会利用与上市公司的关系挖掘私人信息、提前释放信息给买空卖空者抢先交易，这种行为在一定程度上损害了市场质量。尤其需要引起重视的是，明星分析师比普通分析师在上述方面表现得更为明显。因此，证券分析行业必须采取切实有效的措施加强对分析师的管理。首先，从源头上削弱分析师利用关系渠道挖掘信息、泄露信息的动机。完善分析师的绩效考核机制，将薪酬激励更多地与分析师研究报告的质量属性挂钩。建立健全客观公正的分析师社会声誉奖惩机制，积极引导分析师关注投资者整体的利益。其次，证券分析行业需要采取有效举措落实相关法律法规的条款，严格执行行业自律准则，加大分析师违法违规行为所需付出的代价。最后，证券分析行业应当采取有效措施切实提高分析师的业务能力。例如，加强分析师的职业技能培训、大量引进高水平人才等。只有提高分析师的研究能力，才能降低分析师对关系渠道及特定客户的依赖，才可能坚持研究的独立性、客观性及前瞻性，证券分析行业才能赢得市场的长期尊重，获得持续发展的动力。

第三，本书的研究成果可以为证券投资者的投资决策提供一些参考建议。投资者必须正确认识分析师在信息传递过程中可能存在的自利行为，理性地从分析师的研究报告中提取有价值的信息。证券分析师的基本职能是现代资本市场上的信息中介，但作为特定社会环境中的一员，他们的行为不可避免地受到其他因素的干扰。如果投资者的决策受到分析师个人利益最大化行为的误导，就有可能遭受惨重的损失。这就要求投资者不能盲目听从证券分析师的投资建议。在阅读分析师研究报告时，应该更加注重分析师论证过程的逻辑，在结合对各方面信息的综合判断之后，做出正确的投资决策。

第 2 章　制度与背景

2.1　买空与卖空交易

2.1.1　买空卖空交易的出现与发展

本书涉及的买空卖空交易是指融资融券交易，融资融券又称证券信用交易，是指投资者向具有融资融券业务资格的证券公司提供担保物，借入资金买入证券（融资交易）或借入证券并卖出（融券交易）的行为。融资是借钱买证券，证券公司借款给客户购买证券，客户到期偿还本息，客户向证券公司融资买进证券称为"买空"；融券是借证券来卖，然后以证券归还，证券公司出借证券给客户出售，客户到期返还相同种类和数量的证券并支付利息，客户向证券公司融券卖出称为"卖空"。

19 世纪融资融券交易开始在美国出现并迅速发展，信用交易大大增强了美国证券市场的流动性。由于双向交易机制的存在，信用交易多次在股价被严重低估和高估时发挥了促使股价回归的积极作用。但

1929 年至 1933 年的经济大萧条使道琼斯指数下跌了近 90%，监管部门担心信用交易过度会带来风险，开始实施法律管制。美国国会 1933 年和 1934 年分别通过了《证券法》和《证券交易法》，规定了美国证券交易委员会和美联储的定位、在信用交易中的监管范围和职能。这两个机构在此上层法的基础上制定详细的监管规则，对信用交易中的授信和交易行为进行管理。2004 年，美国证券交易委员会制定《规则 SHO》取代《证券交易法》中关于卖空交易的相关条款。2008 年金融危机后，美国又颁布卖空禁令、修改《规则 SHO》并加强卖空交易信息披露，进一步完善信用交易监管体系。另外，行业自律组织也制订了一系列操作规则。以纽约证券交易所为例，在其信用交易账户操作细则中，对最低起始保证金比率、信用交易账户的最低维持保证金比率、补交保证金的期限等问题进行了规定。

再来看看日本，第二次世界大战后日本百废待兴，为了推动日本经济重建，1951 年原日本大藏省（以下简称"大藏省"）的证券交易委员会开始采用信用交易制度，允许券商对其客户融资融券。1954 年日本通过了《证券交易法》，随后通过中央银行注入 17 亿日元成立了专业化的证券金融公司，为信用交易的融资或者融券提供支持和融通。1955 年日本修改《证券交易法》，明确了大藏省对新成立证券金融公司的审批权力，以及大藏省对信用交易活动监管的范围，奠定了日本信用交易的监管体系。1963 年日本股市大崩溃，东京交易所提出信用交易制度根本改善方案。将原定 3 个月偿还期限延长为 6 个月；废除原定"手续费"及"偿还手续费"减轻客户的负担；创设最低委托保证金制度抑制资金薄弱的投资人参与信用交易；加强管理尚未结账的信用交易账户，按月通知其信用交易余额并征收管理费；降低融券户应收日息使融资户与融券户的负担趋于均衡；增大资金供应量并扩大可作为借贷交易的股票。证券金融公司的活动极大地活跃了证券市场，对战后日本证券市场的恢复乃至整个日本经济的重建起到了重要的推动作用。

我国大陆地区的证券信用交易历来被法律所禁止。2004 年修订的《证券法》仍然包含以下规定：第 36 条"证券公司不得从事向客户融资或者融券的证券交易活动"，第 141 条"证券公司接受委托卖出证券必须是客户证券账户上实有的证券，不得为客户进行融券交易。证券公司接受委托买入证券必须以客户资金账户上实有的资金支付，不得为客户融资交易"。尽管《证券法》明确禁止信用交易，但券商为了吸引客户实际上利用了各种办法允许客户透支或者变相透支。为了促进资本市场的发展，2005 年修订的《证券法》取消了上述限制，允许证券公司为客户提供融资融券服务。2006 年证监会分别发布《证券公司融资融券试点管理办法》及《融资融券交易试点实施细则》。2008 年证监会发布《证券公司监督管理条例》，规定证券公司向客户融资应当使用自有资金或依法筹集的资金；向客户融券应当使用自有证券或依法取得处分权的证券；证券公司从事融资融券业务，自有资金或者证券不足的可以向证券金融公司借入，证券金融公司的设立和解散由国务院决定。随着资本市场的迅速发展和证券市场法制建设的不断完善，证券公司开展融资融券业务试点的条件逐渐成熟。2010 年 3 月 19 日，证监会公布融资融券首批 6 家试点券商（国泰君安、国信证券、中信证券、光大证券、海通证券和广发证券）。2010 年 3 月 31 日起上海、深圳证券交易所开始接受券商的融资融券交易申报，融资融券交易正式进入市场操作阶段。为了缓解证券公司开展融资融券业务的资金和证券方面的不足，2011 年 8 月 19 日，证监会发布《转融通业务监督管理试行办法（草案）》。2012 年 8 月 30 日融资转融通业务启动，2013 年 2 月 28 日转融券试点启动。自 2010 年 3 月允许 90 只上榜股票进行融资融券交易以来，榜单几经调整，允许融资融券交易的股票逐年增加。2011—2015 年各年末进行融资融券交易的股票数量分别为 278 只、278 只、700 只、902 只及 921 只（数据来源：WIND 数据库）。根据 2015 年 5 月 22 日本经济新闻中文版"'两融'下的中国牛市"报道：截至 2015 年 5 月 19 日中国深沪两市融资融券交易余额已达 19 678 亿元，是 2014 年同期的 5 倍左右，相当于美国纽约证券交易所的近 70%，是日本的约 13 倍；中国融资融券交易余额占股市市值总额的比例为 3.5%，远高于纽约股市（2.4%）和日本股市（0.5%）。

在证券融资融券交易中，包括证券公司向客户的融资融券和证券公司获得资金及证券的转融通两个环节。转融通的基本授信有分散与集中之分，在分散模式下，转融通可以由金融市场中有资金或证券的任何人提供。具体而言，投资者向证券公司申请融资融券，由证券公司直接对其提供信用，但当证券公司的资金或股票不足时，则向金融市场融通资金或借取股票，这种模式建立在发达金融市场的基础上，它以美国为代表，我国香港股票市场也采用了类似的模式。在集中授信模式下，证券公司对投资者提供融资融券，同时设立带有一定垄断性质的证券金融公司为证券公司提供资金和证券的转融通，以此来调控流入和流出证券市场的信用资金和证券量，这种模式以日本、韩国为代表。另外还有双轨制信用模式，以中国台湾地区为代表。在证券公司中，只有一部分拥有直接融资融券的许可证的公司可以给客户提供融资融券服务，然后再从证券金融公司转融通，而没有许可的证券公司只能接受客户的委托，代理客户的融资融券申请，由证券金融公司来完成直接融资融券的服务。上述三种模式各具特色，在各国（地区）的信用交易中发挥了重要作用。选择哪种信用交易模式很大程度上取决于金融市场的发育程度、金融机构的风险意识和内部控制水平等因素。我国大陆地区现阶段的证券信用交易模式主要采取证券金融公司主导的集中信用模式。

2.1.2 买空卖空交易的特点

与普通股票交易相比，融资融券交易具有鲜明的特点。

第一，信用交易的杠杆效应。融资和融券交易通俗地讲就是借钱买证券和借证券卖证券的交易，普通的股票交易必须支付全额价款，但融资融券只需交纳一定的保证金即可交易。例如，如果交纳10%的保证金，就意味着可以用同样多的金额进行十倍于资金规模的操作。投资者通过向证券公司融资融券，扩大交易筹码，可以利用较少的资本来获取较大的利润。

第二，信用交易是货币市场和资本市场之间重要的资金通道。货币市场和资本市场作为金融市场的两个有机组成部分，两个市场间的资金流动必须保持顺畅状态，如果相互之间资金流动的通道阻塞或变得狭窄，势必降低金融市场的整体效率。信用交易机制以证券金融机构为中介，一头联结着银行金融机构，一头联结着证券市场的投资者，通过融资融券交易，引导资金在两个市场之间有序流动，从而提高证券市场的整体效率。

第三，融资融券交易中存在双重信用关系。第一重信用关系：在融资信用交易中，投资者仅支付部分价款就可买进证券，不足的价款由经纪人垫付，经纪人向投资者垫付资金是建立在信用基础上的，即经纪人垫付部分差价款，是以日后投资者能偿还这部分价款及支付相应利息为前提的。第二重信用关系：经纪人所垫付的差价款，一般来源于券商的自有资金、客户保证金、银行借款或在货币市场融资，此为转融通，包括资金转融通和证券转融通。

第四，融资融券交易包含做空机制。普通股票交易必须先买后卖，当股票价格上涨时很容易获利，但是当股票价格下跌时，或者割肉止损，或者持股等待价格重新上涨。引入融资融券制度后，投资者可以先借入股票卖出，等股价真的下跌后再买回归还给证券公司，这意味着股价下跌时也能获利，改变了单边市场状况。

2.1.3 买空卖空交易的作用

融资融券交易具有重要的积极作用。第一，融资融券制度是现代多层次证券市场的基础。融资融券和做空机制、股指期货等是配套连在一起的，将会同时为资金规模和市场风险带来巨大的放大效应。第二，融资融券制度有助于缓解市场的资金压力。融资买入可以为投资者提供融资，必然给证券市场带来新的资金增量。证券公司的融资渠道目前有基金等多种方式，融资的放开和银行资金的入市也会分两步走。在股市低迷时期，对于基金这类需要资金调节的机构来说能解燃眉之急。第三，融资融券有明显的活跃交易的作用。例如，融资交易者是市场上最活跃的、最能发掘市场机会的部分，对信息的快速反应将起促进作用。在欧美市场融资交易者的成交额占股市成交总额的 18%～20%，在中国台湾市场上，这一比例有时甚至为 40%。一定程度上，融资融券业务也有利于增加股票市场的流通性。第四，融资融券制度有助于完善市场的价格发现功能，尤其是卖空机制的引入将改变原来市场单边市的局面，有利于人们对市场价格的发现。第五，在完善的市场体系下，融资融券制度能发挥价格稳定器的作用。即当市场过度投机或者做庄导致某一股票价格暴涨时，投资者可通过融券卖出方式沽出股票，从而促使股价下跌；反之，当某一股票价值被低估时，投资者可通过融资买进方式购入股票，从而促使股价上涨。第六，融资融券交易有助于改善券商的生存环境。融资融券的引入，会大大提高交易的活跃性，从而为证券公司带来更多的经纪业务收入。根据国际经验，融资融券一般能给证券公司经纪业务带来 30%～40%的收入增长。在美国 1980 年的所有券商的收入中，有 13%来自于对投资者融资的利息收入。而在中国的香港和台湾两个地区则更高，可以达到经纪业务总收入的 1/3 以上。融资融券业务除了可以为券商带来数量不菲的佣金收入和息差收益外，还可以衍生出很多产品创新机会，并为自营业务降低成本和套期保值提供了可能。第七，融资融券的引入为投资者提供了新的盈利模式。融资使投资者可以在投资中借助杠杆，而融券可以使投资者在市场下跌的时候也能实现盈利。

但也必须注意到，融资融券交易是一把双刃剑，也可能带来消极影响。第一，融资融券可能助涨助跌，增大市场波动。即在不完善的市场体系下信用交易不仅不会起到价格稳定器的作用，反而会进一步加剧市场波动。第二，融资融券还可能增大金融体系的系统性风险。具体表现在如下几个方面：（1）透支比例过大，一旦股价下跌，其损失会加倍。（2）当大盘指数走低时，信用交易有助跌的作用。（3）融资融券的引入，不仅会大大提高交易的活跃性，为证券公司带来更多的经纪业务收入，而且融资融券业务本身也可以成为证券公司的一项重要业务，但融资利息收益不一定能够持久地成为证券公司的主要收入来源，例如笔者比较了美国 2003 年和 1980 年证券公司收入结构发现，融资利息收入从 13%下降到 3%。另外，证券金融公司具有一定的垄断性，融资利息收入可能更多地被证券金融公司获得，而证券公司进行转融通时所能获取的利差会相对较小。

2.2　针对投资者及分析师行为的法律法规

我国目前已经出台了一系列法律法规，对投资者与分析师涉嫌参与抢先交易的行为进行约束。例如，2007 年 3 月 27 日，证监会颁布《证券市场操纵行为认定指引（试行）》，认定"抢帽子交易操纵"是指证券公司等机构的工作人员，买卖或者持有相关证券，并对该证券或其发行人、上市公司公开做出评价、预测或者投资建议，以便通过期待的市场波动取得经济利益的行为。

2009 年 2 月颁布的《刑法修正案（七）》将刑法第一百八十条第一款修改为："证券、期货交易内幕信息的知情人员或者非法获取证券、期货交易内幕信息的人员，在涉及证券的发行，证券、期货交易或者其他对证券、期货交易价格有重大影响的信息尚未公开前，买入或者卖出该证券，或者从事与该内幕信息有关的期货交易，或者泄露该信息，或者明示、暗示他人从事上述交易活动，情节严重的，处五年以下有期徒刑或者拘役，并处或者单处违法所得一倍以上五倍以下罚金；情节特别严重的，处五年以上十年以下有期徒刑，并处违法所得一倍以上五倍以下罚金。"并增加一款作为第四款："证券交易所、期货交易所、证券公司、期货经纪公司、基金管理公司、商业银行、保险公司等金融机构的从业人员以及有关监管部门或者行业协会的工作人员，利用因职务便利获取的内幕信息以外的其他未公开的信息，违反规定，从事与该信息相关的证券、期货交易活动，或者明示、暗示他人从事相关交易活动，情节严重的，依照第一款的规定处罚。"

证监会 2010 年 10 月 12 日《发布证券研究报告暂行规定》指出：证券公司等机构应当公平对待证券研究报告的发布对象，不得将证券研究报告的内容或者观点，优先提供给公司内部部门、人员或者特定对象。

作为其配套细则，中国证券业协会 2012 年 6 月 19 日发布（并于 2012 年 9 月 1 日起施行）《发布证券研究报告执业规范》及《证券分析师执业行为准则》两个自律规则，分别从证券公司研究部门的业务管理层面和证券分析师的个人执业操守层面给出了具体的操作指南。这两个规则通过细化法规条款对证券分析师工作标准流程进行规范。例如，《发布证券研究报告执业规范》明确规定了分析师观点形成过程中可使用的信息来源；禁止分析师将其获知的未公开重大私有信息作为投资建议的依据；要求证券公司建立合理的分析师绩效考核和激励机制，不得将分析师的薪酬标准与外部媒体评价单一指标直接挂钩；不得将分析师个人薪酬与分析师参与的承销保荐、财务顾问等项目的业务收入直接挂钩；不得由与分析师研究业务存在利益冲突的部门参与对分析师的考核。《证券分析师执业行为准则》规定：分析师的配偶、子女或父母担任相关公司的董事、监事或高管的，分析师应当进行执业回避或在研报中予以披露；分析师不得兼任上市公司的独立董事等有损其独立性与客观性的其他职务。

尽管有上述法律法规出台，但分析师通常采用电话、短信、微信等隐秘的方式与他人私下沟通信息，监管部门事实上难以对分析师"泄密"行为进行有效稽查；在案件审理过程中，受害方举证困难，即便投资者损失惨重，也往往无法提起诉讼。因为分析师"泄密"、抢先交易等行为的违法违规风险仍然较小，所以很容易导致现实中乱象频发：首先，分析师有可能利用短信、微信等手段向私募基金经理、客户或其他投资者"泄密"。投资者收到信息提前买进股票就可以锁定收益，等信息对外公布后又有一波上涨行情。例如，中信证券首席分析师张某芳利用微信泄密事件①就是典型代表。其次，分析师也可能参与抢先交易。例如，2006 年 9 月至 2009 年 4 月期间，海通证券明星分析师叶志刚在撰写报告发送客户前，利用本人及所控亲属账户多次买入其研报推荐的多只股票，并在报告发送后卖出股票从中获利。

2.3 明星分析师的甄选制度

"新财富最佳分析师"评选由《新财富》杂志主办，是中国本土第一份，也是当前最具社会影响力的市场化分析师排名，自 2003 年底首届评选至 2014 年已经举办了十二届。这十二届"新财富最佳分析师评选"共从 10 500 余位候选分析师（含各年度重复报名者）中评出了 1 238 位最佳分析师，他们分别来自 34 家证券公司。该活动由国内机构

---

① 例如 2014 年 6 月，原中信证券医药行业首席分析师张某芳在其微信群和朋友圈发布消息称："丽珠集团将于下周二公布管理层限制性股票加期权方案……随着股权激励的完善未来三年业绩增速逐年加快，维持'增持'评级。"由于涉嫌内幕消息泄密，张某芳所在群中多人迅速退群撇清关系，而张某芳却威胁说："纷纷退群者您以后不愿再接收我们的正式研究报告和调研、电话会议邀请了吗？"一位业内分析师曾曝光她发过的短信："新财富投票已经结束，贵公司投资总监、基金经理均对我团队投出宝贵的一票，而你作为研究员却没有对我团队进行提名，我们遗憾的通知你，明年你将不能加入我 200 人的微信群。"

投资者票选中国内地资本市场最出色分析师。（1）评选对象为研究覆盖内地上市公司，并向投资内地资本市场的机构投资者提供全面研究服务的证券研究机构分析师（不含基金研究方向分析师）及其所在机构。（2）截至 2014 年评选主体已经涵盖了国内公募基金公司的投资总监、研究总监、基金经理、社保基金的基金经理、专户理财部，全国社保基金理事会，保险公司/保险资产管理公司权益投资部及投资经理、研究部，QFII 投资经理，私募基金，证券公司资产管理部及自营业务部，财务公司，信托公司等。（3）评选时由每位投票人直接填写每个研究方向（2014 年包括 28 个行业）的前五名分析师，依次按照 5、4、3、2、1 的权重，乘以各类评选主体相应的权重（以基金经理/社保基金经理为例：乘以投票人管理的基金规模权重），最后加总所有投票人的评分，得出某位分析师的评分总和。将各方投票结果汇总后产生"新财富最佳分析师"。每个研究领域的前三或前五名为获奖分析师（2008 年由评选前三名变更为评选前五名）。

表 2-1　　　　2003—2014 年新财富最佳分析师评选概况

评选年度	候选方			投票人		
	参评研究机构数量（家）	参评分析师人数（人）	行业划分（个）	机构投票人数（人）	掌握资金总额（亿元）	选票回收率
2003	直接提名		26	77	682	65%
2004	35	450	29	126	>2 500	100%
2005	28	550	32	251	>5 000	100%
2006	22	500	32	348	>6 000	100%
2007	26	450	32	532	>30 000	100%
2008	36	900	31	900	>30 000	主体 100%
2009	42	1 130	31	1 050	>50 000	主体 100%
2010	40	950	31	1 500	66 000	主体 100%
2011	42	1 100	31	2 000	75 000	主体 100%
2012	41	1 400	31	2 500	80 000	主体 100%
2013	37	1 500	31	2 400	80 000	主体 100%
2014	47	1 500	32	2 700	80 000	主体 100%

资料来源：http://www.xcf.cn。

尽管根据《新财富》最佳分析师评选活动的表述，其评选主旨为："新财富最佳分析师为客户提供客观、独立的研究咨询服务；恪尽职守，严格遵守职业行为规范，具有良好的职业操守。"但事实上违反相关规定，提供私有信息的分析师能够帮助基金经理等投票人赚取更高收益，因而更有可能获得选票。而且，当前对分析师的业绩考核仍普遍受到各类"明星"分析师评选的较大影响，在利益驱动下，分析师提供私有信息服务的价值明显上升，基础研究的价值有所下降；结果正误的重要性显著提高，看法独创的含金量相对缩减。因此，《新财富》分析师排名这类带有一定误导性的"声誉机制"已然成为诱使卖方机构重服务轻研究的重要原因之一。如果缺乏对分析师行为的严格监管、缺乏成熟的社会声誉激励与惩罚机制，卖方分析师市场最终也将成为柠檬市场①，研究能力低下但善于投机取巧的劣质分析师将驱逐那些研究能力高、职业操守强的优质分析师（王宇熹等，2012）。

---

① 柠檬市场（The Market for Lemons）又称次品市场，也称阿克洛夫模型，是指信息不对称的市场，即在市场中，产品的卖方对产品的质量拥有比买方更多的信息。

第3章 文献回顾

3.1 买空卖空知情交易相关文献

以往研究主要讨论了卖空知情交易的问题，分为两派观点，一派支持卖空者知情交易的观点（Christophe et al.，2004；Boehmer et al.，2015；Karpoff 和 Lou，2010；Massoud et al.，2011；Chakrabarty 和 Shkilko，2011；Zhao et al.，2013；Kecskés et al.，2013；Meng et al.，2017）。例如，Christophe et al.（2004）检查了 913 家纳斯达克（NASDAQ）上市的企业利润宣告之前 5 天的卖空交易，发现异常卖空与利润宣告后的股票收益存在显著的相关性，提供了利润宣告前卖空者知情交易的证据。Boehmer et al.（2008）检查了 2000—2004 年纽约证交所与卖空相关的订单数据，发现高卖空股票的业绩比低卖空股票的业绩在 20 个交易日内少 1.16%（年化 15.6%）；机构高卖空的股票在下个月业绩降低 1.43%（年化 19.6%），表明整体来看卖空者是知情的，而且机构非计划内的卖空交易信息含量是最大的。Karpoff 和 Lou（2010）

发现在财务谎报被公开揭露之前 19 个月异常卖空头寸显著增加，而且卖空数量与谎报的严重程度正相关，表明卖空者能识别价值被高估的企业。Christophe et al.（2010）发现分析师下调评级公开宣告之前 3 天会出现显著的异常卖空，而且宣告前的异常卖空与随后下调评级日的市场反应显著负相关，表明异常卖空者有办法提前知晓分析师研报发布可能对市场造成的影响。Chakrabarty 和 Shkilko（2011）以内部人出售股票之后 2 天向 SEC 报告，SEC 再向公众公布这一客观事实为前提，发现在内部人出售股票当日非做市商的卖空量增加 20%，表明卖空中存在知情交易。Chang et al.（2014）发现中国大陆市场取消指定股票的卖空禁令之后，在下跌市场中股票收益同步性 R^2 降低，而且卖空活动能够预测股票未来收益；他们还发现强烈的卖空活动在低历史收益与高当期收益时出现，表明卖空者拥有在下行趋势中识别短暂价格反弹的能力，而且强卖空伴随着更高的日间波动性及更高的买卖价差，表明卖空者是潜在的信息投资者。

另一派则对卖空知情交易的观点提出质疑。例如，Daske et al.（2005）利用 2004—2005 年纽约证交所 4 193 只证券的日卖空数据进行研究，没有发现坏消息来临之前卖空交易的证据；Blau 和 Wade（2012）发现分析师下调及上调评级之前均会出现异常卖空，因而更倾向于将卖空视为一种投机行为。

以往研究还讨论了卖空者的信息来源，并提出"卖空者自行研究观"（Boehmer et al.，2008；Engelberg et al.，2012），以及"他人提供信息观"（Christophe et al.，2004；Boehmer et al.，2008；Christophe et al.，2010；Chakrabarty and Shkilko，2011）。其中，"卖空者自行研究"是指卖空者自行投入高昂成本对公开信息进行研究，判断出股票价格被高估的时点并卖出；"他人提供信息"是指卖空者通过他人，如公司内部人（Christophe et al.，2004；Boehmer et al.，2008）、券商（Chakrabarty 和 Shkilko，2011）及分析师（Christophe et al.，2010）挖掘信息。例如，Christophe et al.（2010）发现分析师下调评级公开宣告之前 3 天会出现显著的异常卖空，评级宣告前的异常卖空与下调评级日股票的超额收益显著负相关，表明卖空者能够提前获悉分析师即将下调评级的消息。

近年来也有少量研究开始探讨买空知情交易的问题，针对买空知情交易问题的研究结论同样存在较大争议。其中一派观点认为，由于买空者多为个人投资者，而个人投资者往往并非知情交易者，其行为更多地受到情绪等非理性因素的影响。例如，Kamesaka et al.（2003）及 Ko et al.（2007）发现日本股市中的买空者主要为个人投资者，他们并非知情交易者；Hirose et al.（2009）检验了日本市场上买空与股票收益之间的关系，认为买空者主要是羊群行为者；Lee 和 Ko（2016）检验了日本市场 1977—2010 年的买空样本，发现买空与股票未来收益以及股价低估均不相关，认为买空主要反映的是个人投资者的情绪；Lin 和 Lin（2014）提供了中国台湾市场上买空者羊群行为[①]的证据；Chang et al.（2014）发现中国市场上密集的买空活动并不能预期未来收益，因而否认买空者知情交易。

但另一派观点认为：买空的最小边际需求将使得仅仅有更好信息以及更强信念的投资者才会融资买空；这是因为买空涉及杠杆交易，利率成本高，所以流动性交易者不可能大量买空，相反，知情交易者才会融资买入以强化收益（Wang，2012；Zhao et al.，2013；Li et al.，2017）。例如，Wang（2012）研究发现中国市场上融资买空的引入导致了更高的逆向选择以及买卖价差，这意味着买空促进了信息交易；Zhao et al.（2013）发现在中国台湾的股票交易所，买空呈现 U 形日间模式，买空与逆向选择及买卖价差之间存在正相关关系，表明买空者是知情交易者。

3.2　证券分析师相关文献

3.2.1　分析师的信息披露与生产

研究表明分析师有可能提前释放信息并引发知情交易。例如，

---

① 金融市场中的羊群行为是一种特殊的非理性行为，它是指投资者在信息环境不确定的情况下，行为受到其他投资者的影响，模仿他人决策，或者过度依赖舆论（即市场中的压倒多数的观念），而不考虑自己的信息的行为。

Irvine et al.（2007）发现分析师初次发布"买入"评级之前，机构投资者会出现异常股票买入行为；Nefedova（2012）发现在分析师初次发布"买入"评级之前 5 天，其优质客户比其他客户买入得更多；Lung 和 Xu（2014）发现分析师初次发布信息之前的数日，市场上会出现异常期权交易；Lin 和 Lu（2015）发现分析师报告发布前后，期权对股票收益的预测力会提高两倍以上；Christophe et al.（2010）发现分析师下调评级之前会出现异常卖空。而且，Irvine et al.（2007）认为分析师将信息提前释放给特定客户的泄密行为存在一定的必然性，这是因为假如分析师将信息严格予以公平披露，他们就无法弥补其高昂的信息搜集成本，最终会抑制信息生产的积极性。

关于分析师的信息生产，研究表明由于新兴市场的信息环境较差，分析师难以获得公司信息（Piotroski 和 Roulstone，2004；Chan 和 Hameed，2006）。但也有研究发现存在部分能力超强的分析师，例如明星分析师，他们有可能挖掘到公司特质信息（Xu et al.，2013；Li et al.，2017），从而使其盈利预测更加准确（Stickel，1992；Hong et al.，2000；Hong 和 Kubik，2003；Gleason 和 Lee，2003；Jackson，2005；Cowen et al.，2006；Fang 和 Yasuda，2009），发布的买卖评级为投资者创造出更高的收益（Stickel，1995；Leone 和 Wu，2007；Emery 和 Li，2009；Loh 和 Stulz，2011；Fang 和 Yasuda，2014）。还有研究讨论了分析师能否同样提供正负面信息。例如，Hsieh et al.（2007）比较了内幕交易与分析师评级的信息含量，发现内幕交易传递正面信息时包含更多信息含量，而分析师发布负面信息时包含更多信息含量。

3.2.2 分析师异质性

传统文献基于分析师同质性的假定认为分析师具备市场择时及选股能力（Womack，1996），分析师新发布的荐股评级（Womack，1996）或评级调整（Jegadeesh et al.，2004；Asquith et al.，2005）能够为投资者带来超额收益。但事实上分析师存在异质性。近年来已有一些研究意识到这一点，发现明星分析师比非明星分析师发布的买卖评级具有更大的市场影响力（Loh 和 Stulz，2011）。在我国资本市场上，由于散户投资者数量众多，大大小小的股民"粉丝团"正在迅速崛起，他们对于明星分析师的观点几乎到了盲从的地步（冯旭南和李心愉，2011）。研究表明明星分析师发布的评级能为投资者创造出更高的收益（Stickel，1995；Desai et al.，2000；Leone 和 Wu，2007；Fang 和 Yasuda，2014）。例如，Desai et al.（2000）发现华尔街日报明星分析师（下文称WSJ 分析师）荐股评级的业绩在控制了规模及行业之后仍然超过了比较基准；Leone 和 Wu（2007）发现 1991—2000 年机构投资者全美明星分析师（下文称 II 分析师）排名与业绩之间存在显著正相关关系；Fang 和 Yasuda（2014）发现 II 分析师买卖组合的超额收益（alphas）每月显著超过非 II 分析师 0.6%。另外还有一些研究发现明星分析师的盈利预测更加准确（Stickel，1992；Hong et al.，2000；Hong 和 Kubik，2003；Gleason 和 Lee，2003；Jackson，2005；Cowen et al.，2006；Fang 和 Yasuda，2009），能够提供更多公司特质信息（Xu et al.，2013）。

Fang 和 Yasuda（2014）针对明星分析师为何能取得突出业绩提出如下三种假说：第一，"能力假说"，即明星分析师比非明星分析师拥有更高的天赋，或者在成长过程中积累了更丰富的经验，从而能对复杂的公开信息做出更好的分析与判断；第二，"关系假说"，即明星分析师比非明星分析师能与上市公司高管建立更紧密的联系，通过这些关系能获取到私有信息；第三，"影响力假说"，即基于"光环效应"，市场会对拥有"明星"头衔的分析师所发布的观点做出更强烈的反应。Fang 和Yasuda（2014）发现 II 分析师在当选为"明星"之前就表现出出色的业绩，从而支持了"能力假说"。与此类似，Leone 和 Wu（2007）调查发现明星分析师的业绩存在持续性，而且在被机构投资者初次评选为"明星"分析师之前，这些分析师已经被视作行业"领头羊"（leaders），从而支持了"能力假说"；他们还进一步探讨了明星分析师能力的来源主要在于"天赋秉异"。冯旭南（2012）的研究结果也支持"能力假说"。Xu et al.（2013）发现明星分析师具有更加丰富的工作经验，能够提供更多公司层面的特质信息。但也有研究提出不同的观点，例如，Stickel（1995）发现分析师声誉仅与临时的价格压力相关，而与持续的、反应信息的价格变化无关，支持"影响力假说"。Emery 和 Li（2009）对

1993—2005年WSJ及II分析师排名进行了调查，发现成为"明星"之后，WSJ分析师的荐股评级业绩变得比非明星分析师更差，WSJ分析师的利润预测并不比非明星分析师更准确；II分析师的荐股评级及利润预测与非明星相比均无显著差异。该研究认为分析师排名在很大程度上仅仅是"人气竞赛（Popularity Contests）"。

3.2.3　分析师声誉机制

声誉机制是一种有效的信号传递和甄别系统，是人们利用第三方的市场感知来反映与监督信息提供者的工作质量。由于法律修正成本昂贵，不可能在契约中界定每一个意外事件，因此交易的发生往往要基于市场机制的长期默契型契约。在发达资本市场上，声誉机制是影响分析师决策行为的关键变量。基于美国市场的证据表明，分析师的高声誉既可以增强投资者对其所披露信息的信任程度，提高分析师的市场影响力（Loh和Stulz，2011），又可以使分析师获取"天价"薪酬（Hong和Kubik，2003）以及更好的职业前景（Stickel，1992）；明星分析师具有比非明星分析师更高的声誉（Stickel，1992），明星分析师的盈利预测更加准确（Stickel，1992；Hong et al.，2000；Hong和Kubik，2003；Gleason和Lee，2003；Jackson，2005；Cowen et al.，2006；Fang和Yasuda，2009）。声誉的建立与维护是一个长期博弈的过程，任何违反道德标准及法律法规的行为都有可能将其摧毁。因此，在声誉激励与惩罚机制有效的情况下，明星分析师应该会比非明星分析师更加在意自身的声誉，不会轻易让基于较高成本建立起来的声誉毁于一旦。

但在声誉激励与惩罚机制不健全的情况下，分析师的"名气"大却并不一定代表社会声誉高。在我国违法违规的风险较低，违规成本和收益相去甚远（李心丹等，2008）。在法律监管环境差、社会声誉激励与惩罚机制不能有效发挥作用的情况下，由于"名气大"的分析师携带的"光环效应"会对市场产生更大的价格压力（Stickel，1995），给抢先交易者带来更大的获利空间，因此，面对利益诱惑，明星分析师相比非明星分析师甚至更有可能利用优势条件去追逐高额回报，而不顾及道德与社会影响。研究表明在我国资本市场上，分析师面向社会大众层面的声誉机制尚未建立，相反，分析师仅注重积累公司内部声誉和机构投资者客户层面的声誉（胡奕明和金洪飞，2006）。在现有声誉机制的导向下，《新财富》分析师排名已经成为导致卖方机构重服务轻研究的重要原因（王宇熹等，2012）；分析师会基于其个人声誉和职业谋划的考虑做出迎合投资者情绪的高估或低估股价行为（游家兴等，2013）。由于社会大众层面的声誉回报机制缺失，明星分析师又受到各种利益因素的限制，因此明星分析师无法发挥期待中的积极作用（万丽梅和逯东，2013）。在没有正确激励与惩罚机制的情况下，分析师不会主动去建立面对社会大众的市场声誉，对投资者利益保护一类的道德面也不会重视。如果缺乏成熟的社会声誉激励与惩罚机制，卖方分析师市场最终也将成为柠檬市场，研究能力低下但善于投机取巧的劣质分析师将驱逐那些研究能力高但职业操守强的优质分析师（王宇熹等，2012）。

3.3 市场质量相关文献

3.3.1 知情交易与市场流动性

基于市场微观结构理论，买卖信息不对称所引起的逆向选择成本是影响资产流动性的主要因素（Easley 和 O'Hara，1987；George et al.，1991；Brennan 和 Subrahmanyam，1996）。在指令驱动型市场中，单个投资者既是流动性提供者，也是做市商，市场流动性由限价委托单提供，限价买单相当于为卖方提供流动性，而限价卖单相当于为买方提供流动性；限价订单指令起到了买卖价差的作用。指令驱动系统交易制度下的买卖价差可以分为指令处理成本和知情交易者执行成本两部分。指令处理成本是普通交易者为股市提供流动性的报酬；而知情交易者执行成本是普通交易者可能在信息不对称下的风险补偿。只要股市存在知情交易者，普通交易者就可能受到信息不对称和逆向选择的损害，他们也就必然要求从买卖价差中取得适当补偿（George et al.，1991）。在知情交易者较多的市场上，由于知情交易者掌握着信息优势，普通投资者将要求较高的买卖价差，以弥补其与知情交易者发生交易时可能蒙受的损失（Brennan 和 Subrahmanyam，1996）。另外，交易者还会基于对市场流动性的预期设定限价委托单上的买卖价格。例如在流动性较差的市场中，由于限价买单的多方在购买股票后承担了更大的价格下跌风险，卖出股票比较困难，因此在最初交易时，为了弥补损失该限价买单的买方会设定一个更低的买价，同样地，发出限价卖单指令的卖方，由于在卖出股票后承担了更大的价格上升风险，未来买入股票相对困难，因此在最初卖出股票时就会设定一个更高的卖价，从而导致更大的买卖价差（Stoll，2003）。

在实行指令驱动型竞价交易制度的中国股票市场上，投资者通过调整价差和深度来提供流动性，由市场参与者信息不对称所导致的逆向选择风险是影响中国股市流动性的主要原因（房振明等，2005；杨朝军等，2002；苏冬蔚，2004；苏冬蔚和麦元勋，2004；杨之曙和李子奈，2003），而中小散户投资者是资本市场的主要参与者这一特征导致中国股市的流动性不足问题更加严重（汪勇祥和吴卫星，2004）。

3.3.2 分析师行为与市场质量

大量研究讨论了分析师是否在资本市场上发挥了信息中介作用，能否为投资者提供有价值的信息的问题（Womack，1996；Irvine，2003；Jegadeesh et al.，2004；Piotroski 和 Roulstone，2004；Asquith et al.，2005；Boni 和 Womack，2006；Chan 和 Hameed，2006；朱红军等，2007；Demiroglu 和 Ryngaert，2010；冯旭南和李心愉，2011；Liu，2011；Kadan et al.，2012；Crawford et al.，2012；等），但也有研究探讨了分析师行为或行为偏差是否会给资本市场带来一定的不利影响。首先，研究探讨了分析师一般性行为对资本市场带来的影响，并形成如下两个方面的研究结论：第一，分析师研究报告的发布有可能对市场形成短期压力（Stickel，1995），尤其是在信息环境较差时，新信息的发布对于幼稚的投资者会有较强的鼓动作用（汪弘等，2013）；第二，分析师的关注度程度有可能影响股价暴跌发生的时点。较多分析师跟踪的股票使得上市公司管理层难以掩盖负面消息，尤其是在股价波动时出现的负面消息更易导致股价暴跌（Pindyck，1984；French et al.，1987；

Campbell 和 Henstschel，1992）；而较少分析师跟踪的股票，坏消息往往集中于盈余宣告日释放，股价暴跌更易在盈余宣告日出现（冯旭南，2012）。

其次，研究探讨了分析师的行为偏差会给资本市场带来的影响，具体包括如下三方面结论：第一，分析师研究报告发布时普遍存在的乐观倾向，会增加负面消息在未来集中释放的可能性，从而加剧了股价崩盘风险（许年行等，2012）；第二，分析师的羊群行为加剧了机构投资者的羊群行为，当买卖压力超过市场所能提供的流动性时，就可能导致资产价格不连续或者出现雪崩效应，市场流动性会在瞬间消失，因而分析师的羊群行为会对股价波动起到推波助澜的作用，并导致市场流动性枯竭（蔡庆丰等，2011）；第三，分析师行为还会受到市场情绪的驱使，在股价非理性上涨的过程中，本应作为市场理性力量代表的分析师往往被裹挟在狂热的市场情绪中继续唱多，却并不会发布预警报告平抑市场情绪，这种行为会进一步加剧市场非理性上涨（蔡庆丰，2013）。

3.4　文献评述

由上述文献回顾可知，以往研究已经在买空卖空知情交易及证券分析师行为等领域取得了重大的成果，但仍然存在一些不足之处，本书将结合中国制度背景对此展开讨论，概括来讲表现在如下三个方面：

第一，知情交易对资本市场有效性、不同投资者之间信息及交易的公平性均具有重要的影响，而买空卖空交易的杠杆效应则放大了知情交易的影响。但以往研究主要聚焦于美国等发达市场讨论买空卖空中的知情交易问题，缺乏基于中国等新兴市场特殊制度背景的深入讨论。考虑到中国等新兴市场上信息披露环境较差、投资者保护程度较弱、股价波动明显、市场流动性较差的特点，如果融资融券杠杆交易中出现异常知情交易，就可能使上述问题雪上加霜，例如，恶化信息披露环境、侵害部分投资者利益、影响市场质量。因此研究我国资本市场上买空卖空中的知情交易问题具有重要的理论与现实价值。本书将结合中国这一新兴市场的特点，分析融资买空与融券卖空中的知情交易问题。

第二，证券分析师是资本市场信息传递的重要中介，其发布的信息、研究报告的逻辑以及推荐的股票会对机构投资者以及中小投资者造成重要的影响。如果分析师拥有的信息未能做到公平披露，就有可能对资本市场的投资者造成较大的影响。如果分析师的信息泄露给买空卖空交易者，对市场的影响就可能更为严重。但以往对分析师泄密的相关研究主要聚焦于美国等发达市场，缺乏基于我国特殊制度背景的深入讨论。本书将结合中国新兴市场的特点，从证券分析师泄密视角，讨论买空卖空知情交易问题。

第三，与普通分析师相比，明星分析师更受市场投资者的信任，其观点的发布有可能产生羊群效应，所以明星分析师也有可能与较高程度的买空卖空知情交易相关。换句话说，分析师异质性有可能影响买空卖空知情交易的程度。尤其是在中国市场上，法律监管环境相对薄弱，声誉奖惩机制并不健全，明星分析师是否会发生更为严重的泄密行为呢？但以往买空卖空知情交易的研究均缺乏对分析师异质性的讨论。本书将进一步考察分析师异质性对买空卖空知情交易的影响。

第4章 分析师评级调整与买空卖空中的知情交易

买空与卖空为资本市场带来了杠杆效应，备受理论与实务界的关注。但以往研究主要讨论了卖空者是否进行知情交易的问题，对买空是否知情交易问题的研究不足，更缺乏对买空与卖空中的知情交易是否存在差异的分析。发布买卖评级是分析师工作中的一个重要部分，也是分析师对所跟踪的股票表述其观点的一种可视性最强、最为直接的方式（郑方镳和吴超鹏，2006）。以往研究发现分析师具备市场择时及选股能力（Womack，1996），得到更为有利（不利）评级的股票随后赚取了更高（更低）的收益（Elton et al.，1986；Stickel，1995；Womack，1996；Barber et al.，2001；Jegadeesh et al.，2004；Asquith et al.，2005）。还有研究表明分析师在发布荐股评级时有可能提前泄密（Irvine et al.，2007；Christophe et al.，2010；Nefedova，2012；Lung 和 Xu，2014；Lin 和 Lu，2015）。因此，本章结合证券分析师评级调整，探讨总体上看买空者与卖空者是否为知情交易者，并对买空与卖空中的知情交易进行对比分析。

本章采用 2010 年 3 月至 2015 年末的数据，检验了分析师上调评级（与下调评级）日股票的超额收益与之前 10 个交易日股票的异常买空（与异常卖空）之间的关系。研究发现：

第一，分析师上调评级前后股票的累积超额收益与之前 10 个交易日的异常买空之间无显著的相关关系，而分析师下调评级前后股票的累积超额收益与之前 10 个交易日的异常卖空之间呈显著的负相关关系，结果表明，总体来看，买空中并未发现信息源自于分析师的知情交易，但卖空中包含信息源自于分析师的知情交易。

第二，为了进一步检验卖空者的信息是否来源于分析师，而非卖空者自行研发获得或者卖空者通过其他途径获取，本章将研究期间（−10，−1）分别与两个不同的基期（−30，−15）及（−60，−30）相对比，假如卖空者的信息并非来源于分析师，则没有理由认为异常卖空应该集中出现在分析师评级调整之前的期间（−10，−1）；将相比之后的差值作为因变量时，就不会再出现前述第一点中的结果。但本章检验结果发现：分析师上调评级日股票的超额收益与之前 10 日同基期相比之后的异常买空量之间仍然无显著的相关关系，而分析师下调评级日股票的超额收益与之前 10 日同基期相比之后的异常卖空量之间仍然呈显著的负相关关系，从而进一步表明买空者知情交易的信息来源与分析师泄密无关，但卖空者知情交易的信息来源的确与分析师泄密有关。

第三，假如本章的逻辑成立，那么随着市场上融资融券规模的增加，杠杆收益加大，此时从总体上看买空中应该仍不会出现明显的知情交易，但卖空中的知情交易应会更加明显。为此，本章首先对转融通、转融券前后的情况进行对比分析，发现：转融通之后，分析师上调评级之前仍然未发现异常买空。但转融券之后，分析师下调评级之前会出现更多异常卖空，然后又对比检验正常年份（2010—2014）与异常增加年份（2015）的差异，发现类似的结果。

第四，通常认为规模越大的券商应该更加注重自身形象，管理更加严格，分析师泄密的现象应该更少出现，因此本章检验大券商是否会对分析师泄密行为起到一定抑制作用。结果发现：无论券商规模大小，分析师上调评级之前 10 个交易日均不会出现异常买空，但与小券商相比，大券商的分析师下调评级之前 10 个交易日会出现更加显著的异常卖空。结果表明，大券商不仅未能抑制分析师泄密给卖空者，反而加剧了这一现象，这意味着在我国，券商声誉并未能对分析师泄密行为起到制约作用。

本章的贡献主要表现为：首先，以往研究主要考察的是美国等发达市场上卖空中的知情交易问题，对买空中的知情交易问题的讨论不足，更缺乏买空与卖空中知情交易程度的对比分析。本章则同时探讨了中国市场上买空与卖空中是否存在知情交易的问题，并提供了总体来看二者存在显著差异的经验证据，从而有力地拓展了买空卖空知情交易的相关文献。其次，本章还提供了分析师会泄密给卖空者，而且券商声誉机制并未能起到制约作用的经验证据，为具有类似特征的新兴市场采取有效措施加强对分析师以及券商的管理提供了思路。

4.1　理论分析与研究假设

在我国当前市场上，正常情况下，卖空比买空更难获利。原因如下：第一，卖空与买空相比投机的可能性较小。2010 年以来我国资本市场基本处于恢复性行情，大多数 A 股标的股票的价格被严重低估，市盈率较低；随着经济增速回升，后市向好，预期卖空盈利的概率较小；只有当股市出现涨幅过大、短期涨幅过猛，或单个标的证券风险来临等情况时，卖空机制才会正常发挥作用，做空才可能赚钱，而当前缓慢向好的市场行情相对更适合买空，买空赢的概率相对较高。第二，卖空与买空相比交易成本更高。即便投资者能够正确判断出具有下跌趋势的个股，也会面临券源不足的困境。当前，我国仅有部分大券商才开展融券业务，提供很有限的券源，而且由于 A 股采用 T+1 交易机制，如果单日内买入一只股票后卖空就能做到事实上的 T+0 交易，提供单日内流动性，采用此策略扣去融券成本会得到正收益，从而导致券商手上的证券更成为稀缺资源，但买空时资金相对容易得到券商的支持。另外，我国市场上融券规则禁止"裸卖空"，挂卖价不允许低于当前成交价，这会使融券方在短时间内处于浮亏状态，抑制了卖空的积极性。因此，投资者应有相对较强的动机从事卖空知情交易，以及相对较弱的动机从事买空知情交易。

相对于正面信息而言，负面信息的披露成本更高。原因如下：第一，上市公司往往会对负面信息加以掩饰，这会加大分析师获取负面信息的难度。负面信息的披露可能会引起股价下跌，影响上市公司利益，而正面信息的发布则可能促进股价上涨，有助于为股东创造更多财富，有助于上市公司再融资、避免股价较低被恶意收购、避免股价下跌导致可抵押资产减值（影响银行贷款与企业的资金周转）。第二，鉴于上述原因，分析师公开披露上市公司的负面信息时有可能恶化其与上市公司的关系，对分析师未来的信息来源产生不良影响。第三，公开披露负面信息有可能减少券商收入，并恶化分析师与机构客户的关系。尽管自2010 年 3 月 31 日起我国开始实施融资融券交易制度，结束了单边交易模式，但卖空的难度远远大于买空，融券交易制度并未能改变我国资本市场以做多为主的盈利模式。在这类市场上股价下跌会抑制股票交易，减少券商的经纪业务收入，损害券商利益，还可能使机构投资者遭受损失，引起客户不满，影响分析师"明星"评选。尽管分析师搜集与披露负面信息时有可能付出较大代价，但分析师又无法完全忽视负面信息，不在其评级调整中予以体现，因此分析师必然希望能够弥补其高昂的负面信息搜集与披露成本，加大了分析师在负面信息公开披露之前泄密给利益相关者并抢先卖空的动机。相反，由于市场对正面信息的发布喜闻乐见，券商及机构投资者能从股价上涨中更多获利，相应地，分析师搜集与披露正面信息的成本较低，降低了分析师在正面信息公开披露之前泄密给利益相关者抢先买空的动机。

假如将分析师上（下）调整评级看作分析师发布正（负）面信息，可以预期分析师上调评级之前应该会出现较少的买空知情交易，而分析师下调评级之前应该会出现较多的卖空知情交易。借鉴 Christophe et al. (2010) 的方法，用分析师上（下）调评级之前 10 个交易日内[1]的异常买（卖）空来衡量买（卖）空者是否存在信息源自于分析师的知情交易，并据此提出假设 4-1：

---

[1] 考虑到分析师紧邻报告发布日的泄密活动更易被监管层察觉，他们会尽早地将调研等活动中获悉的消息提前泄露给利益相关者，由于分析师从调研到研究报告的撰写过程至少需要一周左右时间，本书选取分析师评级调整之前 10 个交易日这一较长的期间进行考察。

H4-1：分析师上调评级日的股票超额收益与之前 10 日的异常买空量之间不存在明显的相关关系，但分析师下调评级日的股票超额收益与之前 10 日的异常卖空量之间存在显著的负相关关系。

4.2 研究设计

4.2.1 样本选取与数据来源

本章选取买（卖）空标的股票为研究样本，调查了 2010 年 3 月 31 日—2015 年 12 月 31 日期间分析师 i 上（下）调评级宣告日 t 之前股票 j 的异常买（卖）空情况。股票的每日买（卖）空量、分析师评级宣告、股票每日收益以及财务数据均源于国泰安（CSMAR）数据库。CAPM 模型及 Fama & French 三因素模型所需的各个因子来自于 RESSET 数据库。分析师评级分为五档：强力买入、买入、持有、卖出、强力卖出，分别被赋予由大到小 5 个连续的数值 5，4，3，2，1。分析师评级由较小数变为较大数时为上调评级，由较大数变为较小数时则为下调评级。例如，分析师 i 对股票 j 上次发布的评级为 3（持有），本次发布的评级为 5（强力买入），则为分析师 i 在 t 时点对股票 j 上调评级；若本次发布的评级为 1（强力卖出），则为分析师 i 在 t 时点对股票 j 下调评级。

具体样本选择过程见表 4-1 的 Panel A。其中，初始样本包括 2010 年 3 月 31 日至 2015 年 12 月 31 日期间"分析师 i-买（卖）空标的股票 j-上（下）调评级日 t"共 2 286（1 936）个样本；为排除羊群效应的影响，剔除掉分析师上（下）调评级日 t 之后 10 日内针对股票 j 的其他所有上（下）调评级 60（29）个；然后，剔除掉相关变量缺失值，余"分析师 i-买（卖）空标的股票 j-上（下）调评级日 t" 1 898（1 692）个样本。

每一年的样本选择与分布见表 4-1 的 Panel B，从中可见，分析师针对买空标的股票发布上调评级的样本量逐年递增，但分析师针对卖空标的发布下调评级的样本量在各年间先增后减。

表4-1   **样本选择与分布**

Panel A：样本选择	分析师–买空–上调评级日	分析师–卖空–下调评级日
初始样本：2010年3月31日—2015年12月31日针对沪深A股买空/卖空标的，分析师发布评级调整的日期	2 286	1 936
减：评级调整日后10日内的其他同向评级调整	60	29
减：异常买空/卖空及异常收益数据的缺失值	328	215
最终样本量（分析师–买/卖空–上/下调日）	1 898	1 692

Panel B：每一年的样本分布

	分析师–买空–上调评级日			分析师–卖空–下调评级日		
年度	样本量	（%）	企业数	样本量	（%）	企业数
2010	120	6.32	52	75	4.43	45
2011	203	10.70	66	133	7.86	60
2012	229	12.07	122	444	26.24	162
2013	439	23.13	204	420	24.82	198
2014	390	20.55	218	349	20.63	202
2015	517	27.24	287	271	16.02	179
合计	1 898	100	949	1 692	100	846

4.2.2 主要变量定义

4.2.2.1 被解释变量

本章借鉴 Christophe et al.（2010）的研究方法计算买空/卖空的异常值，具体步骤如下：

第一步，计算实际买（卖）空量：股票每日实际买（卖）空量＝（每日买空或卖空的股票数量×1 000）÷当日的流通股数。

第二步，将匹配组合的买（卖）空量作为估计的正常量。首先，根据股票上一年末的市值和市账率（M/B），为分析师上（下）调评级的股票寻找匹配组合：根据上一年的市值将所有买（卖）空标的划分为 5 组，再根据上一年的市账率将每一组重新划分为 5 组，从而共得到 25 组。将每一个被上（下）调评级股票的市值和市账率，与这 25 组中最接近的一组相匹配。然后，计算匹配组合中所有股票每日买（卖）空的中位数，并以此作为被上（下）调评级股票在该日正常买（卖）空量的估计值。

第三步，计算实际值与正常估计值相比后买（卖）空量的差异即为异常值。首先，计算每一日的异常买（卖）空量，即每日实际买（卖）空量与匹配组合买（卖）空正常估计量之间的差额。然后，计算分析师 i 上（下）调评级发布日 t 之前 10 个交易日股票 j 异常买（卖）空量的平均值 $ABBL(-10,-1)_{i,j,t}$ 及 $ABSS(-10,-1)_{i,j,t}$。

4.2.2.2　解释变量

本章采用分析师 i 上（下）调评级发布日 t 前后共三日股票 j 的累积超额收益来衡量市场对分析师上（下）调评级的反应，记为 $CAR(-1,1)_{i,j,t}$。借鉴 Christophe et al.（2010）的思路，具体计算方法为：首先，估算 $t-1, t$ 及 $t+1$ 三日股票 j 的正常收益值。将对应匹配组合中所有股票在这三日收益的中位数，作为各日股票 j 正常收益的估计值。其次，计算这三日股票 j 的实际收益与正常收益估计值之间的差额，即为各日股票 j 的超额收益。然后，计算三日股票 j 超额收益的和，即为分析师 i 上（下）调评级发布日 t 前后三日股票 j 的累积超额收益 $CAR(-1,1)_{i,j,t}$。如果买空者或卖空者能够预知市场对分析师 i 评级调整的反应，则可以预期上（下）调评级日 t 股票 j 价格上升（下降）的幅度越大，即$|CAR(-1,1)_{i,j,t}|$越大，异常买（卖）空量 $ABBL(-10,-1)_{i,j,t}$ 及 $ABSS(-10,-1)_{i,j,t}$就越大。

4.2.2.3　控制变量

借鉴 Christophe et al.（2010），分别控制了评级调整日之前股票的短期与长期累积超额收益、评级调整日的股票价格，以及行业与年度对买空卖空水平的影响。

（1）分析师 i 评级调整日 t 之前 10 个交易日股票 j 的累积超额收益，记为 $CAR(-10, -1)_{i,j,t}$。首先，计算股票各日的超额收益，即每日股票 j 的实际收益与匹配组合中所有股票每日收益的中位数之差。然后，计算（-10，-1）期间股票 j 超额收益的累积数。

（2）分析师 i 评级调整日 t 之前 180 个交易日股票 j 的累积超额收益，记为 $MOM_{i,j,t}$。首先，计算股票 j 各日的超额收益，即每日股票 j 的实际收益与匹配组合中所有股票每日收益的中位数之差。然后，计算（-180，-11）期间股票 j 超额收益的累积数。

（3）分析师 i 评级调整日 t 股票 j 的市场价格的自然对数，记为 $LNPrice_{i,j,t}$。

具体变量的定义和度量见表 4-2。

表 4-2　　　　　　　　　　　　**变量的定义与度量**

变量	符号	定义与度量
被解释变量	$ABBL(-10, -1)_{i,j,t}$	分析师 i 对股票 j 上调评级日 t 之前 10 个交易日的异常买空量，其中：$ABBL(-10, -1)_{i,j,t}$=分析师上调评级日之前 10 个交易日每日异常买空的均值 每日异常买空=每日实际买空-每日正常买空 每日实际买空=（每日实际买空股数×1 000）/每日流通股股数 每日正常买空=（每日匹配组合的买空股数×1 000）/每日流通股股数
被解释变量	$ABSS(-10, -1)_{i,j,t}$	分析师 i 对股票 j 下调评级日 t 之前 10 个交易日的异常卖空量，其中：$ABSS(-10, -1)_{i,j,t}$=分析师下调评级日之前 10 个交易日每日异常卖空的均值 每日异常卖空=每日实际卖空-每日正常卖空 每日实际卖空=（每日实际卖空股数×1 000）/每日流通股股数； 每日正常卖空=（每日匹配组合的卖空股数×1 000）/每日流通股股数
解释变量	$CAR(-1, 1)_{i,j,t}$	分析师 i 评级调整日 t 前后三日股票 j 的累积超额收益
控制变量	$CAR(-10, -1)_{i,j,t}$	分析师 i 评级调整日 t 之前 10 个交易日股票 j 的累积超额收益
控制变量	$MOM_{i,j,t}$	分析师 i 评级调整日 t 之前（-180，-11）交易日股票 j 的累积超额收益
控制变量	$LNPrice_{i,j,t}$	分析师 i 评级调整日 t 股票 j 市场价格的自然对数

4.2.3 实证模型

为了验证分析师 i 评级调整日 t 前后股票 j 的累积超额收益 $CAR(-1,1)_{i,j,t}$ 与评级调整之前 10 个交易日的异常买空 $ABBL(-10,-1)_{i,j,t}$ 或卖空 $ABSS(-10,-1)_{i,j,t}$ 之间的关系，借鉴 Christophe et al.（2010），采用 OLS 方法回归模型 4-1：

$$ABBL(-10,-1)_{i,j,t}/ABSS(-10,-1)_{i,j,t} = \beta_0 + \beta_1 \times CAR(-1,1)_{i,j,t} + \beta_2 \times CAR(-10,-1)_{i,j,t} + \beta_3 \times MOM_{i,j,t} + \beta_4 \times LNPrice_{i,j,t} + \beta_5 \times Year + \beta_6 \times Industry + \varepsilon_{i,j,t}$$

$$(4-1)$$

其中：

$ABBL(-10,-1)_{i,j,t}$ 为分析师 i 上调评级日 t 之前 10 个交易日股票 j 的异常买空；

$ABSS(-10,-1)_{i,j,t}$ 为分析师 i 下调评级日 t 之前 10 个交易日股票 j 的异常卖空；

$CAR(-1,1)_{i,j,t}$ 为分析师 i 评级调整日 t 前后股票 j 的累积超额收益；

$CAR(-10,-1)_{i,j,t}$ 为分析师 i 评级调整日 t 之前 10 个交易日股票 j 的累积超额收益；

$MOM_{i,j,t}$ 为分析师 i 评级调整日 t 之前 180 个交易日股票 j 的累积超额收益；

$LNPrice_{i,j,t}$ 为分析师 i 评级调整日 t 股票 j 市场价格的自然对数。

4.3 实证结果

4.3.1 描述性统计及相关性分析

描述性统计表，见表 4-3。

表 4-3 是对主要变量的描述性统计结果。Panel A 为分析师上调评级与买空样本中相关数据的描述性统计结果。可见，对于 1 898 个分

表 4-3 　　　　　　　　　　　　描述性统计表

变量	样本量	均值	中位数	标准差	上四分位数	下四分位数
Panel A：分析师上调评级与买空						
$ABBL(-10,-1)_{i,j,t}$	1 898	0.144	0.001	2.084	-0.466	0.491
$CAR(-1,1)_{i,j,t}$	1 898	0.024	0.013	0.056	-0.008	0.045
$CAR(-10,-1)_{i,j,t}$	1 898	0.038	0.024	0.076	-0.006	0.071
$MOM_{i,j,t}$	1 898	0.330	0.258	0.322	0.088	0.493
$LNPrice_{i,j,t}$	1 898	2.656	2.645	0.789	2.148	3.168
Panel B：分析师下调评级与卖空						
$ABSS(-10,-1)_{i,j,t}$	1 692	0.061	0.007	0.175	-0.010	0.088
$CAR(-1,1)_{i,j,t}$	1 692	-0.003	-0.002	0.041	-0.022	0.015
$CAR(-10,-1)_{i,j,t}$	1 692	0.017	0.009	0.070	-0.018	0.040
$MOM_{i,j,t}$	1 692	0.214	0.146	0.299	0.013	0.353
$LNPrice_{i,j,t}$	1 692	2.540	2.501	0.763	2.038	2.998

Panel C：沪深两市每年买空与卖空的交易规模及余额

年度	买空额（亿元）	卖空额（亿元）	卖空/买空（%）	买空余额（亿元）	卖空余额（亿元）	买空余额/卖空余额（%）
2010	695.13	12.35	1.78	127.61	0.11	0.09
2011	2 908.99	272.23	9.36	375.48	6.59	1.76
2012	7 265.98	1 778.05	24.47	856.94	38.21	4.46
2013	32 891.94	5 775.53	17.56	3 434.70	30.57	0.89
2014	95 065.59	11 189.46	11.77	10 173.73	82.83	0.81
2015	318 296.01	28 024.21	8.80	11 713.07	29.60	0.25

析师上调评级样本而言，评级调整之前 10 个交易日的异常买空 $ABBL(-10,-1)_{i,j,t}$ 的均值为 0.144（中位数为 0.001），评级调整日前后股票的累积超额收益 $CAR(-1,1)_{i,j,t}$ 的均值为 0.024（中位数为 0.013），

评级调整前 10 个交易日的累积超额收益 $CAR(-10, -1)_{i,j,t}$ 的均值为 0.038（中位数为 0.024），评级调整前（-180，-11）期间的累积超额收益 $MOM_{i,j,t}$ 的均值为 0.330（中位数为 0.258）。评级调整当日股价自然对数 $LNPrice_{i,j,t}$ 的均值为 2.656（中位数为 2.645），股价的均值及中位数约为 14 元。

Panel B 为分析师下调评级与卖空样本中相关数据的描述性统计结果。可见，对于 1 692 个分析师下调评级样本而言，评级调整之前 10 个交易日的异常卖空 $ABSS(-10, -1)_{i,j,t}$ 的均值为 0.061（中位数为 0.007），评级调整日前后股票的累积超额收益 $CAR(-1, 1)_{i,j,t}$ 的均值为 -0.003（中位数为 -0.002），评级调整之前 10 个交易日的累积超额收益 $CAR(-10, -1)_{i,j,t}$ 的均值为 0.017（中位数为 0.009），评级调整之前（-180，-11）期间的累积超额收益 $MOM_{i,j,t}$ 的均值为 0.214（中位数为 0.146）。评级调整当日股价自然对数 $LNPrice_{i,j,t}$ 的均值为 2.540（中位数为 2.501），股价的均值及中位数约为 13 元。

Panel C 为沪深两市每年买空与卖空的交易规模及余额的描述性统计结果。可见，自 2010 年至 2015 年，沪深两市买空规模呈递增趋势，2012 年 8 月 30 日实行转融通试点之后买空额及余额均大幅度增加，尤其是 2015 年买空额达到顶峰。同样，沪深两市卖空规模也呈现递增趋势，2013 年 2 月 28 日实行转融券试点之后卖空额也有所增加，但融券余额在 2014 年达到顶峰后 2015 年又有明显回落。从理论上讲，转融券的实行应有助于较大规模的做空机制的形成。有了证金公司参与协调，从融券机制和融券规模上都应有实质性的发展。但结合我国 2010 年至今股价低迷的市场行情来看，转融券对卖空规模的影响相对较小。相反，转融通的实行却为买空提供了极大的便利，促使交易量激增。将融券规模与融资规模相对比，发现各年度卖空额占买空额的比例仅为 1%~25%，卖空余额占买空余额的比例仅为 0~5%。

沪深两市每日买空与卖空额变动趋势图如图 4-1 所示。

图 4-1 描述的是 2010 年 3 月至 2015 年 12 月沪深两市每日买空额（亿元）与每日卖空额（亿元）的变动趋势。图形数据源自 Wind 数据库。从图 4-1 中可见，自 2014 年 9 月以后沪深两市每日的买空与卖空

额出现了明显的变动。

相关性分析表见表 4-4。

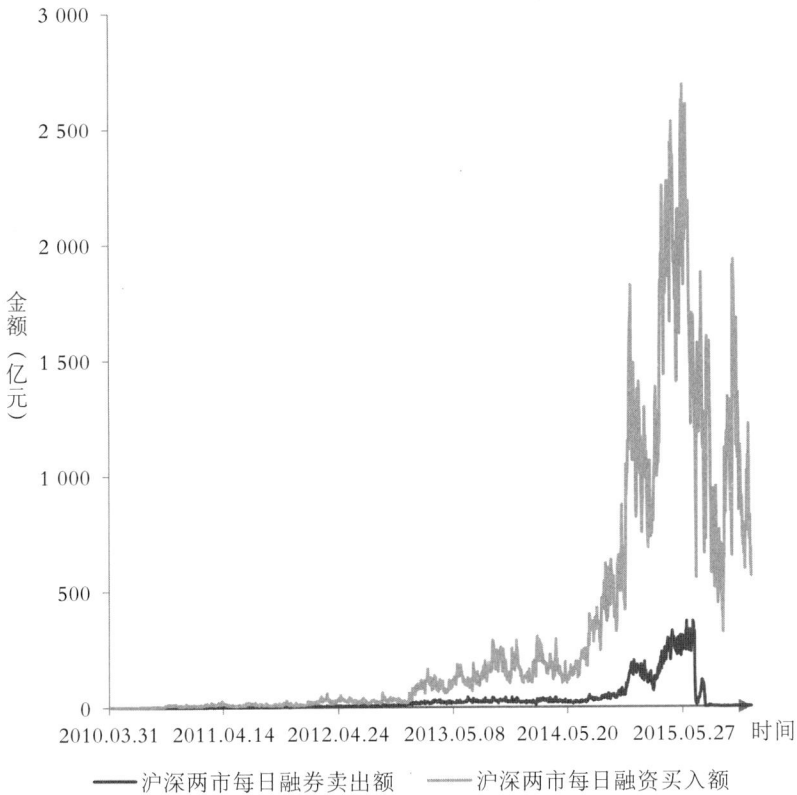

图4-1 沪深两市每日买空与卖空额变动趋势图

表4-4 相关性分析表

Panel A：分析师上调评级与异常买空

变量	$ABBL(-10,-1)_{i,j,t}$	$CAR(-1,1)_{i,j,t}$	$CAR(-10,-1)_{i,j,t}$	$MOM_{i,j,t}$	$LNPrice_{i,j,t}$
$ABBL(-10,-1)_{i,j,t}$		-0.027	0.032	-0.012	-0.121^{***}
$CAR(-1,1)_{i,j,t}$	-0.011		0.176^{***}	0.092^{***}	0.084^{***}
$CAR(-10,-1)_{i,j,t}$	0.109^{***}	0.203^{***}		0.0911^{***}	0.117^{***}
$MOM_{i,j,t}$	0.082^{***}	0.092^{***}	0.124^{***}		0.266^{***}
$LNPrice_{i,j,t}$	-0.080^{***}	0.080^{***}	0.127^{***}	0.257^{***}	

续表

Panel B：分析师下调评级与异常卖空

变量	$ABSS(-10,-1)_{i,j,t}$	$CAR(-1,1)_{i,j,t}$	$CAR(-10,-1)_{i,j,t}$	$MOM_{i,j,t}$	$LNPrice_{i,j,t}$
$ABSS(-10,-1)_{i,j,t}$		-0.01^{*}	0.060^{**}	0.038	0.029
$CAR(-1,1)_{i,j,t}$	-0.050^{**}		0.101^{***}	0.053^{**}	0.002
$CAR(-10,-1)_{i,j,t}$	0.120^{***}	0.109^{***}		0.104^{***}	0.044^{*}
$MOM_{i,j,t}$	0.054^{**}	0.066^{***}	0.185^{***}		0.236^{***}
$LNPrice_{i,j,t}$	-0.005	-0.011	0.062^{**}	0.229^{***}	

注：（1）上三角为 Spearman 相关性分析结果，下三角为 Pearson 相关性分析结果；（2）***、**、*分别表示 1%、5%和 10%的显著性水平。

表 4-4 为相关性分析结果，上三角为 Spearman 相关性分析结果，下三角为 Pearson 相关性分析结果。Panel A 为分析师针对买空标的发布上调评级的样本，可见，$ABBL(-10,-1)_{i,j,t}$与 $CAR(-1,1)_{i,j,t}$之间的相关系数为负数且并不显著。Panel B 为分析师针对卖空标的发布下调评级的样本，可见，$ABSS(-10,-1)_{i,j,t}$与 $CAR(-1,1)_{i,j,t}$均呈现显著的负相关关系。初步验证了本章的假设 4-1，即分析师上调评级前的买空交易中并不包含信息源自于分析师的知情交易，而分析师下调评级前的卖空交易中却包含信息源自于分析师的知情交易。

4.3.2 基本回归结果

买空与卖空中知情交易的对比：OLS 回归结果，见表 4-5。

表 4-5　　买空与卖空中知情交易的对比：OLS 回归结果

变量	$ABBL(-10,-1)_{i,j,t}$		$ABSS(-10,-1)_{i,j,t}$	
	（1）	（2）	（3）	（4）
$CAR(-1,1)_{i,j,t}$	-0.678	-1.458	-0.243^{**}	-0.289^{***}
	(-0.574)	(-1.209)	(-2.395)	(-2.864)
$CAR(-10,-1)_{i,j,t}$		4.380^{***}		0.320^{***}
		(4.252)		(5.131)
$MOM_{i,j,t}$		1.268^{***}		0.037^{**}
		(4.265)		(2.047)

续表

变量	$ABBL(-10, -1)_{i,j,t}$		$ABSS(-10, -1)_{i,j,t}$	
	（1）	（2）	（3）	（4）
$LNPrice_{i,j,t}$		-0.144		0.007
		(-1.236)		(1.072)
行业哑变量	控制	控制	控制	控制
年度哑变量	控制	控制	控制	控制
截距项	-0.829^{*}	-0.711	-0.077^{**}	-0.108^{***}
	(-1.757)	(-1.166)	(-2.110)	(-2.699)
N	1 898	1 898	1 692	1 692
adj. R^2	0.064	0.105	0.074	0.091

注：（1）圆括号内为经过个股及年度聚类调整得到的双尾检验 t 值；

（2）***、**、* 分别表示 1%、5% 和 10% 的显著性水平。

表 4-5 为多元回归结果，第（1）、（2）列考察分析师上调评级前后股票的累积超额收益 $CAR(-1, 1)_{i,j,t}$ 与之前 10 个交易日的异常买空 $ABBL(-10, -1)_{i,j,t}$ 之间的关系；第（3）、（4）列考察分析师下调评级前后股票的超额收益 $CAR(-1, 1)_{i,j,t}$ 与之前 10 个交易日的异常卖空 $ABSS(-10, -1)_{i,j,t}$ 之间的关系。其中，第（1）、（3）列为仅放入 $CAR(-1, 1)_{i,j,t}$ 进行回归的分析结果，第（2）、（4）列为加入控制变量之后的回归结果。第（1）、（2）列中 $CAR(-1, 1)_{i,j,t}$ 的系数均不显著，意味着分析师上调评级之前 10 个交易日的买空与分析师即将发布的利好消息无关；第（3）、（4）列中 $CAR(-1, 1)_{i,j,t}$ 的系数为负，且分别在 5% 及 1% 的水平上显著，表明分析师下调评级之前的卖空活动包含分析师提前释放的利空消息。从而支持了本章的研究假设。

4.3.3　稳健性测试

为了避免由于累积超额收益的计算方法不同影响本章的研究结论，在此改用市场模型计算累积超额收益。具体将分析师评级调整前后股票

的累积超额收益 $CAR(-1, 1)_{i,j,t}$、控制变量 $CAR(-10, -1)_{i,j,t}$ 与 $MOM_{i,j,t}$ 均采用 CAPM 模型及 Fama & French（简称"FF"）三因素模型重新计算，并回归模型 4-1。累积超额收益 $CAR(-1, 1)_{i,j,t}$、$CAR(-10, -1)_{i,j,t}$ 与 $MOM_{i,j,t}$ 的具体计算步骤如下：第一步，从 RESSET 数据库得到 CAPM 模型及 FF 三因素模型所需的各个因子，计算得出各日之前（-200，-11）交易日 CAPM 模型及 FF 三因素模型的各个参数；第二步，根据这些参数估算出各日股票的预期收益；第三步，计算当日股票的实际收益与预期收益之差，得到每一日股票的超额收益；第四，计算相应期间的累积超额收益 $CAR(-1, 1)_{i,j,t}$、$CAR(-10, -1)_{i,j,t}$ 与 $MOM_{i,j,t}$。

改按 CAPM 及 FF 三因素模型计算股票超额收益：OLS 回归结果，见表 4-6。

表 4-6 改按 CAPM 及 FF 三因素模型计算股票超额收益：OLS 回归结果

变量	$ABBL(-10, -1)_{i,j,t}$		$ABSS(-10, -1)_{i,j,t}$	
	（1）	（2）	（3）	（4）
	CAPM	FF	CAPM	FF
$CAR(-1, 1)_{i,j,t}$	−1.304	−1.908	−0.373***	−0.365***
	（−1.092）	（−1.631）	（−3.885）	（−3.817）
$CAR(-10, -1)_{i,j,t}$	3.453***	3.052***	0.353***	0.360***
	（3.781）	（3.199）	（5.691）	（5.659）
$MOM_{i,j,t}$	0.647**	0.565**	0.015	0.006
	（2.315）	（2.007）	（0.783）	（0.338）
$LNPrice_{i,j,t}$	−0.008	−0.004	0.010*	0.010*
	（−0.068）	（−0.034）	（1.651）	（1.668）
行业哑变量	控制	控制	控制	控制
年度哑变量	控制	控制	控制	控制
截距项	−0.938	−0.865	−0.111***	−0.109***
	（−1.500）	（−1.387）	（−2.788）	（−2.739）
N	1898	1898	1692	1692
adj. R^2	0.082	0.078	0.095	0.094

注：（1）圆括号内为经过个股及年度聚类调整得到的双尾检验 t 值；

（2）***、**、*分别表示 1%、5%和10%的显著性水平。

回归结果见表 4-6。其中，第（1）、（2）列分别按照 CAPM 模型与 FF 三因素模型计算累积超额收益，并考察分析师上调评级前后股票的累积超额收益 $CAR(-1,1)_{i,j,t}$ 与异常买空 $ABBL(-10,-1)_{i,j,t}$ 之间的关系，可见，$CAR(-1,1)_{i,j,t}$ 的系数均不显著；第（3）、（4）列分别按照 CAPM 模型与 FF 三因素模型计算累积超额收益，并考察分析师下调评级前后股票的累积超额收益 $CAR(-1,1)_{i,j,t}$ 与异常卖空 $ABSS(-10,-1)_{i,j,t}$ 之间的关系，可见，$CAR(-1,1)_{i,j,t}$ 的系数均为负数，并且在 1% 的水平上显著。表明表 4-5 中所得的基本结论是可靠的。

4.3.4 异常卖空的确与分析师泄密相关吗？

尽管表 4-5 与表 4-6 中呈现出的分析师下调评级前后股票的累积超额收益 $CAR(-1,1)_{i,j,t}$ 与异常卖空 $ABSS(-10,-1)_{i,j,t}$ 之间存在显著的负相关关系，但这种现象的出现并不必然意味着分析师泄密给卖空者抢先交易所导致，也可能是由于其他原因导致的。例如：（1）卖空者自行研发并做出决策，即卖空者付出较大代价对公开信息进行深入研究，自行判断出股票价格超过其基础价值的时点并做出融券卖出的决策（Boehmer et al., 2008; Fox et al., 2009; Engelberg et al., 2012）；（2）卖空者通过上市公司高管等渠道获取内部信息（Christophe et al., 2004; Boehmer et al., 2008）。在这两种情况下，卖空活动均应该与分析师泄密无关，因此异常卖空不会集中出现在分析师评级调整之前的一段时间，而应该呈现出随机分布的特点。为了对此进行检验，借鉴 Christophe et al. (2010) 的方法，将异常买空及异常卖空分别与两个基期（-30，-11）与（-60，-30）的相应指标对比，得到如下因变量再重新回归模型 4-1：

$$DIFABBL(-10,-1)_{i,j,t}=ABBL(-10,-1)_{i,j,t}-ABBL(-30,-11)_{i,j,t}$$

$$DIFABSS(-10,-1)_{i,j,t}=ABSS(-10,-1)_{i,j,t}-ABSS(-30,-11)_{i,j,t}$$

$$DIF2ABBL(-10,-1)_{i,j,t}=ABBL(-10,-1)_{i,j,t}-ABBL(-60,-30)_{i,j,t}$$

$$DIF2ABSS(-10,-1)_{i,j,t}=ABSS(-10,-1)_{i,j,t}-ABSS(-60,-30)_{i,j,t}$$

如果卖空者的信息并非源自于分析师，则可以预期与基期相比之后的异常卖空 $DIFABSS(-10,-1)_{i,j,t}$ 与 $DIF2ABSS(-10,-1)_{i,j,t}$ 不应与评级调整前后股票的超额收益 $CAR(-1,1)_{i,j,t}$ 呈现显著的负相关关系。相反，如果卖空者的信息的确源自于分析师，则可以预期与基期相比之后的异常卖空 $DIFABSS(-10,-1)_{i,j,t}$ 与 $DIF2ABSS(-10,-1)_{i,j,t}$ 应该与评级调整前后股票的超额收益 $CAR(-1,1)_{i,j,t}$ 呈现显著的负相关关系。

采用与基期（-30，-11）及（-60，-30）相比之后得到的因变量，回归模型 4-1 的结果分别列示在表 4-7 的 Panel A 与 Panel B 中。表 4-7 中，第（1）与第（4）列采用配对样本方法、第（2）与第（5）列采用 CAPM 模型、第（3）与第（6）列采用 FF 三因素模型分别计算各累积超额收益指标 $CAR(-1,1)_{i,j,t}$、$CAR(-10,-1)_{i,j,t}$ 及 $MOM_{i,j,t}$。第（1）~第（3）列考察分析师上调评级前后股票的累积超额收益与之前 10 日异常买空之间的关系，第（4）~第（6）列考察分析师下调评级前后股票的累积超额收益与之前 10 日异常卖空之间的关系。可见，Panel A 与 Panel B 的第（1）~第（3）列中 $CAR(-1,1)_{i,j,t}$ 的系数均不显著，第（4）~第（6）列中 $CAR(-1,1)_{i,j,t}$ 的系数分别在 5% 或 1% 的水平上显著为负，进一步表明本章的基本结论"分析师泄密给利益相关者抢先卖空"是成立的。

表 4-7　　　　与基期相比重新计算因变量：OLS 回归结果

Panel A：以（-30，-15）为比较基期

变量	$DIFABBL(-10,-1)_{i,j,t}$			$DIFABSS(-10,-1)_{i,j,t}$		
	（1）	（2）	（3）	（4）	（5）	（6）
	BASIC	CAPM	FF	BASIC	CAPM	FF
$CAR(-1,1)_{i,j,t}$	−1.336	−1.014	−1.074	−0.133**	−0.131**	−0.149***
	(−1.517)	(−1.262)	(−1.309)	(−2.312)	(−2.393)	(−2.727)
$CAR(-10,-1)_{i,j,t}$	6.030***	4.451***	4.695***	0.355***	0.363***	0.360***
	(7.383)	(7.622)	(7.866)	(9.992)	(10.264)	(9.892)
$MOM_{i,j,t}$	0.139	0.243	0.242	−0.026***	0.022**	0.019*
	(0.755)	(1.457)	(1.458)	(−2.586)	(2.024)	(1.706)
$LNPrice_{i,j,t}$	−0.035	0.016	0.017	−0.003	−0.003	−0.003
	(−0.712)	(0.360)	(0.407)	(−0.755)	(−0.864)	(−0.839)

续表

行业哑变量	控制	控制	控制	控制	控制	控制
年度哑变量	控制	控制	控制	控制	控制	控制
截距项	0.175	0.122	0.169	−0.006	−0.002	−0.001
	(0.613)	(0.480)	(0.653)	(−0.276)	(−0.086)	(−0.036)
N	1 898	1 898	1 898	1 692	1 692	1 692
adj. R^2	0.085	0.073	0.075	0.062	0.063	0.059

Panel B：以（−60，−30）为比较基期

变量	$DIF2ABBL(-10,-1)_{i,j,t}$			$DIF2ABSS(-10,-1)_{i,j,t}$		
	（1）	（2）	（3）	（4）	（5）	（6）
	BASIC	CAPM	FF	BASIC	CAPM	FF
$CAR(-1,1)_{i,j,t}$	−1.992	−1.620	−1.890	−0.164**	−0.156**	−0.202***
	（−1.643）	（−1.391）	（−1.588）	（−2.277）	（−2.285）	（−2.964）
$CAR(-10,-1)_{i,j,t}$	7.049***	5.999***	6.353***	0.375***	0.370***	0.357***
	（7.211）	（6.545）	（6.701）	（8.410）	（8.395）	（7.873）
$MOM_{i,j,t}$	0.474**	0.473**	0.421*	−0.016	0.072***	0.075***
	（1.997）	（2.086）	（1.789）	（−1.220）	（5.385）	（5.519）
$LNPrice_{i,j,t}$	−0.020	0.078	0.081	−0.005	−0.003	−0.003
	（−0.321）	（1.227）	（1.278）	（−1.096）	（−0.785）	（−0.743）
行业哑变量	控制	控制	控制	控制	控制	控制
年度哑变量	控制	控制	控制	控制	控制	控制
截距项	−0.214	−0.384	−0.312	−0.015	−0.015	−0.012
	（−0.711）	（−1.251）	（−1.040）	（−0.536）	（−0.540）	（−0.415）
N	1 898	1 898	1 898	1 692	1 692	1 692
adj. R^2	0.101	0.085	0.088	0.047	0.058	0.056

注：（1）圆括号内为经过个股及年度聚类调整得到的双尾检验 t 值；

（2）***、**、*分别表示在1%、5%和10%的显著性水平。

4.3.5 进一步研究

4.3.5.1 交易规模的影响

假如本章研究假设成立，那么随着资本市场上卖空规模的加大，预期杠杆收益提高，分析师下调评级前有可能出现更多的卖空知情交易，但随着市场上买空规模加大，分析师上调评级前却可能仍然不会出现买空知情交易。为了对此进行检验，本章采用如下两种方法：

第一，检验转融通与转融券带来的影响。2012 年 8 月 30 日实行转融通试点之后买空的资金规模大幅度增加，2013 年 2 月 28 日实行转融券试点之后融券券源也有所增加。本章首先将转融通或转融券之后发生的样本记为 $VOL_{i,j,t}=1$，否则记为 $VOL_{i,j,t}=0$，并在模型 4-1 中增加了交叉项 $VOL_{i,j,t}×CAR(-1,1)_{i,j,t}$ 进行检验。回归结果列示在表 4-8 的第（1）列及第（5）列中。其中，第（1）列为考虑转融通之后的回归结果，可见，$VOL_{i,j,t}×CAR(-1,1)_{i,j,t}$ 的系数不显著，意味着转融通对买空中的知情交易并无显著影响；第（5）列为考虑转融券之后的回归结果，可见，$VOL_{i,j,t}×CAR(-1,1)_{i,j,t}$ 的系数为 -0.327，并且在 5% 的水平上显著，意味着转融券之后，随着融券券源的增加，分析师下调评级之前出现了更多卖空知情交易。

第二，检验市场行情带来的影响。由前文图 4-1 可见，2015 年沪深两市每日的买空与卖空额均出现了大幅度增长。假如本章的研究假设成立，则 2015 年度的异常买空应该与分析师泄密无关，而2015 年度的异常卖空则应该与分析师泄密相关。将 2015 年发生的样本记为 $VOL_{i,j,t}=1$，其余记为 $VOL_{i,j,t}=0$，并在模型 4-1 中增加交叉项 $VOL_{i,j,t}×CAR(-1,1)_{i,j,t}$ 进行检验。分析师上调评级之前是否出现异常买空的考察结果列示在表 4-8 的第（2）~第（4）列中。其中，第（2）列为放入异常年份交叉项后的回归结果，可见，$VOL_{i,j,t}×CAR(-1,1)_{i,j,t}$ 的系数为 1.312，但不显著，意味着异常买空量与源自于分析师的知情交易无关；第（3）、第（4）列区分正常年度与异常年度进行检验，发现在不同期间，分析师上调评级前均未出现明显的异常买空。分析师下调评级之前是否出现异常卖空的考察结果列示在表 4-8 的第（6）~第（8）列中。其中，第（6）列为放入异常年份交叉项后的回归结果，可见，$VOL_{i,j,t} \times CAR(-1,1)_{i,j,t}$ 的系数为 -0.576，且在 1% 的水平上显著；第（7）、第（8）列区分正常年度与异常年度进行检验，发现在不同期间，分析师下调评级前均会出现异常卖空，但第（8）列 $CAR(-1,1)_{i,j,t}$ 的系数绝对值 0.662 大于第（7）列 $CAR(-1,1)_{i,j,t}$ 的系数绝对值 0.188，意味着知情交易随着卖空量的增加而增加。上述结果进一步支持了本章的研究假设。

表 4-8　　　　　　　　　　　交易量的影响

变量	Panel A:$ABBL(-10,-1)_{i,j,t}$				Panel B:$ABSS(-10,-1)_{i,j,t}$			
	(1)	(2)	(3)	(4)	(5)	(6)	(7)	(8)
	VOL:转融通	VOL:异常年	2010~2014年	2015年	VOL:转融券	VOL:异常年	2010~2014年	2015年
$CAR(-1,1)_{i,j,t}$	−0.722	−2.050	−2.303	−0.519	−0.015	−0.171**	−0.188*	−0.662***
	(−0.715)	(−1.411)	(−1.533)	(−0.255)	(−0.089)	(−3.161)	(−1.745)	(−2.794)
$VOL_{i,j,t} \times CAR(-1,1)_{i,j,t}$	−0.819	1.312			−0.327**	−0.576***		
	(−0.532)	(0.503)			(−1.999)	(−5.117)		
$VOL_{i,j,t}$	0.054				0.015			
	(0.432)				(0.376)			
$CAR(-10,-1)_{i,j,t}$	4.380***	4.412***	5.319***	4.990***	0.300***	0.325	0.499***	0.095
	(4.249)	(4.264)	(4.365)	(2.824)	(5.169)	(1.575)	(7.241)	(0.614)
$MOM_{i,j,t}$	1.268***	1.272***	1.307***	1.181**	0.030*	0.037	0.065***	−0.019
	(4.262)	(4.260)	(3.333)	(2.287)	(1.777)	(1.314)	(3.418)	(−0.401)
$LNPrice_{i,j,t}$	−0.144	−0.145	−0.017	−0.659**	0.008	0.007	0.010	−0.019
	(−1.237)	(−1.240)	(−0.198)	(−2.103)	(1.395)	(0.632)	(1.614)	(−0.817)
行业哑变量	控制	控制	控制	控制	控制	控制	控制	控制
年度哑变量	控制	控制	控制	不控制	控制	控制	控制	不控制
截距项	−0.717	−0.687	−0.684*	−1.104	−0.105***	−0.108**	−0.111***	0.008
	(−1.177)	(−1.115)	(−1.856)	(−0.715)	(−2.812)	(−3.292)	(−2.977)	(0.061)
N	1 898	1 898	1 381	517	1 692	1 692	1 421	271
adj. R^2	0.104	0.105	0.142	0.138	0.096	0.092	0.134	0.038

注：（1）圆括号内为经过个股及年度聚类调整得到的双尾检验 t 值；

（2）***、**、*分别表示 1%、5% 和 10% 的显著性水平。

4.3.5.2　券商规模的影响

从理论上讲，券商的规模越大，应该拥有更高的声誉，以及更加严格的制度可以对分析师行为进行有效约束。但是，结合目前我国证券业的混乱局面[1]来看，大券商并不见得会发挥更好的监督作用。相反，与小券商相比，大券商往往拥有更好的资源（伊志宏等，2016），其分析师有可能获取到更加可靠的信息，而且大券商的分析师调整评级时对股价产生的压力也可能更大，从而有可能为抢先交易者创造出更大的盈利空间。因此，可以预期大券商的分析师在下调评级前存在更加严重的异常卖空。

为了对此进行检验，首先，确定券商的规模大小。本书采用 2010年 7 月 14 日中国证监会发布的证券公司等级来区分券商规模。其等级包括 AAA、AA、A、BBB、BB、B、CCC、CC、C、D 及 E 级，该评选结果由中国证监会、证券公司、基金监管机构以及证券行业协会的代表们形成的委员会，根据证券公司的资产、收入、风险管理及合规性水平做出。在 98 家证券公司中，有 35 家等级为 A 级及以上，有 12 家等级为 AA 级及以上。本章采用 AA 类及以上券商代表大券商，其他券商为小券商，并相应设置哑变量：当股票 j 在 t 时点被大券商分析师 i 调整评级时，$AA\_Broker_{i,j,t}=1$，否则 $AA\_Broker_{i,j,t}=0$。其次，在模型 4-1 中加入交叉项 $AA\_Broker_{i,j,t}×CAR(-1,1)_{i,j,t}$。预期在"分析师上调评级与买空"样本中，$AA\_Broker_{i,j,t}×CAR(-1,1)_{i,j,t}$ 的回归系数并不会更加显著，但在"分析师下调评级与卖空"样本中，$AA\_Broker_{i,j,t}×CAR(-1,1)_{i,j,t}$ 的回归系数应该为更显著的负数。然后，再区分大券商与小券商两个子样本，分别检验模型 4-1。

回归结果见表 4-9。其中，第（1）~第（3）列为"分析师上调评级与买空"样本检验结果，第（4）~第（6）列为"分析师下调评级与卖空"样本检验结果。可见，第（1）列中 $AA\_Broker_{i,j,t}×CAR(-1,1)_{i,j,t}$ 的系数为 1.919，但个显著。第（2）、（3）列分样本检验结果发现在大、小券商的子样本中，$CAR(-1,1)_{i,j,t}$ 的系数均不显著，这表明分析

---

[1]　2016 年 95 家券商中有 58 家评级下滑，其中一大主因即为两融违规操作招致处罚。

师上调评级前后的股票超额收益与之前 10 日的异常买空之间并无显著关系。相反，第（4）列中 $AA\_Broker_{i,j,t} \times CAR(-1,1)_{i,j,t}$ 的系数为 -0.668，且在 10% 的水平上显著，第（5）列大券商子样本中 $CAR(-1,1)_{i,j,t}$ 的系数为 -0.606，在 5% 水平上显著，第（6）列小券商子样本中 $CAR(-1,1)_{i,j,t}$ 的系数为 -0.234，在 5% 的水平上显著。即无论券商规模大小，分析师上调评级前均不存在显著的异常买空，但与小券商的分析师相比，大券商分析师下调评级之前会出现更多异常卖空。结果表明，大券商并未发挥有效监督作用，未对其分析师行为进行制约，相反还"促进"了分析师的泄密行为及卖空知情交易。这些结果进一步支持了本章的研究假设。

表 4-9　　　　　　　　　　　　　券商的影响

变量	$ABBL(-10,-1)_{i,j,t}$			$ABSS(-10,-1)_{i,j,t}$		
	（1）	（2）	（3）	（4）	（5）	（6）
	交叉项	大券商	小券商	交叉项	大券商	小券商
$CAR(-1,1)_{i,j,t}$	-1.869	-0.469	-1.834	-0.218^{**}	-0.606^{**}	-0.234^{**}
	(-1.333)	(-0.217)	(-1.300)	(-1.998)	(-2.192)	(-2.120)
$AAbroker_{i,j,t} \times$	1.919			-0.668^{*}		
$CAR(-1,1)_{i,j,t}$	(0.780)			(-1.679)		
$AAbroker_{i,j,t}$	0.051			0.015		
	(0.541)			(1.419)		
$CAR(-10,-1)_{i,j,t}$	4.323^{***}	5.405^{***}	3.949^{***}	0.316^{***}	0.429^{**}	0.301^{***}
	(4.162)	(3.245)	(3.343)	(5.062)	(2.455)	(4.487)
$MOM_{i,j,t}$	1.268^{***}	0.822^{*}	1.356^{***}	0.038^{**}	-0.007	0.046^{**}
	$(4.2/4)$	(1.824)	(3.949)	$(2.11/)$	(-0.149)	(2.389)
$LNPrice_{i,j,t}$	-0.142	-0.174	-0.136	0.007	-0.008	0.010
	(-1.220)	(-0.983)	(-1.119)	(1.077)	(-0.497)	(1.394)
行业哑变量	控制	控制	控制	控制	控制	控制
年度哑变量	控制	控制	控制	控制	控制	控制
截距项	-0.758	-1.598^{*}	-0.368	-0.114^{***}	-0.120	-0.100^{**}
	(-1.220)	(-1.925)	(-0.614)	(-2.850)	(-1.194)	(-2.286)
N	1 898	447	1 451	1 692	314	1 378
adj. R^2	0.105	0.122	0.098	0.093	0.062	0.094

注：（1）圆括号内为经过个股及年度聚类调整得到的双尾检验 t 值；

（2）***、**、* 分别表示 1%、5% 和 10% 的显著性水平。

4.4　本章小结

买空与卖空是资本市场重要的交易机制，为资本市场带来了杠杆效应，是研究的热点问题之一，但以往研究主要关注的是卖空中的知情交易问题，对买空知情交易问题的研究不足，更缺乏对买空卖空知情交易的差异分析。本章从证券分析师评级调整视角，对比分析买空者与卖空者的知情交易问题。具体采用 2010 年 3 月至 2015 年年末的数据，检验了分析师上（下）调评级前后股票的累积超额收益与之前 10 个交易日股票的异常买（卖）空之间的关系。研究发现：第一，分析师上调评级前后股票的累积超额收益与之前 10 个交易日的异常买空之间无显著的相关关系，而分析师下调评级前后股票的累积超额收益与之前 10 个交易日的异常卖空之间呈显著的负相关关系。第二，将研究期间（−10，−1）分别与两个不同的基期（−30，−15）及（−60，−30）相对比，发现分析师上调评级前后股票的累积超额收益与之前 10 日同基期相比之后的异常买空量之间仍然无显著的相关关系，而分析师下调评级前后股票的累积超额收益与之前 10 个交易日同基期相比之后的异常卖空量之间仍然呈显著的负相关关系。结果表明，总体来看买空者并未利用分析师泄露的信息抢先交易，但卖空者利用了源自于分析师的信息抢先进行知情交易。此外，本章进一步研究还发现：第一，随着交易规模的扩大，分析师上调评级之前仍然未发现异常买空，但分析师下调评级之前会出现更多异常卖空。第二，无论券商规模大小，分析师上调评级之前 10 个交易日均不会出现异常买空，但与小券商相比，大券商的分析师下调评级之前 10 个交易日会出现更加显著的异常卖空。结果表明，大券商不仅未能抑制分析师泄密给卖空者，反而加剧了卖空中的知情交易。本章的贡献主要表现为：第一，探讨了中国市场上买空与卖空中是否存在知情交易的问题，并提供了"总体来看二者存在显著差异"的经验证据，从而有力地拓展了买空卖空知情交易的相关文献。第二，得出结论"分析师会泄密给卖空者，而且券商声誉机制并未能对分析师行为起到制约作用"，从而为监管部门加强对券商及其分析师的管理提供了较为重要的依据。

但本章针对分析师总体得到的研究结论，是否适用于不同类型的分析师呢？本章针对 2010—2015 年的研究结论是否适用于正常期间呢？由图 4-1 可见，2010 年 3 月 31 日至 2014 年 8 月 31 日为股票买空卖空的正常交易期间，2014 年 9 月开始进入异常波动期间。为了进一步揭示不同类型的分析师行为对买空卖空知情交易的一般影响，在之后的章节里主要以正常交易期间 2010 年 3 月 31 日至 2014 年 8 月 31 日为研究期间，分别考察分析师异质性对卖空中的知情交易以及买空中的知情交易会产生怎样的影响。

第5章 分析师异质性与卖空知情交易

Diamond 和 Verrecchia（1987）理论分析认为，由于报升规则等额外限制，卖空者比普通投资者应该拥有更多关于股价未来即将下跌的信息。相关文献发现卖空者是知情交易者（Senchack 和 Starks，1993；Boehmer et al.，2008；2015；Christophe et al.，2010；Boehmer 和 Wu，2013），为 Diamond 和 Verrecchia（1987）的模型预测提供了证据。例如，Christophe et al.（2010）使用 2000 年至 2001 年 NASDAQ 的数据，研究发现分析师下调评级之前 3 个交易日存在异常卖空，表明一些卖空者是知情交易者。但相反，Daske et al.（2005）、Blau 和 Wade（2012）以及 Blau 和 Pinegar（2013）认为卖空者仅仅是投机交易者，没有发现卖空者提供增量信息的证据。例如，Blau 和 Wade（2012）使用 2005—2006 年 NASDAQ 的数据，发现分析师下调与上调评级之前均会出现异常卖空，显然，分析师上调评级之前出现的异常卖空与知情交易的观点不一致。因此，他们认为卖空者是投机交易者，而非知情交易者。既然以往研究提供了有争议的结论，那么卖空者是否为知情交易者的问题尚无清晰一致的结论。

　　但是上述两类文献并未考虑分析师异质性特征的影响。即以往文献假定分析师是同质的，相互之间无差异。事实上，大量研究表明，与普通分析师相比，明星分析师的荐股评级可以为投资者赚取更高收益，并能生产出更多公司特质信息（Loh 和 Stulz，2011；Xu et al.，2013；Fang 和 Yasuda，2014），其原因可能在于明星分析师比普通分析师拥有更好的人力资本，但我们并不清楚的是在分析师下调评级与卖空者知情交易的关系中，明星分析师会扮演怎样的角色呢？假如卖空者是投机交易者，则无论是明星分析师还是普通分析师，下调评级之前的异常卖空应无显著差异。这是因为，卖空者的投机交易决策并非基于分析师的信息。因此，无论是明星分析师还是普通分析师下调评级宣告前均不应出现异常卖空。相反，假如卖空者是知情交易者，可以预期明星分析师下调评级之前比普通分析师下调评级之前会出现更为显著的异常卖空。这是因为，明星分析师比普通分析师具有更强的信息挖掘能力，能向卖空者提供更有价值的信息，因此明星分析师下调评级应该比普通分析师下调评级引发更多的卖空知情交易。

　　为了对此进行检验，本章根据 Christophe et al.（2010）的研究框架，利用 2010 年 3 月—2014 年 8 月我国市场上的融券卖空数据，检验分析师总体、明星分析师以及普通分析师下调评级之前的异常卖空。研究发现：（1）如果不考虑分析师异质性，分析师下调评级日的超额收益与之前 10 个交易日的异常卖空虽为负相关关系，但并不显著，结合第 4 章中截至 2015 年年末的研究结果可知，总体上看，卖空知情交易主要出现在 2014 年 9 月至 2015 年。（2）将样本分为明星分析师与普通分析师之后，发现在 2010 年 3 月—2014 年 8 月这一研究期间，明星分析师下调评级之前 10 个交易日会出现显著的异常卖空，而普通分析师下调评级之前 10 个交易日则不会出现异常卖空，这表明卖空者主要利用了源自于明星分析师的信息抢先进行知情交易。（3）与普通分析师相比，依据明星分析师下调评级形成的证券组合在下调评级宣告日卖出每日可以多赚取 0.3%~0.4%的收益，表明明星分析师能够为卖空者提供更多有关上市公司未来业绩下滑的信息。（4）进一步研究发现，机构重仓持股时可以抑制明星分析师下调评级之前 10 个交易日异常卖空行为的出现。（5）在考虑关键变量的衡量方法、内生性问题之后发现本章研究结论稳健。因此，本章所得研究结论不仅支持了卖空者的知情交易假说，而且揭示了明星分析师在其中发挥的重要作用。

本章基于中国市场的研究结论有助于判断卖空者的知情交易或投机交易动机。以往研究主要聚焦于美国等发达市场，很少关注新兴市场的问题。新兴市场上通常信息不对称程度更高，而且监管水平与发达市场相比较弱。因此，本章研究结论为其他新兴市场推行卖空机制的监管改革，或对异质性分析师劳动力市场上加强分析师监控提供了重要的参考依据。如果卖空者更多地从事知情交易而非投机交易，就必须强化卖空相关制度改革并加强对分析师的监控。此外，中国市场环境还为本研究提供了如下便利条件：

第一，中国市场可以公开获得每日卖空交易数据。而在美国，详细的卖空日数据很少对外披露，学者们仅有可能获取短期数据。例如，Christophe et al.（2010）对 2000 年 9 月 13 日—2001 年 7 月 10 日（不足 10 个月）NASDAQ 市场的卖空活动进行检验，而本研究则可以获取到 2010 年 3 月以来至少 4 年的完整卖空日交易数据，因此，相比以往的研究，本研究提供了一个更长期的预期。

第二，中国市场上卖空的交易成本高。除了传统的报升规则、交易账户的最小余额以外，卖空者还必须向券商支付一笔数额可观的管理费，占到融券股票价值的较高比例。卖空的较高成本导致卖空者仅仅在获悉明星分析师即将下调评级的消息之后，才愿意卖空。因此，中国的市场环境更适合 Diamond 和 Verrecchia（1987）的模型。

第三，中国市场的信息透明度相对较低，因此不同的投资者有进行投机或知情交易的可能性，在信息生产过程中也有要求明星分析师提供服务的需求，这是因为明星分析师有更好的人力资本，有可能挖掘到更多公司特质信息（Xu et al.，2013）。相应地，明星分析师下调评级时也可能对股价产生更大的影响。因此，如果卖空者进行知情交易，他们应该更加重视明星分析师而非普通分析师的消息。相反，如果卖空者进行投机交易，他们对待明星分析师与普通分析师提供的信息应无差异。因此，可以使用明星分析师与普通分析师相对比的视角来进一步判断卖空者是知情交易者还是投机交易者。

本章研究的贡献表现在三个方面。第一，本章对明星分析师下调评级子样本的研究结论与以往卖空者知情交易的文献相一致，但在不区分分析师异质性特征时，研究结果却与投机交易相一致，这表明区分明星分析师与普通分析师这一异质性特征对研究结论会产生重要影响。在识别了分析师异质性之后，研究发现明星分析师下调评级比普通分析师下调评级对股价变动会产生更大影响，由此推断，在新兴市场上，信息不透明程度较高导致投资者更加依赖明星分析师，而非普通分析师做出的评级调整，因此卖空者更依赖明星分析师提供的信息从事知情交易。第二，本章研究发现机构重仓持股时可以降低明星分析师下调评级前的异常卖空，结果表明机构投资者监控可以抑制新兴市场上卖空者的知情交易现象。第三，本章研究结论有助于新兴市场上的监管部门提出有效措施完善卖空交易制度，并对分析师行为进行有效监控。

5.1 理论分析与研究假设

明星分析师应该具有参与知情交易的能力，理由如下：第一，Lang 和 Lundholm（1996）以及 Cheng et al.（2015）认为明星分析师有能力接触上市公司高管，并能得到与股票未来业绩相关的可预测信息。Xu et al.（2013）也发现明星分析师有更丰富的经验以及人力资本，可以比普通分析师生产出更多公司特质信息。第二，明星分析师能够吸引更多普通分析师以及投资者的关注。由于分析师的羊群效应，明星分析师评级调整时，普通分析师有可能跟随其观点。因此，即便明星分析师与普通分析师发布的观点并无差异，明星分析师的评级调整也会创造出更大的价格压力（Stickel，1995）。此外，明星分析师也可能具有帮助一些投资者（如私募基金以及高净值的个人投资者）从事知情交易的动机。尽管明星分析师拥有高薪酬以及声誉资本，但他们显然也能意识到我国对知情交易的监管事实上是较弱的。即便被抓，成本也相对较低。例如，2012 年 2 月，中国证监会公布对明星分析师叶志刚参与知情交易的处罚：罚款 100 万元人民币、没收违法所得 32.5 万元人民币、禁止从事证券业务 5 年。上述处罚与美国等发达市场上对类似知情交易的处罚标准相比是较轻的。综上所述，明星分析师应该有能力，同时也具有一定的动机帮助利益相关者从事知情交易。因此，明星分析师有可能在下调评级之前泄露信息给部分投资者，从而导致卖空知情交易。相反，普通分析师普遍缺乏生产企业特质信息的能力，而且在市场上受到的关注程度也较低，因此，普通分析师下调评级时对股价只能产生较小的影响。假如卖空者依据明星分析师提供的信息做出交易决策，那么，预期明星分析师下调评级日股价下跌的幅度越大，即持有股票时的超额收益越低，投资者抢先卖空的交易量就会越大。由此可得假设 5-1：

H5-1：与普通分析师相比，明星分析师下调评级日的股票超额收益与下调评级之前 10 个交易日的异常卖空之间呈更加显著的负相关关系。

但是对于那些有大量机构投资者持股的企业而言，分析师涉及知情交易的概率可能会降低。理由如下：第一，作为股东，机构投资者对上市公司信息披露的要求可能相对较严格，所以，针对此类公司，明星分析师与普通分析师在信息生产上的差异较小。第二，一些机构投资者，例如公募基金、保险公司、社保基金等均不被允许从事卖空活动。作为投资者，这些机构通过券商进行交易，其交易佣金在券商收入中占到重要的比例。为了保护自己的利益，这些机构股东可能会向券商施压，以避免旗下分析师协助卖空者抢先进行知情交易。第三，在明星分析师评选过程中，机构投资者是投票主体。因此，当机构投资者重仓持股时，分析师担心损害机构投资者的利益，不敢贸然泄露消息给买空者。综上所述，对于机构重仓持股的股票，明星分析师下调评级日的超额收益与之前 10 个交易日的异常卖空之间的关系应该会较弱。由此可得假设 5-2。

H5-2：对于机构重仓持有的股票，明星分析师下调评级日的股票超额收益与下调评级之前 10 个交易日的异常卖空之间的负相关关系会减弱。

5.2 研究设计

5.2.1 样本选取与数据来源

本章调查了 2010 年 3 月 31 日—2014 年 8 月 31 日期间分析师下调评级宣告日 t 之前股票 j 的异常卖空情况。股票的每日卖空量、分析师评级宣告、股票每日收益以及财务数据均源于国泰安（CSMAR）数据库。明星分析师数据源自于《新财富》杂志"最佳分析师"的评选结果。如果一位分析师在下调评级之前曾经被评选为"最佳分析师"，则被称为明星分析师，所有其他分析师被称为普通分析师。

具体样本选择过程见表 5-1。首先，初始样本包括 2010 年 3 月 31 日—2014 年 8 月 31 日期间"分析师 i-股票 j-下调评级日 t"共 4 059 个样本。其次，为排除羊群效应的影响，剔除掉分析师下调评级日 t 之后 10 日内针对股票 j 的其他所有下调评级 354 个。然后，与卖空标的相匹配，余"分析师 i-卖空标的股票 j-下调评级日 t" 1 162 个样本。最后，剔除掉相关变量缺失值，并将同一日有多位分析师下调评级的情况看作一个样本，最终余"卖空标的股票 j-下调评级日 t" 959 个样本。其中包括 151 个有明星分析师在当日发布下调评级的样本。

表 5-1	样本选择	单位：个
初始样本：2010 年 3 月 31 日—2014 年 8 月 31 日针对沪深 A 股分析师发布的下调评级		4 059
减：评级调整日后 10 日内的其他下调评级		354
减：针对非卖空标的发布的下调评级		2 543
减：异常卖空及异常收益数据的缺失值，同一日有多位分析师下调评级时仅保留一个样本		203
最终样本量		959

5.2.2 主要变量定义

5.2.2.1 被解释变量

本章借鉴 Christophe et al.（2010）的研究方法计算异常卖空值，具体步骤如下：

第一步，计算实际卖空量：股票每日实际卖空量=（每日买空或卖空的股票数量×1 000）÷当日的流通股数。

第二步，将匹配组合的卖空量作为估计的正常量。首先，根据股票上一年年末的市值和市账率（M/B），为分析师下调评级的股票寻找匹配组合：根据上一年的市值将所有卖空标的划分为 5 组，再根据上一年的市账率将每一组重新划分为 5 组，从而共得到 25 组，将每一个被下调评级股票的市值和市账率，与这 25 组中最接近的一组相匹配。然后，计算匹配组合中所有股票每日卖空的中位数，并以此作为被下调评级股票在该日正常卖空量的估计值。

第三步，计算实际值与正常估计值相比后卖空量的差异即为异常值。首先，计算每一日的异常卖空量，即每日实际卖空量与匹配组合卖空正常估计量之间的差额。然后，计算分析师下调评级发布日 t 之前 10 个交易日股票 j 异常卖空量的平均值 $ABSS(-10,-1)_{j,t}$。

5.2.2.2 解释变量

本章采用分析师下调评级发布日 t 股票 j 的累积超额收益来衡量市场对分析师下调评级的反应，记为 $AR(0)_{j,t}$。借鉴 Christophe et al.（2010）的思路，具体计算方法为：首先，估算 t 日股票 j 的正常收益值。将对应匹配组合中所有股票 t 日收益的中位数，作为股票 j 正常收益的估计值。其次，计算 t 日股票 j 的实际收益与正常收益估计值之间的差额，即为 t 日股票 j 的超额收益 $AR(0)_{j,t}$。如果卖空者能够预知市场对分析师评级调整的反应，则可以预期下调评级日 t 股票 j 价格下降的幅度越大，即 $|AR(0)_{j,t}|$ 越大，异常卖空量 $ABSS(-10,-1)_{j,t}$ 就越大。

5.2.2.3 控制变量

借鉴 Christophe et al.（2010），分别控制了评级调整日之前股票的短期与长期累积超额收益、评级调整日的股票价格、行业与年度对卖空水平的影响。

（1）分析师评级调整日 t 之前 10 个交易日股票 j 的累积超额收益，记为 $CAR(-10,-1)_{j,t}$。首先，计算股票各日的超额收益，即每日股票 j 的实际收益与匹配组合中所有股票每日收益的中位数之差。然后，计算（-10，-1）期间股票 j 超额收益的累积数。

（2）分析师评级调整日 t 之前 180 个交易日股票 j 的累积超额收益，记为 $MOM_{j,t}$。首先，计算股票 j 各日的超额收益，即每日股票 j 的实际收益与匹配组合中所有股票每日收益的中位数之差。然后，计算（-180，-11）期间股票 j 超额收益的累积数。

（3）分析师评级调整日 t 股票 j 的市场价格的自然对数，记为 $LNPrice_{j,t}$。

具体变量的定义和度量见表 5-2。

表 5-2 **变量名称与度量**

变量	符号	变量名称与度量
被解释变量	$ABSS(-10,-1)_{j,t}$	分析师对股票 j 下调评级日 t 之前 10 个交易日的异常卖空量，其中： $ABSS(-10,-1)_{j,t}$＝分析师下调评级日之前 10 个交易日每日异常卖空的均值 每日异常卖空＝每日实际卖空－每日正常卖空 每日实际卖空＝（每日实际卖空股数×1 000）/每日流通股股数 每日正常卖空＝（每日匹配组合的卖空股数×1 000）/每日流通股股数
解释变量	$AR(0)_{j,t}$	分析师下调评级日 t 股票 j 的超额收益
控制变量	$CAR(-10,-1)_{j,t}$	分析师下调评级日 t 之前 10 个交易日股票 j 的累积超额收益
	$MOM_{j,t}$	分析师下调评级日 t 之前（-180，-11）交易日股票 j 的累积超额收益
	$LNPrice_{j,t}$	分析师下调评级日 t 股票 j 市场价格的自然对数

5.2.3 实证模型

为了验证分析师下调评级日 t 股票 j 的超额收益 $AR(0)_{j,t}$ 与评级调整之前 10 个交易日的异常卖空 $ABSS(-10,-1)_{j,t}$ 之间的关系，借鉴 Christophe et al.（2010），采用 OLS 方法回归如下模型 5-1：

$$ABSS(-10,-1)_{j,t}=\beta_0+\beta_1\times AR(0)_{j,t}+\beta_2\times CAR(-10,-1)_{j,t}+\beta_3\times MOM_{j,t}+\beta_4\times LNPrice_{j,t}+$$
$$\beta_5\times Year+\beta_6\times Industry+\varepsilon_{j,t} \tag{5-1}$$

其中：

$ABSS(-10,-1)_{j,t}$ 为分析师下调评级日 t 之前 10 个交易日股票 j 的异常卖空；

$AR(0)_{j,t}$ 为分析师下调评级日 t 股票 j 的超额收益；

$CAR(-10,-1)_{j,t}$ 为分析师下调评级日 t 之前 10 个交易日股票 j 的累积超额收益；

$MOM_{j,t}$ 为分析师下调评级日 t 之前 180 个交易日股票 j 的累积超额收益；

$LNPrice_{j,t}$ 为分析师下调评级日 t 股票 j 市场价格的自然对数。

如果假设 5-1 成立，则预期在明星分析师子样本中模型 5-1 的系数 β_1 应该相比普通分析师子样本中的系数 β_1 为更显著的负数。如果假设 5-2 成立，则预期在明星分析师子样本中，非机构重仓持股时模型 5-1 的系数 β_1 应该相比机构重仓持股时该模型的系数 β_1 为更显著的负数。

5.3 实证结果

5.3.1 初步结果

分析师下调评级前后 20 日的异常卖空（$t=0$）如图 5-1 所示。

图 5-1 描绘了分析师总样本、明星分析师子样本以及普通分析师子样本下调评级之前 20 个交易日的异常卖空。可见，分析师总样本以及普通分析师子样本的异常卖空非常接近。相反，明星分析师子样本的异常卖空与分析师总样本以及普通分析师子样本的异常卖空不同，在下调评级宣告之前 8 日就出现了更高水平的异常卖空。

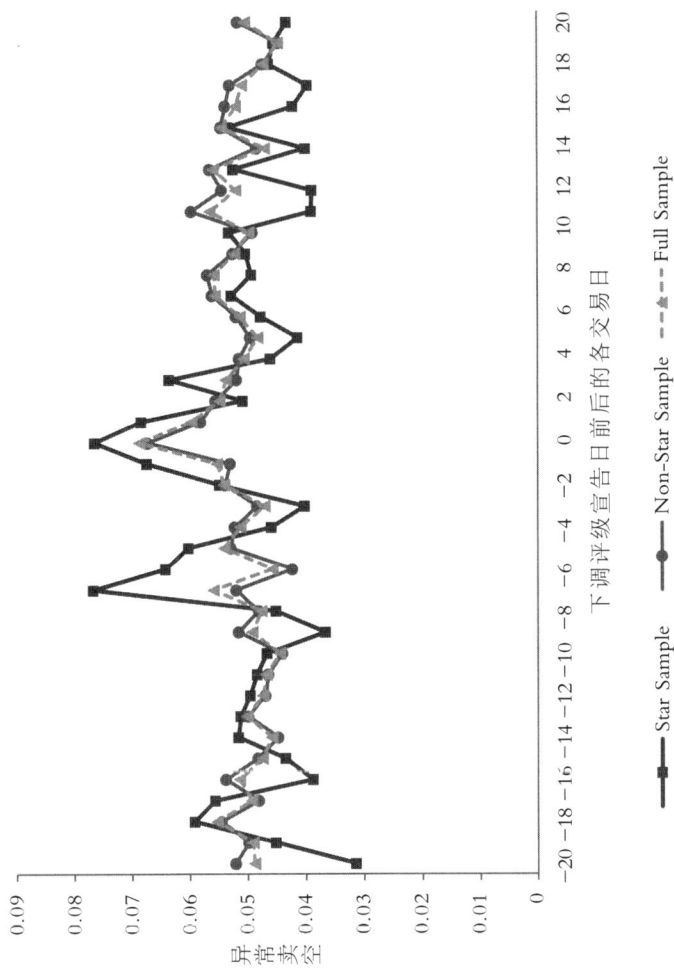

下调评级公告日前后的各交易日

图 5-1 分析师下调评级后 20 日的异常卖空 (t=0)

—■— Star Sample —●— Non-Star Sample - -▲- - Full Sample

分析师下调评级前后 20 日的股票超额收益（$t=0$）如图 5-2 所示。

图 5-2 描绘了分析师总样本、明星分析师子样本以及普通分析师子样本下调评级日的股票超额收益。可见，分析师总样本与普通分析师子样本每日的超额收益接近，但明星分析师子样本则表现出了不同特征，而且在下调评级日出现负值更大的股票超额收益，表明明星分析师下调评级比普通分析师下调评级对股价变动产生了更大影响。

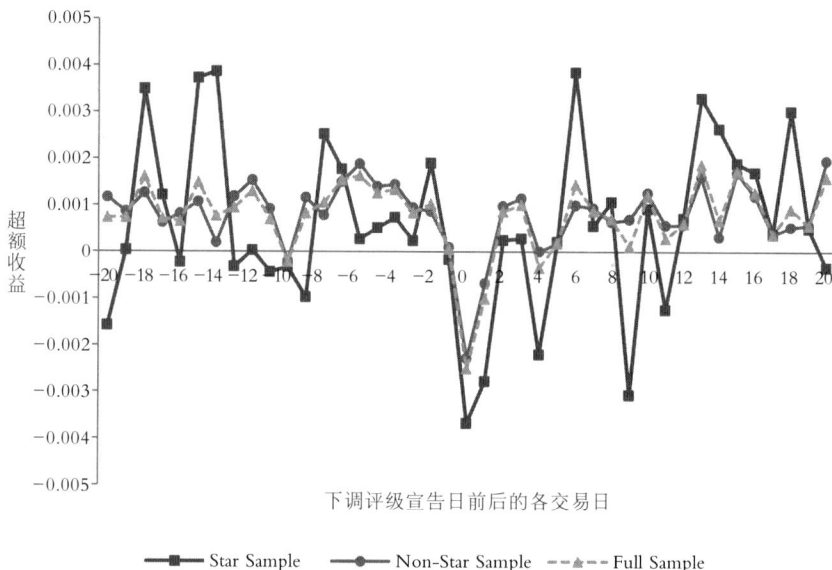

图 5-2　分析师下调评级前后 20 日的股票超额收益（t=0）

表 5-3 是对主要变量的描述性统计结果。

表 5-3　描述性统计结果

变量	样本量			均值			中位数			标准差		
	总体样本	明星分析师	普通分析师	总体样本	明星分析师	普通分析师	总体样本	明星分析师	普通分析师	总体样本	明星分析师	普通分析师
$ABSS(-10,-1)_{j,t}$	959	151	808	0.036	0.054	0.033	0.008	0.008	0.008	0.073	0.121	0.059
$AR(0)_{j,t}$	959	151	808	−0.003	−0.006	−0.002	0	0	0	0.025	0.022	0.026
$CAR(-10,-1)_{j,t}$	959	151	808	0.009	0.007	0.010	0.007	0.002	0.008	0.055	0.060	0.054
$MOM_{j,t}$	959	151	808	−0.078	−0.086	−0.076	−0.080	−0.080	−0.081	0.258	0.236	0.262
$LNPrice_{j,t}$	959	151	808	2.486	2.427	2.497	2.464	2.402	2.474	0.772	0.637	0.795

从表 5-3 中可见，与分析师总样本及普通分析师子样本相比，明星分析师子样本中异常卖空 $ABSS(-10, -1)_{j,t}$ 的均值（0.054）及标准差（0.121）均最大，而超额收益 $AR(0)_{j,t}$ 的均值（-0.006）与标准差（0.022）却最小。这意味着，与分析师总样本及普通分析师子样本相比，明星分析师子样本有较高的异常卖空以及较低的超额收益。

表 5-4 是对明星分析师与普通分析师子样本中不同期间的异常卖空与超额收益（累积超额收益）是否存在显著差异的单变量 T 检验结果。

表 5-4   分析师下调评级前后股票的异常卖空与超额收益：
不同窗口期的单变量分析

区间	(-10, -1)			(0)			(1, 10)		
	明星分析师	普通分析师	差额	明星分析师	普通分析师	差额	明星分析师	普通分析师	差额
Panel A：异常卖空									
$ABSS_{j,t}$	0.054	0.033	0.021**	0.077	0.041	0.035**	0.052	0.035	0.017
p-value			(0.036)			(0.023)			(0.108)
Panel B：超额收益									
$CAR_{j,t}/AR_{j,t}$	0.007	0.010	-0.003	-0.006	-0.002	-0.004*	-0.001	0.006	-0.007
p-value			(0.512)			(0.075)			(0.109)

注：（1）圆括号内为经过个股及年度聚类调整得到的双尾检验 p 值；

（2）***、**、*分别表示 1%、5% 和 10% 的显著性水平。

在明星分析师子样本中，下调评级日之前 10 个交易日的异常卖空为 0.054，高于普通分析师子样本中相应的值 0.033，并且在 5% 的水平上显著；下调评级日股票的超额收益为 -0.006，低于普通分析师子样本中相应的值 -0.002，并且在 10% 的水平上显著。单变量分析的结果初步支持了假设 5-1。

5.3.2   基本结论

表 5-5 是对模型 5-1 的多元回归结果。其中，首先区分了明星分析师子样本与普通分析师子样本分别列示相应结果。然后列示了各样本中仅包括异常卖空与超额收益时的简化模型结果，见表 5-5 的第

（1）、（3）、（5）列。由第（1）、（2）列对分析师总样本的考察结果可见 $AR(0)_{j,t}$ 的系数并不显著，由第（5）、（6）列对普通分析师子样本的考察结果可见 $AR(0)_{j,t}$ 的系数同样不显著，但由第（3）、（4）列对明星分析师子样本的考察结果可见 $AR(0)_{j,t}$ 的系数显著为负。即仅明星分析师子样本下调评级日股票的超额收益与之前 10 个交易日的异常卖空显著负相关。结果表明，卖空者仅会利用明星分析师提供的信息抢先交易。另外，第（2）、（6）列中 $CAR(-10,-1)_{j,t}$ 的系数均为显著的正数，而第（4）列中 $CAR(-10,-1)_{j,t}$ 的系数却变得不显著，这意味着明星分析师下调评级宣告之前 10 个交易日的异常卖空水平主要取决于评级宣告日的超额收益，而普通分析师下调评级宣告之前 10 个交易日的异常卖空水平则主要取决于近期的股价波动（累积超额收益）。因此，表 5-5 的结果支持了假设 5-1。

表5-5　　　分析师下调评级日的超额收益与之前的异常卖空

变量	Dependent variable=$ABSS(-10,-1)_{j,t}$					
	分析师总样本		明星分析师子样本		普通分析师子样本	
	（1）	（2）	（3）	（4）	（5）	（6）
$AR(0)_{j,t}$	−0.025	−0.020	−0.578*	−0.516***	0.022	0.020
	(0.913)	(0.918)	(0.084)	(0.009)	(0.913)	(0.913)
$CAR(-10,-1)_{j,t}$		0.225***		−0.080		0.279**
		(0.007)		(0.659)		(0.016)
$MOM_{j,t}$		0.045		0.024		0.043
		(0.111)		(0.528)		(0.146)
$LNPrice_{j,t}$		0.005		0.024		0.003
		(0.637)		(0.359)		(0.829)
行业	控制	控制	控制	控制	控制	控制
年度	控制	控制	控制	控制	控制	控制
截距项	−0.057***	−0.075***	−0.056**	−0.107**	−0.053**	−0.069**
	(<0.001)	(0.004)	(0.033)	(0.013)	(0.012)	(0.011)
N	959	959	151	151	808	808
adj. R^2	0.112	0.125	0.166	0.168	0.098	0.113

注：（1）圆括号内为经过个股及年度聚类调整得到的双尾检验 p 值；

（2）***、**、*分别表示 1%、5%和 10%的显著性水平。

5.3.3 卖空者的信息的确源自于明星分析师吗?

明星分析师下调评级前出现异常卖空并不必然意味着卖空者利用了源自于明星分析师的信息。是否卖空者依据自行研发能力做出判断,然后分析师才跟进下调评级? 是否卖空者从分析师以外的其余途径获取了信息抢先交易? 为了回答上述问题,本章进行如下两方面检验。

5.3.3.1 比较 (-10, -1) 与 (-20, -11) 两个窗口期的异常卖空

Christophe et al. (2010) 认为假如卖空者依据自己的研究做出决策,那么不可能所有的卖空者都集中于明星分析师下调评级前的同一个时间段执行操作,因此,$ABSS(-10, -1)_{j,t}$ 与 $ABSS(-20, -11)_{j,t}$ 不应该表现出显著的差异。相反,如果卖空者得到明星分析师的帮助,则异常卖空应该会集中出现在明星分析师下调评级之前的数天之内。

表5-6的单变量检验结果表明,对于明星分析师子样本而言,$ABSS(-10, -1)_{j,t}$ 的均值为 0.054,$ABSS(-20, -11)_{j,t}$ 的均值为 0.033,其差异为 0.021,并且在10%的水平上显著。

表5-6　(-20, -11) 与 (-10, -1) 两个窗口期的异常卖空对比

变量	分析师总样本		明星分析师子样本		普通分析师子样本	
	(1)	(2)	(3)	(4)	(5)	(6)
	(-20, -11)	(-10, -1)	(-20, -11)	(-10, -1)	(-20, -11)	(-10, -1)
$ABSS_{j,t}$	0.033	0.036	0.033	0.054	0.033	0.033
$ABSS(-10, -1)_{j,t} -$ $ABSS(-20, -11)_{j,t}$		0.003		0.021[*]		-0.001
p-value		(0.333)		(0.053)		(0.876)

注:(1) 圆括号内为经过个股及年度聚类调整得到的双尾检验 p 值;
(2) * 表示尾差。

将 $ABSS(-10, -1)_{j,t} - ABSS(-20, -11)_{j,t}$ 作为模型 5-1 的因变量并重新回归模型 5-1。多元回归结果见表 5-7。可见，在明星分析师子样本中 $AR(0)_{j,t}$ 的系数为 −0.815，并且在 5% 的水平上显著；在分析师总样本及普通分析师子样本中 $AR(0)_{j,t}$ 的系数不显著。该结果与假设 5-1 相吻合。

表 5-7　分析师下调评级日股票的超额收益与（−20，−11）及

（−10，−1）期间异常卖空之差额的回归分析

变量	Dependent variable=$ABSS(-10, -1)_{j,t} - ABSS(-20, -11)_{j,t}$		
	（1）	（2）	（3）
	分析师总样本	明星分析师子样本	普通分析师子样本
$AR(0)_{j,t}$	−0.394	−0.815**	−0.361
	(0.150)	(0.040)	(0.242)
$CAR(-10, -1)_{j,t}$	0.266***	0.068	0.303***
	(0.000)	(0.724)	(0.000)
$MOM_{j,t}$	0.031	0.051	0.027
	(0.134)	(0.394)	(0.214)
$LNPrice_{j,t}$	−0.001	0.010	−0.002
	(0.877)	(0.359)	(0.746)
行业	控制	控制	控制
年度	控制	控制	控制
截距项	−0.028	−0.046	−0.022
	(0.225)	(0.240)	(0.402)
N	959	151	808
adj. R^2	0.093	0.133	0.084

注：（1）圆括号内为经过个股及年度聚类调整得到的双尾检验 p 值；
（2）***、**、*分别表示 1%、5% 和 10% 的显著性水平。

5.3.3.2 未来盈余意外、分析师评级调整与异常卖空

考虑到有限的时间与资源，即便是明星分析师也不能保证给出永远正确的预测。例如，有时上市公司真实的业绩较差，但明星分析师也可能判断错误，在上市公司盈余宣告之前给出上调评级建议。假如卖空者并未得到明星分析师的帮助，而是自行判断做出决策，或者从分析师以外的其他途径获取信息，那么，卖空水平就应该与上市公司未来业绩宣告的内容相关，而非与明星分析师评级调整方向相关。相反，假如卖空者得到明星分析师的帮助之后进行知情交易，那么，卖空水平就应该与明星分析师的评级调整方向相关，而与上市公司未来业绩宣告的内容无关。

为了对此进行检验，本章首先得到分析师评级调整之后上市公司盈余宣告时出现负向盈余意外的样本（即上市公司的实际盈余<分析师一致性预期），然后检验在明星分析师子样本与普通分析师子样本中，分析师上（下）调评级与异常卖空之间的关系，结果列示在表5-8中。

表5-8 上市公司未来负向盈余意外、分析师评级调整与异常卖空

项目	负向盈余意外之前的评级调整	样本量	$ABSS(-10,-1)_{j,t}$
明星分析师子样本	下调评级	30	0.066
	上调评级	39	−0.007
	差额		0.073*
	p-value		(0.054)
普通分析师子样本	下调评级	185	0.038
	上调评级	216	0.046
	差额		−0.008
	p-value		(0.662)

注：（1）圆括号内为经过个股及年度聚类调整得到的双尾检验 p 值；

（2）***、**、*分别表示 1%、5%和 10%的显著性水平。

从表 5-8 中可见，在明星分析师子样本中，分析师下调评级前的

异常卖空 $ABSS(-10,-1)_{j,t}$ 为 0.066，而分析师上调评级前的异常卖空 $ABSS(-10,-1)_{j,t}$ 为 -0.007，T 检验结果表明二者存在显著差异，异常卖空的水平与明星分析师评级调整的方向一致，却与上市公司盈余宣告的内容无明显关系，但在普通分析师子样本中，分析师上（下）调评级前的异常卖空 $ABSS(-10,-1)_{j,t}$ 分别为 0.046 与 0.038，异常卖空的水平与上市公司盈余宣告的内容更加一致，却与明星分析师评级调整的方向无明显的关系。

综上所述，表 5-6、表 5-7、表 5-8 的结果进一步支持了假设 5-1，即卖空者利用了源自于明星分析师的信息抢先交易。

5.3.4 明星分析师下调评级中是否包含上市公司未来业绩下滑的信息？

前文结果表明投资者会更多利用明星分析师即将下调评级的消息抢先卖空，但明星分析师下调评级中是否包含了更多与公司未来业绩有关的信息，卖空者是否能够利用这些消息在较长期间赚取超额收益？

为了识别哪一类型分析师的下调评级可以帮助投资者在较长时期内赚取更高的收益，本章借鉴了 Barber et al.（2006，2007）以及 Fang 和 Yasuda（2014）的方法。首先，将明星分析师与普通分析师发布下调评级的所有股票形成两个不同的卖出证券组合。其次，计算每只股票从下调评级日开始至不同持有期（1 个月、3 个月、6 个月、12 个月）的累积收益。再次，按照价值权重计算两个不同证券组合的收益。最后，使用如下 CAPM 模型、Fama-French 三因素模型，以及 Carhart 四因素模型计算风险调整后的收益（alphas），并检验在不同期间不同证券组合的 alphas 是否存在显著差异。

$$R_{p,t} - R_{f,t} = \alpha_p + \beta_p \times (R_{m,t} - R_{f,t}) + \varepsilon_{p,t}$$

$$R_{p,t} - R_{f,t} = \alpha_p + \beta_{p1} \times (R_{m,t} - R_{f,t}) + s_p \times SMBt + h_p \times HMLt + \varepsilon_{p,t}$$

$$R_{p,t} - R_{f,t} = \alpha_p + \beta_{p1} \times (R_{m,t} - R_{f,t}) + s_p \times SMBt + h_p \times HMLt + m_p \times WMLt + \varepsilon_{p,t}$$

明星分析师是否为卖空者提供了更多公司未来业绩的信息见表 5-9。

表5-9　明星分析师是否为卖空者提供了更多公司未来业绩的信息

持有期（月）	依据不同类型分析师的下调评级形成的证券组合，在不同持有期内的风险调整后收益				
		$(0, 1)$	$(0, 3)$	$(0, 6)$	$(0, 12)$
Market-adjusted alpha	明星分析师	−0.009	−0.009	−0.009	−0.009
	普通分析师	−0.005	−0.006	−0.005	−0.006
	差异	−0.004**	−0.003**	−0.004**	−0.003**
FF 3-factor alpha	明星分析师	−0.009	−0.009	−0.009	−0.009
	普通分析师	−0.006	−0.006	−0.006	−0.006
	差异	−0.003**	−0.003**	−0.003**	−0.003**
Carhart 4-factor alpha	明星分析师	−0.009	−0.009	−0.009	−0.009
	普通分析师	−0.006	−0.006	−0.006	−0.006
	差异	−0.003**	−0.003**	−0.003**	−0.003**

注：***、**、*分别表示1%、5%和10%的显著性水平。

表 5-9 列示了两个不同证券组合从分析师下调评级日开始持有至1、3、6、12 个月的风险调整后收益。从中可见，在分析师下调评级日卖出至未来 12 个月内，每日可获得的收益大约为 0.6%~0.9%，但与普通分析师相比，依据明星分析师下调评级形成的证券组合在下调评级宣告日卖出则平均每日可以多赚取 0.3%~0.4%的收益。结果表明明星分析师能够为卖空者提供更多有关上市公司未来业绩下滑的信息。

5.3.5　内生性问题

上述结果也可能存在一定的内生性偏差。明星分析师有可能首先观测到异常卖空然后做出下调评级，即 $ABSS(-10, -1)_{j,t}$ 有可能是 $AR(0)_{j,t}$ 的解释变量。为了缓解这一内生性问题，本章对明星分析师当选前后的情况进行对比。当选为"明星"对于 $ABSS(-10, -1)_{j,t}$ 与 $AR(0)_{j,t}$ 之间的关系是一个外生事件。本章采用 2010 年 3 月至 2014 年 8 月当选为"明星"的样本进行检验，结果见表 5-10。由第（1）列可见，在明星分析师当选之后，$AR(0)_{j,t}$ 的系数为 -0.516，并且在 1% 的水平上显著；由第（2）列可见，在明星分析师当选之前，$AR(0)_{j,t}$ 的系数为 0.343，且并不显著。结果表明前文基本结果不可能是由于内生性问题导致的，从而进一步支持了假设 5-1。

外生事件（普通分析师当选为"明星"分析师）对基本结论的影响见表 5-10。

表 5-10　**外生事件（普通分析师当选为"明星"分析师）对基本结论的影响**

变量	（1）	（2）
	明星分析师当选之后	明星分析师当选之前
$AR(0)_{j,t}$	-0.516^{***}	0.343
	(0.009)	(0.311)
$CAR(-10, -1)_{j,t}$	-0.080	0.300
	(0.659)	(0.313)
$MOM_{j,t}$	0.024	0.054
	(0.528)	(0.319)
$LNPrice_{j,t}$	0.024	0.020
	(0.359)	(0.113)
行业	控制	控制
年度	控制	控制
截距项	-0.107^{**}	-0.100^{*}
	(0.013)	(0.076)
N	151	175
adj. R^2	0.168	0.129

注：（1）圆括号内为经过个股及年度聚类调整得到的双尾检验 p 值；
（2）***、**、*分别表示 1%、5% 和 10% 的显著性水平。

5.3.6　机构重仓持股的影响

机构持股比例的影响见表 5-11。

表5-11   机构持股比例的影响

Panel A：描述性统计

变量（%）	样本量	均值	中位数	标准差	最小值	下四分位数	上四分位数	最大值
INIHold	959	9.972	5.830	13.061	0.113	3.200	10.220	69.598
INIHold_Star	151	9.372	5.690	11.611	0.130	2.970	10.170	68.960
INIHold_Nonstar	808	10.084	5.925	13.318	0.113	3.255	10.220	69.598

Panel B：OLS回归分析

变量	分析师总样本		明星分析师子样本		普通分析师子样本	
	机构重仓持股	机构轻仓持股	机构重仓持股	机构轻仓持股	机构重仓持股	机构轻仓持股
	（1）	（2）	（3）	（4）	（5）	（6）
$AR(0)_{j,t}$	−0.054	0.150	−0.141	−1.732**	−0.245	0.409
	（0.873）	（0.272）	（0.646）	（0.028）	（0.522）	（0.133）
$CAR(-10,-1)_{j,t}$	0.129***	0.366*	−0.322	0.416	0.212***	0.310*
	（0.006）	（0.051）	（0.329）	（0.277）	（0.000）	（0.058）
$MOM_{j,t}$	0.083*	0.025	0.068	0.095	0.088	0.006
	（0.095）	（0.290）	（0.615）	（0.203）	（0.163）	（0.726）
$LNPrice_{j,t}$	−0.002	0.011	−0.003	0.023	−0.010	0.014
	（0.906）	（0.479）	（0.933）	（0.457）	（0.700）	（0.361）
行业	控制	控制	控制	控制	控制	控制
年度	控制	控制	控制	控制	控制	控制
截距项	−0.063	−0.073	0.043	−0.077	−0.035	−0.082
	（0.132）	（0.104）	（0.797）	（0.568）	（0.540）	（0.101）
N	478	481	75	76	404	404
adj. R^2	0.121	0.130	0.388	0.083	0.110	0.125

注：（1）圆括号内为经过个股及年度聚类调整得到的双尾检验 p 值；

（2）***、**、*分别表示 1%、5%和10%的显著性水平。

表 5-11 中，Panel A 是对分析师总样本、明星分析师子样本、普通分析师子样本中机构持股比例的描述性统计结果。可见，在分析师总样本中，上市公司的机构持股比例最高接近 70%，但均值与中位数分别为 9.97% 与 5.83%。在明星分析师子样本中，机构持股比例的均值与中位数都低于普通分析师子样本。

按照机构持股比例的中位数，将三个样本再各自区分为机构重仓持股与机构轻仓持股两个子样本，然后分别回归模型 5-1，检验结果见表 5-11 的 Panel B。从中可见，仅第（4）列中 $AR(0)_{j,t}$ 的系数为负数 -1.732，并且在 5% 的水平上显著，其余各列 $AR(0)_{j,t}$ 的系数均不显著。这意味着只有在机构轻仓持股时，卖空中才包含源自于明星分析师的信息，机构投资者对卖空知情交易能够起到一定的制约作用。这些都支持了假设 5-2。

5.3.7 稳健性测试

5.3.7.1 采用不同基准计算异常卖空

异常卖空水平有可能随着正常卖空估计值衡量方法的改变而发生变化。在此采用另外两种替代方法估计正常卖空的值，以便获取更加稳健的结果。替代方法一：使用流通股的市值（前文基本方法中采用的是股票的总市值）来计算配对样本中可卖空股票的市值与市账率（M/B）；替代方法二：使用配对样本中所有股票每日卖空的中位数来估算正常卖空水平。相应的检验结果列示在表 5-12 中。

由表 5-12 可见，仅在第（2）、（5）列明星分析师子样本中 $AR(0)_{j,t}$ 的系数显著为负，而分析师总样本及普通分析师子样本中，$AR(0)_{j,t}$ 的系数均不显著，与前文的基本结论一致。

5.3.7.2 以市场收益为基准计算股票超额收益

前文采用 Christophe et al.（2010）的方法，即使用匹配组合计算超额收益，但以往文献也采用实际收益减去市场收益作为超额收益。因此，本章使用沪深 300 指数，以及 A 股所有股票价值权重的市场指数作为市场收益来计算变量 $AR(0)_{j,t}$、$CAR(-10,-1)_{j,t}$ 以及 $MOM_{j,t}$，并重新回归模型 5-1。相应的检验结果列示在表 5-13 中。

表5-12 改变异常卖空的比较基准

变量	替代方法一			替代方法二		
	（1）	（2）	（3）	（4）	（5）	（6）
	分析师总样本	明星分析师子样本	普通分析师子样本	分析师总样本	明星分析师子样本	普通分析师子样本
$AR(0)_{j,t}$	−0.052	−0.403**	−0.014	−0.025	−0.195**	−0.006
	（0.791）	（0.021）	（0.939）	（0.497）	（0.045）	（0.828）
$CAR(-10,-1)_{j,t}$	0.236***	−0.107	0.300***	0.188***	0.153	0.199***
	（0.005）	（0.575）	（0.007）	（0.000）	（0.204）	（0.003）
other variables	…	…	…	…	…	…
N	959	151	808	959	151	808
adj. R^2	0.125	0.107	0.120	0.063	0.043	0.058

注：（1）圆括号内为经过个股及年度聚类调整得到的双尾检验 p 值；

（2）***、**、*分别表示 1%、5%和 10%的显著性水平。

表5-13 以市场收益为基准计算股票超额收益

变量	沪深300指数			A股所有股票价值权重的市场指数		
	（1）	（2）	（3）	（4）	（5）	（6）
	分析师总样本	明星分析师子样本	普通分析师子样本	分析师总样本	明星分析师子样本	普通分析师子样本
$AR(0)_{j,t}$	−0.076	−0.445**	−0.057	−0.108	−0.495**	−0.091
	（0.635）	（0.037）	（0.722）	（0.521）	（0.025）	（0.585）
$CAR(-10,-1)_{j,t}$	0.201**	0.008	0.240*	0.203**	−0.024	0.244*
	（0.028）	（0.958）	（0.058）	（0.032）	（0.891）	（0.064）
other variables	…	…	…	…	…	…
N	959	151	808	959	151	808
adj. R^2	0.128	0.167	0.114	0.128	0.168	0.114

注：（1）圆括号内为经过个股及年度聚类调整得到的双尾检验 p 值；

（2）***、**、*分别表示 1%、5%和 10%的显著性水平。

可见，仅在表 5-13 中的第（2）、第（5）列明星分析师子样本中 $AR(0)_{j,t}$ 的系数显著为负，而分析师总样本及普通分析师子样本中，$AR(0)_{j,t}$ 的系数均不显著，这与前文基本结论一致。

5.3.7.3　采用不同窗口期计算异常卖空与超额收益

不同的窗口期也可能会影响本章的结果。Christophe et al.（2010）仅检验了（-3，-1）期间的异常卖空，但作者认为卖空知情交易有可能出现在分析师下调评级之前更长的期间。为了对此做进一步分析，在此分别采用（-10，-8）、（-7，-5）以及（-4，-1）三个窗口期替代基本模型中的研究期间（-10，-1），并将相应的值调整为 $ABSS(-10,-8)_{j,t}$、$ABSS(-7,-5)_{j,t}$、$ABSS(-4,-1)_{j,t}$ 以及 $CAR(-10,-8)_{j,t}$、$CAR(-7,-5)_{j,t}$、$CAR(-4,-1)_{j,t}$，再重新回归模型 5-1。检验结果列示在表 5-14 中。

表 5-14　　　　　**采用不同窗口期计算异常卖空与超额收益**

变量	$ABSS_{j,t}$								
	分析师总样本			明星分析师子样本			普通分析师子样本		
	(-10,-8)	(-7,-5)	(-4,-1)	(-10,-8)	(-7,-5)	(-4,-1)	(-10,-8)	(-7,-5)	(-4,-1)
	(1)	(2)	(3)	(4)	(5)	(6)	(7)	(8)	(9)
$AR(0)_{j,t}$	-0.072	-0.029	0.046	-0.796**	-0.505*	-0.550***	-0.029	0.020	0.072
	(0.469)	(0.891)	(0.868)	(0.032)	(0.078)	(<0.001)	(0.831)	(0.908)	(0.778)
$CAR(-10,-8)_{j,t}$	0.529***			-0.418			0.623***		
	(0.001)			(0.211)			(0.003)		
$CAR(-7,-5)_{j,t}$		1.226***			0.301			1.429***	
		(0.001)			(0.185)			(0.002)	
$CAR(-4,-1)_{j,t}$			0.132			0.293			0.039
			(0.344)			(0.598)			(0.814)
other variable	…	…	…	…	…	…	…	…	…
N	959	959	959	151	151	151	808	808	808
adj. R^2	0.134	0.142	0.100	0.212	0.170	0.123	0.123	0.152	0.083

注：（1）圆括号内为经过个股及年度聚类调整得到的双尾检验 p 值；

（2）***、**、*分别表示 1%、5%和 10%的显著性水平。

由表 5-14 可见，仅在第（4）～第（6）列明星分析师子样本中 $AR(0)_{j,t}$

的系数显著为负；而分析师总样本及普通分析师子样本中，$AR(0)_{j,t}$ 的系数均不显著。与前文基本结论一致。

5.3.7.4 采用分析师下调评级的幅度来替代下调评级日的股票超额收益

首先，构建哑变量 $BigDownDummy_{j,t}$ 来捕捉分析师是否大幅度下调评级。如果第 t 日分析师对股票 j 下调评级的平均幅度大于或等于2，则 $BigDownDummy_{j,t}=1$，否则，$BigDownDummy_{j,t}=0$。其次，采用 $(-1)\times REChange_{j,t}$ 来捕捉分析师评级下调的平均程度。例如，分析师由"持有"下调为"强力卖出"，则 $-REChange_{j,t}=2$（即 $(-1)\times(1-3)$）。$-REChange_{j,t}$ 越大，下调评级的程度越大。因此，模型5-1可以改变为：

$$ABSS(-10,-1)_{j,t}=\beta_0+\beta_1\times BigDownDummy_{j,t}(or-REChange_{j,t})+\beta_2\times CAR(-10,-1)_{j,t}+$$
$$\beta_3\times MOM_{j,t}+\beta_4\times LNPrice_{j,t}+\beta_5\times Year+\beta_6\times Industry+\varepsilon_{j,t} \qquad (5-2)$$

如果假设5-1成立，则预期在明星分析师子样本中模型5-1的系数 β_1 应该相比普通分析师子样本中的系数 β_1 为更显著的正数。回归结果列示在表5-15中。

表5-15　采用不同方法替代分析师下调评级日的股票超额收益

变量	(1) 分析师总样本	(2) 明星分析师子样本	(3) 普通分析师子样本	(4) 分析师总样本	(5) 明星分析师子样本	(6) 普通分析师子样本
$BigDownDummy_{j,t}$	0.002	0.062*	−0.005			
	(0.808)	(0.063)	(0.663)			
$-REChange_{j,t}$				0.007	0.079***	−0.002
				(0.444)	(0.005)	(0.857)
$CAR(-10,-1)_{j,t}$	0.235***	−0.083	0.302***	0.233***	−0.099	0.301***
	(0.003)	(0.658)	(0.001)	(0.003)	(0.592)	(0.001)
other variables	…	…	…	…	…	…
N	959	151	808	959	151	808
adj. R^2	0.124	0.123	0.120	0.125	0.153	0.120

注：（1）圆括号内为经过个股及年度聚类调整得到的双尾检验 p 值；

（2）***、**、*分别表示1%、5%和10%的显著性水平。

表5-15中，由第（1）~第（3）列可见，仅明星分析师子样本中

$BigDownDummy_{j,t}$的系数显著为正，分析师总样本及普通分析师子样本中$BigDownDummy_{j,t}$的系数均不显著。由第（4）~第（6）列可见，仅明星分析师子样本中$-RECchange_{j,t}$的系数显著为正，分析师总样本及普通分析师子样本中$-RECchange_{j,t}$的系数均不显著。这与前文基本结论一致。

5.3.7.5 考虑明星分析师的等级

《新财富》杂志每年会评选各行业的前五名分析师为最佳分析师，如果明星分析师下调评级能够改变股价，那么作者预期高等级的明星分析师应该能对股价产生更大的影响。本章将最高等级的明星分析师赋值为"1"，第五等级的明星分析师赋值为"5"，明星分析师的等级用$StarRank_{j,t}$来表示，但为了方便解释，用较大的数值代表高等级的明星分析师，改用$(-1) \times StarRank_{j,t}$来衡量明星分析师的等级，因此修订模型5-1，得到模型5-3：

$$ABSS(-10,-1)_{j,t} = \beta_0 + \beta_1 \times AR(0)_{j,t} + \beta_2 \times AR(0)_{j,t} \times (-StarRank_{j,t}) + \beta_3 \times (-StarRank_{j,t}) + \beta_4 \times CAR(-10,-1)_{j,t} + \beta_5 \times MOM_{j,t} + \beta_6 \times LNPrice_{j,t} + \beta_7 \times Year + \beta_8 \times Industry + \varepsilon_{j,t} \tag{5-3}$$

如果假设5-1成立，明星分析师有影响，则预期在明星分析师子样本中模型5-3的系数β_2应该为显著的负数。明星分析师子样本对模型5-3的回归结果列示在表5-16中。可见，$AR(0)_{j,t}$的系数显著为负，$AR(0)_{j,t} \times (-StarRank_{j,t})$的系数显著为负，$-StarRank_{j,t}$的系数也显著为负。支持了预期结果，与本章基本结论一致。

表5-16　　　　　　**明星分析师的等级产生的影响**

变量	Dependent variable=$ABSS(-10,-1)_{j,t}$	
	系数	p-value
$AR(0)_{j,t}$	−2.297**	0.024
$AR(0)_{j,t} \times (-StarRank_{j,t})$	−0.552*	0.058
$-StarRank_{j,t}$	−0.015**	0.037
$CAR(-10,-1)_{j,t}$	−0.145	0.374
other variables	...	
N	151	
adj. R^2	−2.297**	

注：***、**、*分别表示1%、5%和10%的显著性水平。

5.4　本章小结

本章针对 2010 年 3 月—2014 年 8 月这一期间，检验了分析师下调评级之前的异常卖空。结果显示：

（1）总体来看，分析师下调评级之前并未出现异常卖空。结合第 4 章的研究发现可知，研究期间的选取对于分析师总样本的研究结论存在较大影响，在 2010 年 3 月—2014 年 8 月这一卖空正常活动期间，并未发现分析师总体泄密给卖空者的现象，但在 2014 年 9 月—2015 年年末的卖空异常波动期间，则发现分析师总体上会泄密给卖空者供其抢先进行交易的现象。

（2）将分析师总样本区分为明星分析师与普通分析师子样本时，发现即便是在 2010 年 3 月—2014 年 8 月这一卖空正常活动期间，在明星分析师子样本中，下调评级日的股票超额收益与之前 10 个交易日的异常卖空显著负相关，再结合如下三方面研究结果：（-10，-1）期间与（-20，-11）期间异常卖空的单变量对比分析，对两个期间异常卖空差额与下调评级日股票超额收益的多元回归分析，以及在上市公司盈余宣告时出现负向盈余意外的情况下检验异常卖空水平与分析师评级调整方向的关系，可以得出结论：卖空者会利用明星分析师提供的即将下调评级的消息抢先交易。该结果表明分析师异质性对于卖空知情交易会产生重要的影响。

（3）将明星分析师与普通分析师下调评级的所有股票形成两个证券组合，发现与普通分析师相比，依据明星分析师下调评级的股票形成的证券组合，若在下调评级宣告日卖出则每日可以多赚取 0.3%~0.4%的收益，这意味着明星分析师能为卖空者提供更多有关上市公司未来业绩下滑的信息。

（4）在进一步研究及稳健性测试中：利用分析师当选为"明星"这一外生事件，检验其对异常卖空与下调评级日股票超额收益之间关系的影响，所得结论缓解了本章可能存在的内生性问题。改变计算异常卖空、超额收益时的比较基准，采用不同的窗口期计算异常卖空及超额收益，使用不同的方法衡量分析师下调评级时所发布的利空信息的严重程度，考察明星分析师的等级对异常卖空与下调评级日股票超额收益之间关系的影响，所得研究结果均证明了上述研究结论是可靠的，即明星分析师泄密行为会显著增加卖空者的知情交易。

（5）本章研究还发现：机构投资者的持股比例越高，异常卖空与明星分析师下调评级日股票超额收益之间的负相关关系会降低，表明机构投资者对于明星分析师泄密行为以及卖空者知情交易会起到一定的制约作用。

本章的研究结论具有较为重要的理论贡献：（1）从研究期间的差异、分析师异质性视角为缓解以往文献中"卖空者是否知情交易"的争议提供了新的思路，并提供了"卖空者从事知情交易"的重要经验证据。（2）从分析师异质性的视角提供了分析师泄密行为及其不同后果的经验证据，丰富和发展了分析师泄密的相关文献。同时，本章的研究结论还对新兴市场上卖空者的知情交易行为、分析师泄密行为的监管提供了思路。例如，监管者可以更多地关注明星分析师下调评级之前的异常卖空水平，以便降低知情交易的概率。另外，考虑到有限的监管资源，监管部门在监控过程中应该更加关注机构投资者持股比例较低的股票。

尽管本书第 4 章的研究结论表明总体来看，买空者并没有利用分析师提供的信息进行知情交易，但结合第 5 章的研究结论可知并不能排除分析师异质性有可能对前文"买空者非知情交易"的研究结论产生影响。因此，第 6 章着重探讨分析师异质性在买空知情交易问题中将会发挥怎样的作用。

第6章 分析师异质性与买空知情交易

买空交易是资本市场重要的交易机制，其杠杆效应会扩大投资者的风险与收益。以往有研究讨论了发达市场上买空者是否为知情交易者的问题（Hirose et al.，2009；Zhao et al.，2013；Lin 和 Lin，2014；Lee 和 Ko，2016），所得研究结论存在较大争议。其中一个重要原因在于发达市场缺乏完整的买空日交易数据，仅采用部分股票、短期间的数据进行研究，所得研究结论可能会出现偏差。而中国市场自 2010 年 3 月融资融券交易制度执行以来，提供了完整的买空日交易数据，更有助于深入探讨这一方面问题。近年来已有一些基于中国市场的相关研究，例如 Wang（2012）发现中国市场上买空交易的买卖价差中包含的逆向选择成分增加，交易决策中公共信息的相对权重减少，从而认为买空促进了越来越多的知情交易；Chang et al.（2014）发现中国市场上买空者不能预测未来收益，因而倾向于将买空者看作知情交易者的对手。造成以往文献中存在有争议观点的原因可能在于买空知情交易者既可能拥有的是与股票未来长期收益变动有关的信息，但也可能拥有的是与股票近期短期收益变动有关的信息，而以往的研究仅仅依据买空者是否拥有影响股票未来长期收益的信息来判断买空者是否进行了知情交易（Chang et al.，2014），却未曾探讨买空者是否知晓与短期获利机会有关的信息，即买空者是否为近期股价变动信息的知情交易者？

同时，假如买空者能够提前获悉近期股价变动的信息，那么其信息又从何而来？研究表明，证券分析师有可能提前泄露信息给投资者从事一般股票交易（Irvine et al.，2007；Nefedova，2012）、卖空交易（Christophe et al.，2010）以及期权交易（Lung 和 Xu，2014；Lin 和 Lu，2015）。那么，买空者是否会利用证券分析师提供的信息抢先交易？尽管本书第4章的研究结论表明，总体来看买空者较少利用分析师提供的信息从事知情交易，但结合第5章的研究结论可知，分析师的异质性特征、研究期间的变化均可能对这一研究结论产生影响。因此，分析师异质性、研究期间变化对买空者的知情交易是否会产生影响，以及买空者是否为短期信息的知情交易者，这是本章拟探讨的具体问题。

利用中国市场研究买空知情交易问题具有较为重要的意义。第一，在中国市场上买空的影响力远远大于卖空。根据 Chang et al.（2014）的统计结果，2010年至2012年中国市场上平均每日买空量占每日股票交易量的比例由 0.78%增长至 5.15%，而平均每日卖空量占每日股票交易量的比例仅由 0.01%增长至 0.73%，买空换手率大约为卖空换手率的7倍以上。他们认为原因在于在中国市场上买空卖空费率均较高，而卖空的股票供给受到很大限制，中国投资者会因为卖空本身的风险（可能引致无限损失）高于买空，或者不熟悉报升规则（up-tick）和卖空机制等原因而避开卖空。另外，2010年以来中国股市长期低迷，卖空的难度事实上远远大于买空，中国市场仍然是以做多为主要盈利模式的市场。因此，利用中国市场的数据研究买空知情交易问题，对于呈现出类似特征的新兴市场具有更为重要的参考价值。第二，以往的文献主要针对美国、日本、中国台湾等发达国家和地区的市场进行讨论，在这些市场中个股每日的买空卖空交易数据并不公开披露（Chang et al.，2014），研究者很难获取较长时期的完整市场的个股信用交易数据。例如，Christophe et al.（2010）仅考察了 NASDAQ 市场 2000年9月13日—2001年7月10日的短期卖空数据；Hirose et al.（2009）与 Lee 和

Ko（2016）考察的是日本市场每周的买空卖空余额数据；Zhao et al.（2013）仅考察 2007 年中国台湾证券交易所的 608 只股票日间买空卖空交易数据。中国自 2010 年 3 月 31 日开展融资融券业务以来，监管层要求上市公司公开披露个股每日融资融券交易的详细数据，因此，利用中国市场进行研究，至少可以获得自 2010 年 3 月 31 日以来所有具备融资融券资格的股票超过 4 年的完整日交易数据，为深入探讨买空知情交易问题提供了有利条件。

由前文中的图 4-1 可知，2014 年 8 月 31 日以后买空交易出现了异常波动，因此，本章选用 2010 年 3 月 31 日—2014 年 8 月 31 日这一正常期间的融资买空日交易数据研究上述问题。具体而言：第一，本章采用 Christophe et al.（2010）的方法，检验了分析师上调评级日的股票超额收益与之前 10 个交易日异常买空之间的关系，发现总体来看二者仍不存在显著的正相关关系，与第 4 章的研究结论相同。但是，将总样本区分为明星分析师与普通分析师两个子样本时，却发现在明星分析师子样本中上调评级日的股票超额收益与之前 10 个交易日异常买空之间存在显著的正相关关系，而在普通分析师子样本中二者并不存在显著的正相关关系。上述结果表明：与普通分析师相比，投资者更有可能利用源自于明星分析师的信息抢先进行买空交易。

第二，为了确定买空者的信息的确来源于明星分析师，而非买空者自行研发或直接通过上市公司途径获取，首先，本章在基本回归模型中，将因变量设置为研究期间（−10，−1）与基期（−30，−15）比较之后异常买空的差额。如果买空者的信息并非来源于分析师，则没有理由认为异常买空应该集中出现在分析师上调评级之前的一段时间，从而本章的预期结果应该不会出现，但本章的研究结果表明，异常买空集中出现在明星分析师上调评级之前 10 个交易日内，从而支持了买空者利用了来源于明星分析师的信息这一假说。其次，选取上市公司未来盈余宣告时出现正向盈余意外（公司实际盈余>分析师一致性预期）与负向盈余意外（公司实际盈余<分析师一致性预期）的样本，研究作为考察对象的异常买空活动主要受到上市公司未来盈余宣告内容的影响还是受到分析师即将发布的评级调整内容的影响。研究发现：无论上市公司未

来盈余宣告时出现正向盈余意外还是负向盈余意外，异常买空均只与明星分析师上调评级有关，却与上市公司盈余宣告的内容，以及普通分析师评级调整的内容均无关。这就更加表明买空者的交易决策与明星分析师上调评级直接相关，排除了买空者自行研发或直接通过上市公司途径获取信息的可能性。

第三，尽管上述结果表明买空交易与明星分析师泄露即将上调评级有关，但并不能表明买空者更加看重明星分析师而非普通分析师所提供信息的原因是否在于明星分析师比普通分析师向买空者提供了更多关于上市公司未来业绩的信息。为了对此进行检验，本章分别将明星分析师针对买空股票发布的上调评级与普通分析师针对买空股票发布的上调评级形成两个证券组合，并比较这两个证券组合在分析师上调评级之后 1 至 24 个月的风险调整后收益，结果发现依据明星分析师上调评级形成的证券组合在未来 1 至 24 个月取得的投资收益并未显著高于依据普通分析师上调评级形成的证券组合的投资收益。研究表明，在针对买空股票发布上调评级的过程中，明星分析师并未比普通分析师提供更多有关上市公司长期业绩的信息。这就意味着，尽管买空者利用了明星分析师即将上调评级这一信息抢先交易，但买空知情交易者仅能据此博取短期超额收益，即投资者会利用明星分析师即将上调评级的消息抢先买空，并在明星分析师上调评级日股价大幅度上涨后立刻抛出。

第四，本章的进一步研究还发现：（1）转融通之后明星分析师上调评级前会出现更多的异常买空，这表明随着市场买空规模的扩大，预期杠杆收益的提高，买空者会更多地利用来源于明星分析师的信息。（2）大券商的明星分析师上调评级前会出现更多异常买空，表明明星分析师所任职券商的规模越大，投资者越看重其提供的信息，从而会发生越多买空知情交易。（3）机构重仓持股时，明星分析师上调评级之前的异常买空明显减少，这表明机构客户的利益可能受损时明星分析师泄密行为会受到约束。这是因为：在中国市场上，券商分析师的主要服务客户是公募基金、保险公司、社保基金以及部分私募基金等机构投资者，在其服务对象中，除私募基金以外的大部分客户并不能进行融资买空操作，这在一定程度上限制了分析师泄密给买空者，尤其是在机构重仓持股时，分析师如泄密给其他投资者抢先买空，很可能严重损害机构客户的利益。上述三方面结果表明：在中国市场上，利益机制而非分析师声誉或券商声誉机制，可以对分析师泄密行为起到一定制约作用。（4）无论在分析师总样本、普通分析师子样本，还是在明星分析师子样本中，分析师上调评级之前的异常卖空均不显著。Blau 和 Wade（2012）发现分析师上调评级与下调评级之前均会出现异常卖空，因而倾向于将异常卖空视为一种投机行为。但利用本章样本研究发现分析师上调评级前并不存在异常卖空，这一点与 Blau 和 Wade（2012）不同，却与买空者知情交易的逻辑相一致。

第五，本章采用改变基期、改变配对样本选取方法、用市场模型法替代配对样本法、分不同区间进行检验的方法进行稳健性测试，所得研究结论均未变，表明本章所得研究结论是较为稳健的。

本章的研究贡献表现为：第一，以往对于买空者是否属于知情交易者的研究，缺乏从买空者是否基于短期信息从事知情交易这一视角进行讨论。同时，以往基于发达市场对买空知情交易的研究存在数据上的缺陷，本章所得研究结论提供了买空者会基于短期信息知情交易的有力证据。第二，以往研究缺乏对买空知情交易者信息来源的讨论，本章提供了买空者的信息可能源自于明星分析师的证据，有力地补充了买空者知情交易信息来源的文献。第三，本章研究发现，在新兴市场上，分析师声誉机制、券商声誉机制均未能对分析师泄密行为产生有效的制约，相反还起到了一定的"刺激"作用；但机构重仓持股能对明星分析师泄密行为起到较为有效的制约作用。上述发现为具有类似特征的新兴资本市场，加强对券商及证券从业人员的监管提供了思路。

6.1 理论分析与研究假设

Bommel（2003）的理论模型认为知情交易者有两次交易机会：第一次在其获得信息时，第二次在价格剧烈变动时，他们以非知情的流动性交易者为代价增加了自己的利润。

尽管通过第 4 章的理论分析可知在我国当前市场上买空中的知情交

易应该少于卖空中的知情交易，但这并不意味着买空中完全不可能包含知情交易。相反，买空者有可能同样具备知情交易的动机与能力。首先，成本与收益权衡的结果表明投资者应有动机挖掘信息抢先进行买空交易。盈利是股票投资的基本动机，要想盈利必须进行成本与收益分析，买空决策也不例外：（1）从投资者的预期成本来看，买空的交易成本尽管可能低于卖空，但与普通股票交易的成本相比仍然是较高的，这会提高买空中知情交易的概率。由于买空属于杠杆交易，投资者向券商融资购买股票必须支付保证金及利息。具体在我国市场上，各机构（券商）的融资利率在 7.5%~8.6%，转融资费率约为 3%（其中，7 天及 14 天为3.4%，28 天为 3.3%，91 天为 3.2%，182 天为 3%），融资保证金最低比例为 50%。买空的较高成本事实上是对投机性交易活动的限制（Hardouvelis和 Peristiani，1992；Seguin 和 Jarrell，1993；Chang et al.，2014；Rytchkov，2014）。同理，流动性需求者也会较少进行杠杆交易，而知情交易者将会通过融资买空以强化收益。 （2）从投资者的预期收益来看，假如投资者能够提前获取可靠消息，有较大把握在短期内获利，那么他们应该有动机大量融资买进以强化收益。其次，从我国市场上的融资买空资格来看买空者也可能具备一定知情交易的能力。在我国市场上，投资者从事融资融券业务的条件为：开户满 6 个月、个人账户资产大于 50 万元人民币。买空交易者主要是个人投资者中的大户及部分私募基金。因此，他们可能有一定能力通过各种途径与信息源之间保持联系。

同时，在我国市场上证券分析师也可能具有泄密给买空者的动机与能力。首先，成本与收益权衡的结果表明分析师应有动机泄密给买空者。Irvine et al.（2007）认为分析师是否会将私有信息提前释放给部分投资者，是其成本与收益分析后的结果。（1）从泄密的预期成本来看，尽管我国当前已经出台了相关法律法规，试图对分析师的行为进行约束，但总体来看我国的法制环境相对发达国家较差，查处力度与惩罚力度不足，较难对分析师泄密行为产生巨大的威慑，因此分析师泄密行为承担的法律风险相对较低。（2）从泄密的预期收益来看，分析师如果将其即将上调评级的消息提前泄露给投资者从事买空交易，那么由于杠杆作用，投资者很可能赚取到超过普通股票交易的超额回报，而分析师也有可能从中分得好处。其次，从信息挖掘及其市场影响力来看，分析师应该具备一定"泄密"给买空者并助其盈利的能力。生产、加工与传递信息是分析师的基本职责，他们应有一定的挖掘信息（或"题材"）的能力，而且分析师发布信息时有可能对市场产生影响，从而为实现买空者抢先在股价相对低点买进，然后在分析师公布消息股价抬升后卖出这一盈利模式创造条件。

但是，投资者最终是否决定抢先融资买进，还取决于买空者对其所获悉消息利用价值的判断。投资的基本目的在于盈利，假如投资者认为其获悉的消息并不可靠，或者预期未来股价并不会因该消息而大幅度上涨，则投资者即便知晓这些消息也不必然会为此付出高昂的成本抢先进行买空交易。同样，假如分析师预期自己的泄密行为未必能带来超额回报，或带来的收益不足以弥补其成本，那么他们应该也不会选择泄密。

与普通分析师相比，投资者可能会更加信任来源于明星分析师的消息，从而更有动机利用明星分析师提供的利好消息抢先大量融资买进，一旦明星分析师向市场宣布上调评级，股价大幅上涨就立刻抛出股票以套现。投资者之所以更愿意利用明星分析师即将上调评级的消息，可能有如下两种解释：

第一，买空者认为由于羊群行为等原因，明星分析师的观点很可能创造出"光环效应"，并由此产生巨大的市场影响力，即明星分析师评级调整很可能会引起强烈的市场反应（Stickel，1992，1995；Leone 和 Wu，2007；Emery 和 Li，2009；Loh 和 Stulz，2011；Fang 和 Yasuda，2009，2014），从而能为买空者创造出短期内低买高卖的较大盈利空间。相反，买空者会担心普通分析师的市场影响力有限，即便他们即将发布包含相似内容的上调评级，却未必会引起市场足够的关注。换句话说，买空者担心普通分析师上调评级时并不能对股价产生足够的上升压力，因而无法为自己付出高昂成本的买空活动创造出足够的盈利空间。

第二，买空者认为明星分析师能够提供更好的信息，从而能为自己创造长期获利的机会。有研究表明明星分析师能够提供更多公司特质信息（Xu et al.，2013），其盈利预测更加准确（Stickel，1992；Hong et al.，2000；Hong 和 Kubik，2003；Gleason 和 Lee，2003；Jackson，2005；

Cowen et al.，2006；Fang 和 Yasuda，2009）；依据明星分析师发布的投资评级能够为投资者创造出更高的收益（Stickel，1995；Desai et al.，2000；Leone 和 Wu，2007；Fang 和 Yasuda，2014）。明星分析师之所以能够取得更好的信息是因为其具有更强的研究能力，可以对公开信息进行更好的解读（Leone 和 Wu，2007；Fang 和 Yasuda，2014），或者明星分析师拥有更好的社会关系，能够挖掘到私有信息（Lang 和 Lundholm，1996；Cheng et al.，2015）。上述两方面原因都有可能导致买空者更愿意利用明星分析师即将上调评级的消息，却倾向于放弃普通分析师提供的类似消息。

当然，明星分析师的行为也可能比普通分析师的行为更多地受到声誉机制的约束。基于美国市场的研究表明明星分析师享有更高的声誉（Stickel，1992），他们更受尊重、更被认可，能够获取"天价"薪酬（Hong 和 Kubik，2003）以及更好的职业前景（Stickel，1992）。声誉的建立与维护是一个长期的博弈过程，任何违反道德标准及法律法规的行为都有可能将其摧毁。因此，在声誉激励与惩罚机制有效的情况下，明星分析师应该会比普通分析师更在意自身声誉，不会轻易让基于较高成本建立起来的声誉毁于一旦。但在我国市场上，分析师的声誉机制是否有效是一个有待验证的问题。首先，我国市场上分析师队伍的建设距今才有十来年时间，其大规模发展更是 2008 年以来的事情。分析师跳槽频现、人员流动性极强，而且大部分投资者都片面地追求短线炒作牟取暴利，市场投机氛围严重，使得重复博弈的过程，即声誉激励机制建立的基础被严重削弱。其次，法律监管环境较弱导致缺乏完善的社会声誉惩罚机制。基于利益考虑，分析师仅注重积累公司内部声誉以及机构客户层面声誉，并不注重投资者保护等道德问题（胡奕明和金洪飞，2006）；分析师为了积累"客户声誉"会做出迎合投资者需求的行为（游家兴等，2013）；《新财富》"最佳分析师"排名由机构客户投票产生，更加激励了卖方分析师重服务轻研究，最终导致卖方分析师市场上那些研究能力低下但善于投机取巧的劣质分析师驱逐研究能力高但职业操守强的优质分析师（王宇熹等，2012）。因此，在我国市场上，分析师的社会声誉机制可能无法有效发挥作用，其泄密行为只要不损害客户利益，就有可能不会受到声誉机制的约束。

综上所述，假如分析师的声誉机制不能有效发挥制约作用，则明星分析师泄密给买空者的情况可能会更加严重。相反，假如分析师的声誉机制能够有效发挥制约作用，则明星分析师泄密给买空者的情况可能会更少。本章借鉴 Christophe et al.（2010）的方法，根据分析师上调评级日股票的超额收益与之前 10 个交易日的异常买空量之间的关系来衡量买空者是否利用了来源于分析师的信息。据此提出假设 6-1a 和替代假设 6-1b：

H6-1a：与普通分析师相比，明星分析师上调评级宣告日的股票超额收益与之前 10 个交易日的异常买空量之间存在更加显著的正相关关系。

H6-1b：与普通分析师相比，明星分析师上调评级宣告日的股票超额收益与之前 10 个交易日的异常买空量之间不存在显著的相关关系。

6.2 研究设计

6.2.1 样本选取与数据来源

本章选取买空标的股票为研究样本，调查了 2010 年 3 月 31 日—2014 年 8 月 31 日期间分析师 i 上调评级宣告日 t 之前股票 j 的异常买空情况。股票的每日买空量、分析师评级宣告、股票每日收益以及财务数据均源于国泰安（CSMAR）数据库。明星分析师数据由《新财富》杂志的"最佳分析师"排名确定。在本次上调评级之前曾经当选过"最佳分析师"的称为明星分析师，否则称为普通分析师。CAPM 模型及 Fama & French 三因素模型所需的各个因子来自于 RESSET 数据库。

样本选择与分布见表 6-1。

样本选择过程参见表 6-1 的 Panel A。初始样本包括 2010 年 3 月 31 日—2014 年 8 月 31 日期间分析师针对买空标的发布的上调评级 1 675 个，为排除羊群效应的影响，剔除掉上调评级日之后 10 日内所有该股票的其他上调评级日 39 个，再剔除掉相关变量缺失值后余"分析师 j-股票 i-上调评级日 t"样本 1 381 个，各年度分别涉及上市公司 52

表6-1 **样本选择与分布**

Panel A：样本选择

初始样本：2010年3月31日—2014年8月31日分析师针对沪深A股具备融资买空资格的股票发布的上调评级	1 675
剔除：上调评级后10日内的其他上调评级，剔除分析师羊群行为影响	39
剔除：异常买空及异常收益数据的缺失值	175
剔除：其他交易数据及财务数据中的缺失值	80
最终样本量（分析师–股票–上调评级日）	1 381

Panel B：按年与分析师类型分布的样本量

年份	总体样本			明星分析师子样本			普通分析师子样本		
	样本数量	比例（%）	公司数量	样本数量	比例（%）	公司数量	样本数量	比例（%）	公司数量
2010	120	8.69	52	8	3.98	7	112	9.49	51
2011	203	14.70	66	35	17.41	26	168	14.24	62
2012	229	16.58	122	45	22.39	41	184	15.59	111
2013	439	31.79	204	56	27.86	46	383	32.46	194
2014	390	28.24	218	57	28.36	46	333	28.22	200
合计	1 381	100	662	201	100	166	1 180	100	618

Panel C：各年买空规模变化

年份	2010	2011	2012	2013	2014
允许融资交易的股票数量（只）	90	278	278	700	899
沪深两市融资买入额（亿元）	695.13	2 908.99	7 265.98	32 891.94	95 065.59
融资买入额占A股成交额的比例（%）	0.16	0.69	2.33	7.09	12.89

家、66 家、122 家、204 家、218 家。由表 6-1 的 Panel B 可知，1 381 个总样本包括：201 个明星分析师发布上调评级的样本，1 180 个普通分析师发布上调评级的样本。另外，由各年度的样本分布情况可知，无论在分析师总样本、明星分析师、普通分析师子样本中，2013—2014 年的样本量占比约 60%。由表 6-1 的 Panel C 可知，2010—2014 年允许融资交易的股票数量分别为 90 只、278 只、278 只、700 只及 899 只。2010—2014 年沪深两市融资买入额分别为：695.13 亿元、2 908.99 亿元、7 265.98 亿元、32 891.94 亿元、95 065.59 亿元；2010—2014 年融资买入额占 A 股成交额的比例分别为：0.16%、0.69%、2.33%、7.09%、12.89%。2013 年以来表现出显著的增长趋势。

6.2.2 主要变量定义

6.2.2.1 被解释变量

为了探讨买空者是否进行了知情交易，同时为了判断买空知情交易者的信息究竟是来源于分析师还是其他途径，本章首先借鉴 Christophe et al.（2010）的方法考察分析师上调评级日之前 10 个交易日内股票的异常买空。在具体计算异常买空时，不仅考虑了研究对象在评级调整前 10 个交易日的实际买空量与按匹配组合估计的正常买空量之间的差异 $ABBL(-10,-1)_{i,j,t}$，同时还考虑了研究期间（-10，-1）与基期（-30，-15）相比后的差异 $DIFABBL(-10,-1)_{i,j,t}$。假如买空者利用了来源于分析师的消息，则异常买空应该集中出现在分析师上调评级前的一段时间（例如前 10 个交易日内），因此，研究期间（-10，-1）与基期（-30，-15）相比后的差异 $DIFABBL(-10,-1)_{i,j,t}$ 应该也会受到预期分析师上调评级日股票收益的影响。异常买空的具体计算步骤如下：

第一步，计算股票 i 每日 t 的实际融资买空量：股票每日实际买空量=（每日融资买空的股票数量×1 000）/当日的流通股数。

第二步，估计匹配组合的正常融资买空量：根据股票上一年度末的市值和市账率（M/B）两个公司特征，为分析师上调评级的股票寻找匹配组合。具体方法为：首先，针对所有可供融资买空的股票，根据上一年度流通股的市值将其划分为 5 组，再根据上一年度的市账率（M/B）将每一组重新划分为 5 组，从而共得到 25 组。然后，将每一个被上调评级股票的市值和市账率，与这 25 组中最接近的一组相匹配。最后，计算匹配组合中所有股票每日融资买空的中位数，并以此作为被上调评级股票在该日正常买空量的估计值。

第三步，计算研究对象与匹配组合相比的买空量差异：首先计算每一日的异常买空量，即每日实际买空量与按匹配组合估计的正常买空量之间的差额，然后计算上调评级发布日之前 10 个交易日异常买空量的平均值 $ABBL(-10, -1)_{i,j,t}$。

第四步，计算与基期相比的异常买空量：首先根据第三步中计算所得的每日异常买空量计算基期异常买空的均值 $ABBL(-30, -15)_{i,j,t}$，然后计算 $ABBL(-10, -1)_{i,j,t}$ 与基期异常买空 $ABBL(-30, -15)_{i,j,t}$ 之间的差额，记为 $DIFABBL(-10, -1)_{i,j,t}$，即 $DIFABBL(-10, -1)_{i,j,t} = ABBL(-10, -1)_{i,j,t} - ABBL(-30, -15)_{i,j,t}$。

6.2.2.2　解释变量

借鉴 Christophe et al.（2010）的研究方法，本章采用上调评级宣告日股票的超额收益来衡量市场对分析师上调评级的反应，记为 $AR(0)_{i,j,t}$。具体计算方法为：首先，估计评级宣告日 t 股票 i 的正常收益，即评级宣告日相应匹配组合中的所有股票收益的中位数；然后，计算上调评级日 t 股票 i 的超额收益，即评级宣告日该股票的实际收益与正常收益估计值之间的差额。如果买空者能够提前预测到市场对分析师上调评级的反应，那么预期上调评级日股票的超额收益越高，买空者的提前建仓行为越明显。

为了衡量明星分析师的影响，设置明星分析师哑变量 $Star_{i,j,t}$，假如明星分析师 j 对股票 i 在 t 日上调评级则 $Star_{i,j,t}=1$，否则 $Star_{i,j,t}=0$。

6.2.2.3　控制变量

借鉴 Christophe et al.（2010），本章分别控制了上调评级宣告日之前股票的短期与长期累积超额收益、上调评级宣告日的股票价格，以及行业与年度对异常买空量的影响。

（1）上调评级宣告日 t 之前 10 个交易日股票 i 的累积超额收益，记为 $CAR(-10,-1)_{i,j,t}$。首先，计算股票各日的超额收益，即每日股票的实际收益与按匹配组合估计的股票正常收益之差。然后，计算前 10 个交易日股票每日超额收益的累积数。

（2）上调评级宣告日 t 前 180 个交易日股票 i 的累积超额收益，记为 $MOM_{i,j,t}$。首先，计算股票各日的超额收益，即每日股票的实际收益与按匹配组合估计的股票正常收益之差。然后，计算（-180，-11）期间股票每日超额收益的累积数。

（3）上调评级宣告日 t 股票 i 的收盘价的自然对数，记为 $LNPrice_{i,j,t}$。

具体变量的定义和度量见表 6-2。

表 6-2　　　　　　　　　　　　**变量定义**

变量	定义
$DIFABBL(-10,-1)_{i,j,t}$	当分析师 j 针对股票 i 在 t 日上调评级时，t 日之前 10 个交易日的异常买空量（与配对样本以及基期相比），其中： $DIFABBL(-10,-1)_{i,j,t}=ABBL(-10,-1)_{i,j,t}-ABBL(-30,-15)_{i,j,t}$ $ABBL(-10,-1)_{i,j,t}$=分析师上调评级日之前 10 个交易日的异常买空均值 $ABBL(-30,-15)_{i,j,t}$=分析师上调评级日之前（-30，-15）期间的异常买空均值 每日异常买空=每日实际买空-每日匹配组合的买空 每日实际买空=（每日实际买空股数×1 000）/每日流通股股数 每日匹配组合的买空=（每日匹配组合的买空股数×1 000）/每日流通股股数
$AR(0)_{i,j,t}$	分析师 j 上调评级日 t 股票 i 的超额收益=评级发布日该股票的实际收益-评级发布日匹配组合中各股票收益的中位数
$Star_{i,j,t}$	是否为明星分析师上调评级哑变量，若为明星分析师上调评级则 $Star_{i,j,t}=1$，否则 $Star_{i,j,t}=0$
$CAR(-10,-1)_{i,j,t}$	分析师 j 上调评级日 t 之前 10 个交易日股票 i 的累积超额收益
$MOM_{i,j,t}$	分析师 j 上调评级日 t 之前（-180，-11）交易日股票 i 的累积超额收益
$LNPrice_{i,j,t}$	分析师 j 上调评级日 t 股票 i 收盘价的自然对数
$Refinance_{i,j,t}$	转融通之后发生的样本 $Refinance_{i,j,t}=1$，否则 $Refinance_{i,j,t}=0$
$A\_Broker_{i,j,t}$	当股票 i 在 t 时点被大券商的分析师调整评级时，$A\_Broker_{i,j,t}=1$，否则 $A\_Broker_{i,j,t}=0$
$Heavily\-Held_{i,j,t}$	当股票 i 在 t 时点被机构重仓持股（机构持股比例>中位数）时 $Heavily\-Held_{i,j,t}=1$，否则 $Heavily\-Held_{i,j,t}=0$
$DIFABSS(-10,-1)_{i,j,t}$	当分析师 j 针对股票 i 在 t 日上调评级时，t 日之前 10 个交易日的异常卖空量（与配对样本以及基期相比），其中： $DIFABSS(-10,-1)_{i,j,t}=ABSS(-10,-1)_{i,j,t}-ABSS(-30,-15)_{i,j,t}$ $ABSS(-10,-1)_{i,j,t}$=分析师上调评级日之前 10 个交易日的异常卖空均值 $ABSS(-30,-15)_{i,j,t}$=分析师上调评级日之前（-30，-15）期间的异常卖空均值 每日异常卖空=每日实际卖空-每日匹配组合的卖空 每日实际卖空=（每日实际卖空股数×1 000）/每日流通股股数 每日匹配组合的卖空=（每日匹配组合的卖空股数×1 000）/每日流通股股数

6.2.3 实证模型

为了检验本章的研究假设，即明星特征对分析师上调评级日股票的超额收益与之前的异常买空量之间关系的影响，借鉴 Christophe et al. (2010)，首先，区分明星分析师子样本与普通分析师子样本，分别检验模型 6-1。

$$DIFABBL(-10,-1)_{i,j,t}=\beta_0+\beta_1\times AR(0)_{i,j,t}+\beta_2\times CAR(-10,-1)_{i,j,t}+\beta_3\times MOM_{i,j,t}+$$
$$\beta_4\times LNPrice_{i,j,t}+\beta_5\times Year+\beta_6\times Industry+\varepsilon_{i,j,t} \tag{6-1}$$

在模型 6-1 中加入交叉项 $AR(0)_{i,j,t}\times Star_{i,j,t}$，得到模型 6-2，并采用 OLS 回归：

$$DIFABBL(-10,-1)_{i,j,t}=\beta_0+\beta_1\times AR(0)_{i,j,t}+\beta_2\times AR(0)_{i,j,t}\times Star_{i,j,t}+\beta_3\times Star_{i,j,t}+\beta_4\times CAR$$
$$(-10,-1)_{i,j,t}+\beta_5\times MOM_{i,j,t}+\beta_6\times LNPrice_{i,j,t}+\beta_7\times Year+\beta_8\times$$
$$Industry+\varepsilon_{i,j,t} \tag{6-2}$$

其中：

$DIFABBL(-10,-1)_{i,j,t}$ 为上调评级日 t 之前 10 个交易日股票 i 的异常买空；

$Star_{i,j,t}$ 为明星分析师发布上调评级哑变量；

$AR(0)_{i,j,t}$ 为上调评级日 t 股票 i 的超额收益；

$CAR(-10,-1)_{i,j,t}$ 为上调评级日 t 之前 10 个交易日股票 i 的累积超额收益；

$MOM_{i,j,t}$ 为上调评级日 t 之前 180 个交易日股票 i 的累积超额收益；

$LNPrice_{i,j,t}$ 为上调评级日 t 股票 i 收盘价的自然对数；

$Year$ 为年度哑变量；

$Industry$ 为行业哑变量。

若假设 6-1a 成立，则预期在明星分析师子样本中模型 6-1 回归结果中的系数 β_1 显著为正，并且大于普通分析师子样本中模型 6-1 回归结果中的系数 β_1。在模型 6-2 中预期模型回归结果中的系数 β_2 显著为正，但若假设 6-1b 成立，则预期无论在明星分析师子样本还是在普通分析师子样本中，模型 6-1 回归结果中的系数 β_1 均不显著，且这两个子样本中模型 6-1 的系数 β_1 无显著差异，在模型 6-2 中预期模型回归结果中的系数 β_2 亦不显著。

6.3 实证结果

6.3.1 基本结论

图 6-1 对分析师上调评级宣告日及其前后 20 个交易日的异常买空量进行了描绘。

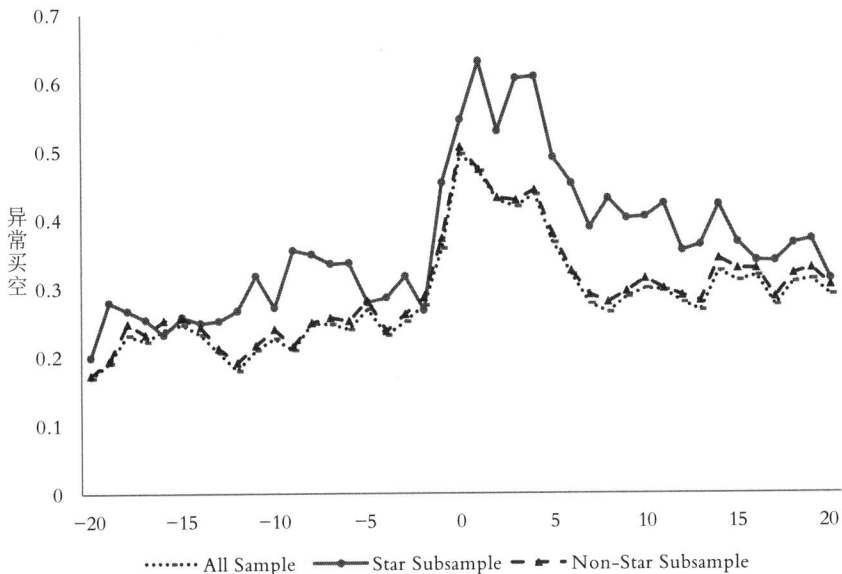

图 6-1 分析师上调评级宣告日（t=0）前后 20 个交易日的异常买空

由图 6-1 可见，在分析师总样本以及普通分析师子样本中，上调评级之前存在较少的异常买空，但在明星分析师子样本中，上调评级宣告之前的一段时间存在更加明显的异常买空。三条线中的异常买空量均大于 0 的原因可能一方面与配对样本的选取有关，另一方面可能是由于信息源自于明星分析师的知情买空交易导致短期内股价上涨，从而又带动了更多异常买空（由表 6-4 的相关性分析表可见 $DIFABBL(-10, -1)_{i,j,t}$ 与 $CAR(-10, -1)_{i,j,t}$ 呈现显著的正相关关系）。而且，在分析师上调评级发布日之后的较长时间仍然存在异常买空，明星分析师子样本中尤其明显，这应该是市场上的非知情交易者在看到分析师，尤其是明星分析师发布的利好消息之后大量买空导致的。

图 6-2 对分析师上调评级宣告日及其前后 20 个交易日股票的超额收益进行了描绘。

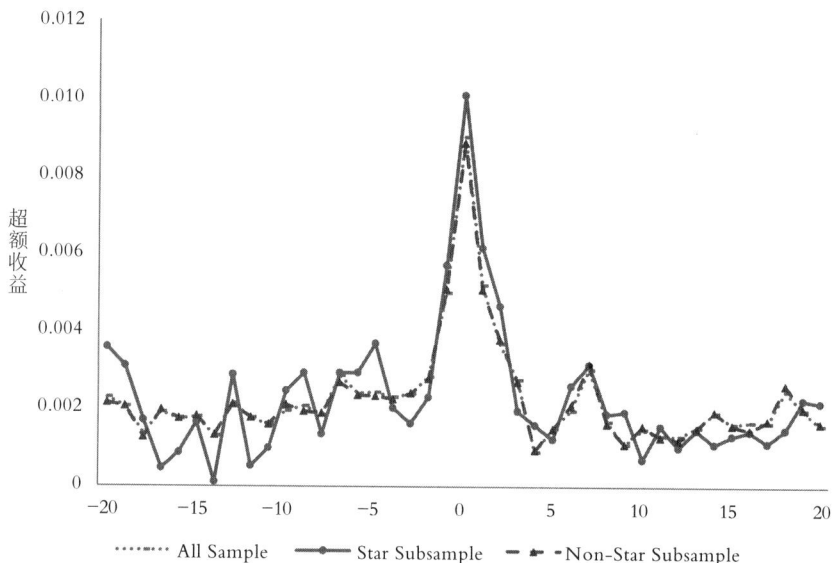

图 6-2　分析师上调评级宣告日（t=0）前后20个交易日的超额收益

由图 6-2 可见，在分析师上调评级宣告日，明星分析师子样本中的股票超额收益高于分析师总样本及普通分析师子样本的股票超额收益，但从上调评级发生 3 日之后的较长期间来看，明星分析师与普通分析师子样本中的异常收益并无明显差异。

表 6-3 是对主要变量的描述性统计结果。

表6-3　　　　　　　主要变量的描述性统计

变量	均值			中位数			标准差		
	分析师总体	明星分析师	普通分析师	分析师总体	明星分析师	普通分析师	分析师总体	明星分析师	普通分析师
$DIFABBL(-10,-1)_{i,j,t}$	0.054	0.115	0.044	0.001	0.009	−0.001	0.751	0.799	0.742
$AR(0)_{i,j,t}$	0.010	0.011	0.009	0.003	0.004	0.003	0.028	0.029	0.028
$CAR(-10,-1)_{i,j,t}$	0.026	0.031	0.025	0.018	0.020	0.018	0.061	0.064	0.061
$MOM_{i,j,t}$	0.222	0.223	0.222	0.184	0.190	0.184	0.234	0.229	0.235
$LNPrice_{i,j,t}$	2.556	2.437	2.577	2.529	2.482	2.541	0.790	0.749	0.795

由表 6-3 可知:(1)对于分析师总样本而言,上调评级发布之前 10 日的异常买空 $DIFABBL(-10,-1)_{i,j,t}$ 的均值为 0.054(中位数为 0.001),区分不同的子样本来看,在明星分析师子样本中,上调评级发布之前 10 日的异常买空 $DIFABBL(-10,-1)_{i,j,t}$ 均值为 0.115(中位数为 0.009),在普通分析师子样本中,上调评级发布之前 10 日的异常买空 $DIFABBL(-10,-1)_{i,j,t}$ 均值为 0.044(中位数为 -0.001)。可见,明星分析师子样本中上调评级之前 10 个交易日的异常买空大于分析师总样本及普通分析师子样本中的异常买空。(2)在分析师总样本中,上调评级日股票超额收益 $AR(0)_{i,j,t}$ 的均值为 0.054(中位数为 0.001),在明星分析师子样本中,上调评级日股票超额收益 $AR(0)_{i,j,t}$ 的均值为 0.011(中位数为 0.004),在普通分析师子样本中,上调评级日股票超额收益 $AR(0)_{i,j,t}$ 的均值为 0.009(中位数为 0.003),可见,明星分析师子样本中上调评级日股票的超额收益 $AR(0)_{i,j,t}$ 大于分析师总样本及普通分析师子样本中上调评级日股票的超额收益。

表 6-4 是对总样本进行相关性分析的结果。

表 6-4 相关性分析结果

变量	$DIFABBL(-10,-1)_{i,j,t}$	$AR(0)_{i,j,t}$	$CAR(-10,-1)_{i,j,t}$	$MOM_{i,j,t}$	$LNPrice_{i,j,t}$
$DIFABBL(-10,-1)_{i,j,t}$		0.014	0.156***	-0.020	-0.022
$AR(0)_{i,j,t}$	0.068**		0.077***	0.086***	0.057**
$CAR(-10,-1)_{i,j,t}$	0.254***	0.141***		-0.015	0.047*
$MOM_{i,j,t}$	-0.011	0.078***	-0.003		0.217***
$LNPrice_{i,j,t}$	-0.019	0.072***	0.045*	0.221***	

注:(1)圆括号内为经个股及年度聚类调整得到的双尾检验 T 值;

(2)***、**、*分别表示在 1%、5% 和 10% 的显著性水平。

表 6-4 中,下三角为 Pearson 相关性分析,上三角为 Spearman 相关性分析。从中可见,$DIFABBL(-10,-1)_{i,j,t}$ 与 $AR(0)_{i,j,t}$ 均为正相关,但在 Spearman 相关性分析中不显著,这意味着在分析师总样本中,$DIFABBL(-10,-1)_{i,j,t}$ 与 $AR(0)_{i,j,t}$ 的关系可能并不显著。同时还可以看

到，$DIFABBL(-10,-1)_{i,j,t}$ 与 $CAR(-10,-1)_{i,j,t}$ 呈现显著的正相关关系，这意味着总体上看，异常买空与近期的股票收益存在正相关关系。另外，各控制变量之间不存在明显的共线性问题。

由上述的图6-1、图6-2以及表6-3、表6-4的结果可以得出初步结论：总体来看，分析师上调评级宣告之前的异常买空并不明显，但与普通分析师子样本相比，在明星分析师子样本中，上调评级宣告前存在更加明显的异常买空。它与假设6-1a基本一致。

但是，上述结论仅依据单变量分析的结果做出，可能会受到其他因素的干扰。为了进一步验证假设6-1，对模型6-1与6-2进行检验。相应的OLS回归结果见表6-5。

表6-5 **分析师上调评级日股票的超额收益与之前10日的异常买空**

变量	分析师总样本	$DIFABBL(-10,-1)_{i,j,t}=ABBL(-10,-1)_{i,j,t}-ABBL(-30,-15)_{i,j,t}$			
		分析师总样本	交叉项	明星分析师	普通分析师
	（1）	（2）	（3）	（4）	（5）
$AR(0)_{i,j,t}$	1.450	1.448	0.636	5.866**	0.353
	(1.604)	(1.601)	(0.658)	(3.183)	(0.848)
$Star_{i,j,t} \times AR(0)_{i,j,t}$			6.882**		
			(2.366)		
$Star_{i,j,t}$		0.016	−0.051		
		(0.233)	(−0.678)		
$CAR(-10,-1)_{i,j,t}$	3.699***	3.696***	3.659***	2.922	3.926**
	(8.906)	(8.892)	(8.812)	(1.269)	(4.138)
$MOM_{i,j,t}$	−0.050	−0.050	−0.029	0.032	−0.033
	(−0.429)	(−0.430)	(−0.249)	(0.045)	(−0.216)
$LNPrice_{i,j,t}$	−0.011	−0.011	−0.015	−0.192**	−0.0003
	(−0.297)	(−0.285)	(−0.403)	(−2.992)	(−0.026)
年度	控制	控制	控制	控制	控制
行业	控制	控制	控制	控制	控制
截距项	0.034	0.032	0.059	0.833	−0.028
	(0.144)	(0.135)	(0.245)	(2.075)	(−0.230)
N	1 381	1 381	1 381	201	1 180
adj. R^2	0.055	0.055	0.058	0.186	0.067
明星分析师与普通分析师子样本中 $AR(0)_{i,j,t}$ 的系数差异T检验结果.					
χ^2			7.14***		

注：（1）圆括号内为经个股及年度聚类调整得到的双尾检验 T 值；

（2）***、**、*分别表示在1%、5%和10%的显著性水平。

表 6-5 中，第（1）列 $AR(0)_{i,j,t}$ 的系数为 1.450，但并不显著。表明总体来看，分析师上调评级宣告日的股票超额收益与之前 10 个交易日的异常买空不相关，这意味着总体上买空者并未利用源自于分析师的信息。第（2）列 $AR(0)_{i,j,t}$ 的系数为 1.448，$Star_{i,j,t}$ 的系数为 0.016，均不显著，这意味着明星分析师关注本身与之前的异常买空无关。第（3）列 $Star_{i,j,t} \times AR(0)_{i,j,t}$ 的系数为 6.882，并且在 5% 的水平上显著，这意味着买空者抢先交易与明星分析师上调评级日的股票收益有关。区分明星分析师与普通分析师子样本对模型 6-1 进行检验的回归结果分别见第（4）与第（5）列。其中，第（4）列 $AR(0)_{i,j,t}$ 的系数为 5.886，并且在 5% 的水平上显著。第（5）列 $AR(0)_{i,j,t}$ 的系数为 0.353，但并不显著，系数差异检验 $\chi^2 = 7.14$，且在 1% 的水平上显著。结果表明，与普通分析师相比，明星分析师上调评级宣告日股票的超额收益与之前 10 个交易日的异常买空之间存在更加显著的正相关关系。综上所述，研究结果支持了假设 6-1a，拒绝了假设 6-1b。

6.3.2 买空者的信息的确来源于明星分析师吗？

根据 Boehmer et al.（2008）、Glosten et al.（2010）、Christophe et al.（2010）及 Engelberg et al.（2012），"明星分析师上调评级宣告日的股票超额收益与之前 10 个交易日的异常买空量之间存在显著的相关关系"这一现象，并不必然意味着明星分析师泄密给买空者抢先交易，还可能存在其余解释：例如，买空者有能力根据自身的研究做出决策，即"买空者通过对公开信息进行高成本的研究，自行判断出股票价格低于其基础价值的时点并融资买进"，或者买空者通过其他途径与上市公司直接联系获取信息。为了解决这一问题，本章在基本模型中已经借鉴 Christophe et al.（2010）的方法，将异常买空与基期（-30，-11）的指标相对比，得到模型 6-1 与模型 6-2 的因变量 $DIFABBL(-10,-1)_{i,j,t}$。如果买空者的信息与分析师无关，则买空活动不应该集中出现在分析师上调评级之前的一段时间内，而应该是随机散布在不同的时点，相应地，与基期相比之后的异常买空 $DIFABBL(-10,-1)_{i,j,t}$ 不应与评级调整日股票的超额收益 $AR(0)_{i,j,t}$ 呈现显著的正相关关系。但表 6-5 的结果已经证明与基期相比之后的异常买空 $DIFABBL(-10,-1)_{i,j,t}$ 与评级调整日股票的超额收益 $AR(0)_{i,j,t}$ 呈现出显著的正相关关系，因此，支持本章"分析师泄密"这一假说。

但为了得到更加可靠的结论，本章进一步分析如下：假如异常买空是投资者凭借自己的判断能力做出的决策，或者是买空者通过其余途径直接从上市公司获取的消息，那么，当上市公司未来出现正向盈余意外时，投资者应该会提前大量融资买进。相反，当上市公司未来出现负向盈余意外时，投资者应该会提前减少融资买进，这种行为应该与分析师如何调整评级无关。但是，假如本章的研究假设成立，即买空者基于明星分析师泄露的消息做出决策，那么无论公司未来出现怎样的盈余意外，投资者的买空活动都应该与明星分析师评级调整的方向一致。因此，本章进一步检验：上市公司未来的盈余宣告为正（负）向意外[①]时，在明星分析师与普通分析师子样本中，上（下）调评级前10日的异常买空情况。T检验结果见表6-6。

表6-6　　盈余意外、分析师评级调整与异常买空：T检验

变量		$DIFABBL(-10,-1)_{i,j,t}$			
		明星分析师	普通分析师	差额	T值
Positive Earnings Surprise	Upgrade	0.625	0.171	0.455	1.702[*]
	N	26	225		
	Downgrade	−0.167	0.268	−0.435	−0.994
	N	12	112		
Negative Earnings Surprise	Upgrade	0.313	−0.012	0.325	1.666[*]
	N	44	243		
	Downgrade	−0.533	0.106	−0.639	2.794[***]
	N	28	226		

注：[***]、[**]、[*]分别表示双尾检验在1%、5%和10%的显著性水平。

[①] 正向盈余意外（Positive Earnings Surprise），即实际宣告的利润＞分析师一致性预期；负向盈余意外（Negative Earnings Surprise），即实际宣告的利润＜分析师一致性预期。选取正（负）向盈余意外子样本的方法为：首先找到在分析师评级宣告日之后，上市公司最为邻近的一次盈余宣告，并选择出正（负）向盈余意外的上市公司样本。由于分析师仅针对年度盈余发布预测，因此仅选取上市公司年度利润宣告样本。

从表 6-6 中可见：（1）当上市公司未来出现正向盈余意外（*Positive Earnings Surprise*）时，明星分析师上调评级（*Upgrade*）前的异常买空（0.625）大于普通分析师上调评级前的异常买空（0.171），并且在 10% 的水平上显著。明星分析师下调评级（*Downgrade*）前的异常买空（−0.167）小于普通分析师下调评级前的异常买空（0.268），显著性水平可能受到样本量较小的影响；（2）当上市公司未来出现负向盈余意外（*Negative Earnings Surprise*）时，明星分析师上调评级前的异常买空（0.313）仍然大于普通分析师上调评级前的异常买空（−0.012），且在 10% 的水平上显著；明星分析师下调评级前的异常买空（−0.533）小于普通分析师下调评级前的异常买空（0.106），且在 1% 的水平上显著。综上所述，与普通分析师相比，明星分析师上调评级之前的异常买空增加幅度，以及下调评级之前的异常买空减少幅度均更高，这进一步表明买空者的信息的确来源于明星分析师，支持了假设 6-1a。

6.3.3 明星分析师是否为买空者提供了更多公司未来业绩增长的信息？

上述结果表明投资者会更多地利用明星分析师即将上调评级的消息抢先买空，但明星分析师上调评级中是否包含了更多与公司未来业绩有关的信息，投资者是否因为希望利用这些消息赚取长期收益才大量买空？本章借鉴 Barber et al.（2006，2007）以及 Fang 和 Yasuda（2014）的分析方法，采用 CAMP 模型、FF 三因素模型及 Carhart 四因素模型分别计算了明星及普通分析师的上调及下调评级投资组合在未来 1 个月、3 个月、6 个月、12 个月以及 24 个月内的风险调整收益。具体计算步骤如下：

第一步，确定每一日 d 的两类投资组合：明星分析师上调评级调整组合与普通分析师上调评级组合。

第二步，计算每只股票 j 在 d 日之前 120 个交易日的收益[①]，$X_{(j,n,d-1)}=R_{(j,n)} \times R_{(j,n+1)} \times \cdots \cdots \times R_{(j,d-1)}$；其中，$R_{(j,n)}$ 为股票 j 在 n 日的收益。

---

① 即为股票 j 自每个评级调整日 n 开始持有 120 个交易日的收益。

第三步，先根据股票 j 在 d 日的收益 $R_{(j,d)}$ 计算每一次评级调整时对应的值 $X_{(j,n,d-1)} \times R_{(j,d)}$；再计算每个组合中所有样本的相应合计数，并得出各组合 P 第 d 日的组合收益：$R_{(p,d)} = \sum [X_{(j,n,d-1)} \times R_{(j,d)}] / \sum X_{(j,n,d-1)}$。

第四步，确定每个 d 日的价值权重的市场收益及无风险利率：$R_{(m,d)}$ 及 $R_{(f,d)}$；其中，无风险利率按距离最近的年活期存款利率折算。

第五步，从 RESSET 数据库得到 d 日 FF 及 Carhart 模型的其他各个因子，并根据如下 CAPM、FF 三因素及 Carhart 四因素模型（Barber et al.（2006，2007）及 Fang 和 Yasuda（2014））计算每个组合 P 的风险调整收益 Alpha（α_p）。

$$R_{p,t} - R_{f,t} = \alpha_p + \beta_p \times (R_{m,t} - R_{f,t}) + \varepsilon_{p,t}$$

$$R_{p,t} - R_{f,t} = \alpha_p + \beta_{p1} \times (R_{m,t} - R_{f,t}) + s_p \times SMBt + h_p \times HMLt + \varepsilon_{p,t}$$

$$R_{p,t} - R_{f,t} = \alpha_p + \beta_{p1} \times (R_{m,t} - R_{f,t}) + s_p \times SMBt + h_p \times HMLt + m_p \times WMLt + \varepsilon_{p,t}$$

计算结果见表 6-7。从中可见，在未来 24 个月内，尽管明星分析师上调评级组合比普通分析师上调评级组合的风险调整收益高出 0.2%，但明星分析师上调评级组合与普通分析师上调评级组合的风险调整收益在统计上并无显著差异。上述结果更倾向于支持"买空者并非为了利用明星分析师上调评级的消息赚取更多长期超额收益，相反，他们更重视的是明星分析师上调评级带来的短期盈利空间"这一假说。

表6-7 **不同持有期的风险调整后收益**

依据不同类型分析师的上调评级形成的证券组合，在不同持有期内的风险调整后收益						
持有期（月）		(0, 1)	(0, 3)	(0, 6)	(0, 12)	(0, 24)
Market-adjusted alpha	明星分析师	0.007	0.007	0.007	0.007	0.007
	普通分析师	0.005	0.005	0.005	0.005	0.005
	差异	0.002	0.002	0.002	0.002	0.002
FF 3-factor alpha	明星分析师	0.007	0.007	0.007	0.007	0.008
	普通分析师	0.005	0.005	0.005	0.005	0.006
	差异	0.002	0.002	0.002	0.002	0.002
Carhart 4-factor alpha	明星分析师	0.008	0.008	0.008	0.008	0.008
	普通分析师	0.006	0.006	0.006	0.006	0.006
	差异	0.002	0.002	0.002	0.002	0.002

6.3.4 进一步研究

6.3.4.1 随着买空规模的扩大，是否会出现更多买空知情交易？

假如假设6-1a成立，那么随着资本市场上买空规模的加大，分析师总体上调评级之前应该不会出现更多买空知情交易，但明星分析师上调评级之前却应会出现更多买空知情交易。转融通前后异常买空的对比见表6-8。

表6-8 　　　　　　　　　　**转融通前后异常买空的对比**

变量	DIFABBL(-10,-1)$_{i,j,t}$ =ABBL(-10,-1)$_{i,j,t}$ - ABBL(-30,-15)$_{i,j,t}$								
	分析师总样本			明星分析师子样本			普通分析师子样本		
	(1)	(2)	(3)	(4)	(5)	(6)	(7)	(8)	(9)
	交叉项	转融通后	转融通前	交叉项	转融通后	转融通前	交叉项	转融通后	转融通前
$AR(0)_{i,j,t}$	-0.031	0.873	0.453	-0.710	4.510*	-0.304	0.184	-0.013	0.627
	(-0.037)	(1.583)	(0.661)	(-0.733)	(3.482)	(-1.215)	(0.177)	(-0.160)	(0.711)
$Refinance_{i,j,t} \times$ $AR(0)_{i,j,t}$	1.104			5.159***			0.026		
	(1.216)			(4.952)			(0.025)		
$Refinance_{i,j,t}$	-0.032**			0.033			-0.054***		
	(-3.592)			(1.142)			(-6.676)		
$CAR(-10,-1)_{i,j,t}$	3.234**	3.851**	0.670	1.862	1.846	1.335**	3.472**	4.183**	0.619
	(4.003)	(4.705)	(1.854)	(1.490)	(1.300)	(4.546)	(4.143)	(5.078)	(1.646)
$MOM_{i,j,t}$	-0.010	-0.041	0.079	0.130	0.065	0.098	-0.020	-0.038	0.093
	(-0.051)	(-0.161)	(1.839)	(0.303)	(0.104)	(1.625)	(-0.104)	(-0.144)	(1.604)
$LNPrice_{i,j,t}$	-0.035*	-0.046	-0.020	-0.141*	-0.219*	-0.058**	-0.022	-0.028	-0.015
	(-2.508)	(-1.979)	(-2.374)	(-2.545)	(-3.393)	(-4.501)	(-1.897)	(-1.474)	(-1.309)
年度	控制	控制	控制	控制	控制	控制	控制	控制	控制
行业	控制	控制	控制	控制	控制	控制	控制	控制	控制

续表

变量	$DIFABBL(-10,-1)_{i,j,t}=ABBL(-10,-1)_{i,j,t}-ABBL(-30,-15)_{i,j,t}$								
	分析师总样本			明星分析师子样本			普通分析师子样本		
	(1)	(2)	(3)	(4)	(5)	(6)	(7)	(8)	(9)
	交叉项	转融通后	转融通前	交叉项	转融通后	转融通前	交叉项	转融通后	转融通前
截距项	0.129	0.127	-0.178^{**}	0.840^{*}	0.893	0.161^{***}	0.041	-0.016	-0.201^{**}
	(0.937)	(0.683)	(−6.291)	(2.242)	(2.297)	(16.991)	(0.303)	(−0.085)	(−4.961)
N	1 381	894	487	201	125	76	1 180	769	411
adj. R^2	0.056	0.061	0.041	0.069	0.047	0.018	0.065	0.075	0.038
转融通前后子样本中系数$AR(0)_{i,j,t}$的差异 T 检验结果：									
χ^2	0.27			21.55^{***}			0.70		

注：（1）圆括号内为经个股及年度聚类调整得到的双尾检验 T 值；

（2）***、**、*分别表示在 1%、5%和 10%的显著性水平。

2012 年 8 月 30 日实行转融通试点之后买空的资金规模大幅度增加。本章首先将转融通之后发生的样本记为 $Refinance_{i,j,t}=1$，之前记为 $Refinance_{i,j,t}=0$，并在模型 6-1 中增加交叉项 $Refinance_{i,j,t} \times AR(0)_{i,j,t}$ 进行检验，回归结果列示在表 6-8 的第（1）列中，可见，$Refinance_{i,j,t} \times AR(0)_{i,j,t}$ 的系数不显著。然后，区分转融通之后与转融通之前两个子样本，分别对模型 6-1 进行检验，回归结果列示在表 6-8 的第（2）、第（3）列，可见，$AR(0)_{i,j,t}$ 的系数均不显著，表明转融通对买空中的知情交易并无显著影响。

其次，分别针对明星分析师与普通分析师子样本，在模型 6-1 中增加交叉项 $Refinance_{i,j,t} \times AR(0)_{i,j,t}$ 进行检验，回归结果分别列示在表 6-8 的第（4）列及第（7）列中，可见，第（4）列明星分析师子样本中 $Refinance_{i,j,t} \times AR(0)_{i,j,t}$ 的系数为 5.159，并且在 1%的水平上显著。第（7）列普通分析师子样本中 $Refinance_{i,j,t} \times AR(0)_{i,j,t}$ 的系数为 0.026，但不显著，这表明转融通主要促进了信息源自于明星分析师的买空知情交易。

最后，在明星分析师与普通分析师子样本中，再分别区分转融通之后与转融通之前子样本，并对模型 6-1 进行检验。明星分析师子样本中转融通之后与之前的回归结果列示在表 6-8 的第（5）、第（6）列，可见，第（5）列中 $AR(0)_{i,j,t}$ 的系数为 4.510，并且在 10% 的水平上显著，第（6）列中 $AR(0)_{i,j,t}$ 的系数为 -0.304，但不显著，系数差异 T 检验得到 $\chi^2=21.55$，并且在 1% 的水平上显著。普通分析师子样本中转融通之后与之前的回归结果列示在表 6-8 的第（8）与（9）列，可见，第（8）列中 $AR(0)_{i,j,t}$ 的系数与第（9）列中 $AR(0)_{i,j,t}$ 的系数均不显著，系数差异 T 检验得到 $\chi^2=0.70$，亦不显著。上述结果表明在明星分析师子样本中，转融通对买空中的知情交易产生了显著的正向作用，但在普通分析师子样本中，转融通对买空知情交易并无影响。这些结果更加支持了假设 6-1a。

6.3.4.2 大券商能否更好地抑制明星分析师泄密？

与小券商相比，大券商本应拥有更高的声誉、更加严格的管理制度，可以更好地约束分析师行为，但是，结合目前中国证券业的混乱局面[1]来看，大券商未必能更有效地发挥监督作用。相反，由于投资者认为大券商的分析师修订评级时有可能对市场产生较大的影响，并因此创造出较好的短期盈利空间，所以，投资者很可能更倾向于利用大券商分析师的信息抢先买空。综上所述，可以预期与小券商相比，大券商的明星分析师上调评级前的异常买空更加严重。

为了对此进行检验，首先，用证监会确定的 A 类券商[2]代表大券商，其他券商为小券商，并相应设置哑变量：当股票 i 在 t 时点被大券商分析师 j 调整评级时，$A\_Broker_{i,j,t}=1$，否则 $A\_Broker_{i,j,t}=0$。其次，在模型 6-1 中加入交叉项 $A\_Broker_{i,j,t} \times AR(0)_{i,j,t}$。预期在明星分析师子样本中，$A\_Broker_{i,j,t} \times AR(0)_{i,j,t}$ 的回归系数应该为更显著的正数；而在分析师总样本及普通分析师子样本中，$A\_Broker_{i,j,t} \times AR(0)_{i,j,t}$ 的回归系数并不会更加显著。最后，再区分大券商与小券商两个子样本，分别检验模型 6-1。回归结果见表 6-9。

---

[1] 2016 年有 58 家券商的评级下滑，其中一大主因即为两融违规操作招致处罚。
[2] 分类标准见第 4 章。

表 6-9 券商规模对异常买空的影响

变量	$DIFABBL(-10,-1)_{i,j,t}=ABBL(-10,-1)_{i,j,t}-ABBL(-30,-15)_{i,j,t}$								
	分析师总样本			明星分析师子样本			普通分析师子样本		
	(1)	(2)	(3)	(4)	(5)	(6)	(7)	(8)	(9)
	交叉项	大券商	小券商	交叉项	大券商	小券商	交叉项	大券商	小券商
$AR(0)_{i,j,t}$	0.067	1.799	−0.207	−2.317	4.111**	−0.283	0.262	0.862	−0.150
	(0.064)	(1.205)	(−0.176)	(−0.840)	(2.334)	(−0.297)	(0.310)	(0.799)	(−0.131)
$A\_Broker_{i,j,t}\times AR(0)_{i,j,t}$	1.413			8.380**			0.032		
	(0.584)			(2.277)			(0.019)		
$A\_Broker_{i,j,t}$	−0.094			−0.258			−0.101		
	(−1.595)			(−1.590)			(−1.311)		
$CAR(-10,-1)_{i,j,t}$	3.260**	3.233**	3.229**	3.375**	2.038	−0.866	3.496**	3.557**	3.361**
	(4.023)	(3.958)	(4.202)	(2.305)	(1.313)	(−0.428)	(4.103)	(3.943)	(4.253)
$MOM_{i,j,t}$	−0.011	−0.033	0.007	0.002	0.175	−0.509**	−0.026	−0.059	0.009
	(−0.055)	(−0.098)	(0.157)	(0.003)	(0.295)	(−3.214)	(−0.139)	(−0.175)	(0.202)
$LNPrice_{i,j,t}$	−0.036*	−0.040	−0.025**	−0.198	−0.174*	−0.195***	−0.022	−0.013	−0.019
	(−2.317)	(−2.080)	(−3.887)	(−1.727)	(−1.948)	(−3.918)	(−1.827)	(−1.581)	(−2.014)
年度	控制	控制	控制	控制	控制	控制	控制	控制	控制
行业	控制	控制	控制	控制	控制	控制	控制	控制	控制
截距项	0.169	−0.0002	0.203	0.774	0.558	1.549***	0.088	−0.101	0.103
	(1.333)	(−0.002)	(0.850)	(1.493)	(1.103)	(9.691)	(0.718)	(−1.412)	(0.387)
N	1381	821	560	201	164	37	1180	657	523
adj. R^2	0.059	0.063	0.066	0.104	0.068	0.127	0.069	0.089	0.065

大券商与小券商子样本中系数 $AR(0)_{i,j,t}$ 的差异 T 检验结果：

χ^2	0.59	5.90**	0.22

注：（1）圆括号内为经个股及年度聚类调整得到的双尾检验 T 值；

（2）***、**、*分别表示在 1%、5%和 10%的显著性水平。

表 6-9 中，第（1）~第（3）列为分析师总样本的检验结果，可见，第（1）列中 $A\_Broker_{i,j,t}\times AR(0)_{i,j,t}$ 的系数为 1.413，但不显著。第（2）、第（3）列分样本检验结果发现无论在大、小券商子样本中，

$AR(0)_{i,j,t}$ 的系数均不显著，表明券商规模对分析师上调评级之前的异常买空并无影响。第（4）～第（6）列为明星分析师子样本的检验结果，可见，第（4）列中 $A\_Broker_{i,j,t} \times AR(0)_{i,j,t}$ 的系数为 8.380，并且在 5% 的水平上显著。第（5）、第（6）列区分券商规模进行检验，发现在第（5）列中，$AR(0)_{i,j,t}$ 的系数为 4.111，并且在 5% 的水平上显著，但第（6）列中 $AR(0)_{i,j,t}$ 的系数并不显著，系数差异 T 检验得到 $\chi^2=5.90$，并且在 5% 的水平上显著，结果表明券商规模越大，明星分析师上调评级之前的异常买空越显著。第（7）～第（9）列为普通分析师子样本的检验结果，可见，第（7）列中 $A\_Broker_{i,j,t} \times AR(0)_{i,j,t}$ 的系数不显著；第（8）、第（9）列区分券商规模进行检验，发现第（8）列及第（9）列中，$AR(0)_{i,j,t}$ 的系数均不显著，系数差异 T 检验得到 $\chi^2=0.22$，不显著，结果表明券商规模对普通分析师上调评级之前的异常买空无影响。综上所述，在分析师总样本及普通分析师子样本中，券商规模对买空知情交易并无影响，但在明星分析师子样本中，券商规模对买空知情交易产生了显著的正向作用。上述内容不仅支持了假设 6-1a，同时也表明券商规模并不能对分析师的行为起到制约作用。

6.3.4.3 机构重仓持股能否抑制明星分析师泄密？

证券分析师的主要服务客户为机构投资者，包括公募基金公司、保险公司、社保基金以及一部分私募基金。然而，上述服务对象中，除了少数私募基金外，基本都被规定不能进行融资买空操作。因此，如果分析师出于个人利益动机，提前泄露信息引发异常买空，可能会损害机构投资者的利益。假如所涉及股票恰好是其机构客户重仓持有的，那就有可能导致客户对分析师及其所在券商实施报复性行动，例如减少分仓、评选"明星"时不投票等，从而加大了分析师泄密的成本。因此，可以预期在机构重仓持有某只股票时，明星分析师上调评级前的异常买空现象应会明显减少。

为了对此进行检验，本章首先按照机构投资者持股比例的中位数来设置机构重仓持股哑变量 $Heavily\text{-}Held_{i,j,t}$，当股票 i 在 t 时点被机构重仓持股（机构持股比例>中位数）时，$Heavily\text{-}Held_{i,j,t}=1$，否则，$Heavily\text{-}Held_{i,j,t}=$

0。在模型 6-1 中加入交叉项 $Heavily\text{-}Held_{i,j,t} \times AR(0)_{i,j,t}$ 后，可以预期对于分析师总样本以及普通分析师子样本，$Heavily\text{-}Held_{i,j,t} \times AR(0)_{i,j,t}$ 的回归系数应该不显著，但对于明星分析师子样本，$Heavily\text{-}Held_{i,j,t} \times AR(0)_{i,j,t}$ 的回归系数应该为显著的负数。然后再区分机构重仓持股与非重仓持股两个子样本，分别检验模型 6-1，预期对于分析师总体以及普通分析师子样本而言，机构是否重仓持股应该对 $AR(0)_{i,j,t}$ 的回归系数无显著影响，但是对于明星分析师而言，在机构重仓持股的子样本中，$AR(0)_{i,j,t}$ 的回归系数应该为不显著的正数，而在非机构重仓持股的子样本中，$AR(0)_{i,j,t}$ 的回归系数应该为更加显著的正数。回归结果见表 6-10。

表 6-10　　　　机构投资者持股比例对异常买空的影响

变量	$DIFABBL(-10,-1)_{i,j,t} = ABBL(-10,-1)_{i,j,t} - ABBL(-30,-15)$								
	分析师总样本			明星分析师子样本			普通分析师子样本		
	(1)	(2)	(3)	(4)	(5)	(6)	(7)	(8)	(9)
	交叉项	机构重仓	机构轻仓	交叉项	机构重仓	机构轻仓	交叉项	机构重仓	机构轻仓
$AR(0)_{i,j,t}$	1.065	−0.026	1.569	5.349**	1.362	4.817*	0.175	−0.524	0.770
	(0.677)	(−0.041)	(1.270)	(2.323)	(0.391)	(1.904)	(0.103)	(−0.390)	(0.534)
$Heavily\text{-}Held_{i,j,t}$ $\times AR(0)_{i,j,t}$	−0.771			−4.140***			−0.263		
	(−0.374)			(−3.722)			(−0.088)		
$Heavily\text{-}Held_{i,j,t}$	0.066			0.286***			0.035		
	(1.070)			(5.780)			(0.597)		
$CAR(-10,-1)_{i,j,t}$	3.249**	2.030	4.471***	2.156	−0.045	6.135***	3.474**	2.370	4.539***
	(4.080)	(2.072)	(7.192)	(1.486)	(−0.027)	(4.067)	(4.211)	(1.943)	(6.427)
$MOM_{i,j,t}$	−0.019	0.072	−0.174	0.086	−0.150	−0.598	−0.026	0.059	−0.140
	(−0.096)	(0.357)	(−0.691)	(0.181)	(−0.336)	(−0.930)	(−0.134)	(0.364)	(−0.525)
$LNPrice_{i,j,t}$	−0.042	−0.022	−0.053**	−0.193**	−0.067*	−0.301	−0.025	−0.013	−0.031
	(−2.117)	(−0.666)	(−3.789)	(−2.336)	(−1.915)	(−1.669)	(−1.571)	(−0.561)	(−1.523)
年度	控制	控制	控制	控制	控制	控制	控制	控制	控制
行业	控制	控制	控制	控制	控制	控制	控制	控制	控制
截距项	0.106	0.293	−0.034	0.735	1.020**	0.341	0.032	0.252	−0.174
	(0.649)	(0.696)	(−0.226)	(1.708)	(2.578)	(0.546)	(0.180)	(0.591)	(−1.754)
N	1 381	690	691	201	101	100	1 180	589	591
adj. R^2	0.056	0.020	0.097	0.086	−0.029	0.189	0.065	0.025	0.107
机构重仓与机构轻仓子样本中系数 $AR(0)_{i,j,t}$ 的差异T检验结果：									
χ^2	0.77			8.24***			0.23		

注：（1）圆括号内为经个股及年度聚类调整得到的双尾检验 T 值；

（2）***、**、*分别表示在 1%、5% 和 10% 的显著性水平。

第（1）~第（3）列为分析师总样本的回归结果。第（1）列中 *Heavily-Held*$_{i,j,t}$×$AR(0)_{i,j,t}$ 的系数为−0.771，不显著。在第（2）列机构重仓持股子样本与第（3）列非机构重仓持股子样本中，$AR(0)_{i,j,t}$ 的系数均不显著。第（4）~第（6）列为明星分析师子样本的回归结果。第（4）列中 *Heavily-Held*$_{i,j,t}$×$AR(0)_{i,j,t}$ 的系数为−4.140，并且在 1% 的水平上显著。第（5）列机构重仓持股子样本中 $AR(0)_{i,j,t}$ 的系数为 1.362，但不显著。第（6）列非机构重仓持股子样本中 $AR(0)_{i,j,t}$ 的系数为 4.817，并且在 10% 的水平上显著。系数差异 T 检验得到 χ^2=8.24，并且在 1% 的水平上显著，结果表明机构重仓持股会对明星分析师上调评级前的异常买空起到抑制作用。第（7）~第（9）列为普通分析师子样本的回归结果。第（7）列中 *Heavily-Held*$_{i,j,t}$×$AR(0)_{i,j,t}$ 的系数不显著。第（8）、第（9）列区分机构持股比例进行检验，发现 $AR(0)_{i,j,t}$ 的系数均不显著，系数差异 T 检验得到 χ^2=0.23，不显著，结果表明机构持股比例对普通分析师上调评级之前的异常买空无影响。综上所述，在明星分析师子样本中，机构投资者重仓持股对买空中的知情交易产生了显著的抑制作用，但在普通分析师子样本以及分析师总样本中，机构投资者重仓持股对买空知情交易并无影响。上述内容更加支持了假设 6−1a。

6.3.4.4 分析师上调评级之前是否同样存在异常卖空？

尽管前文发现明星分析师上调评级前会出现异常买空，该结果指向信息源自于明星分析师的买空者知情交易，但 Blau 和 Wade（2012）发现分析师上下调评级之前均有可能出现异常卖空，并由此对卖空者是知情交易者的观点提出质疑。本章在此同样检验分析师上调评级之前 10 个交易日的异常卖空。

首先，按照前文与 *DIFABBL*$(-10,-1)_{i,j,t}$ 类似的方法计算异常卖空量 *DIFABSS*$(-10,-1)_{i,j,t}$。其次，进行描述性统计，发现在分析师总样本中，异常卖空 *DIFABSS*$(-10,-1)_{i,j,t}$ 的均值为 0.009（中位数为 0.0003）。在明星分析师子样本中，异常卖空 *DIFABSS*$(-10,-1)_{i,j,t}$ 均值为 0.009（中位数为 0.0001）。在普通分析师子样本中，异常卖空 *DIFABSS*$(-10,-1)_{i,j,t}$ 均值为 0.009（中位数为 0.0003）。可见，明星分

析师与普通分析师上调评级前 10 个交易日的异常卖空并无明显的差异。最后，将模型 6-1 和模型 6-2 的因变量改变为 $DIFABSS(-10,-1)_{i,j,t}$，并进行 OLS 回归。如果分析师上调评级之前会出现大量的异常卖空，则可以预期 $AR(0)_{i,j,t}$ 的系数应该为显著的负值。回归结果列示在表 6-11 中。

表 6-11　　　　　　　　　　　分析师上调评级前的异常卖空

变量	$DIFABSS(-10,-1)_{i,j,t}=ABSS(-10,-1)_{i,j,t}-ABSS(-30,-15)_{i,j,t}$			
	分析师总样本	交叉项	明星分析师子样本	普通分析师子样本
	（1）	（2）	（3）	（4）
$AR(0)_{i,j,t}$	−0.089	−0.124	0.083	−0.118
	（−1.383）	（−1.155）	（0.422）	（−1.172）
$Star_{i,j,t}×AR(0)_{i,j,t}$		0.298		
		（0.905）		
$Star_{i,j,t}$		−0.006		
		（−0.938）		
$CAR(-10,-1)_{i,j,t}$	0.438***	0.437***	0.494**	0.425***
	（5.952）	（6.100）	（3.213）	（6.056）
$MOM_{i,j,t}$	−0.024*	−0.023*	−0.005	−0.027**
	（−2.745）	（−2.469）	（−0.144）	（−4.021）
$LNPrice_{i,j,t}$	−0.002	−0.002	−0.012	−0.0005
	（−0.859）	（−1.079）	（−0.889）	（−1.038）
年度	控制	控制	控制	控制
行业	控制	控制	控制	控制
截距项	−0.023**	−0.022**	0.013	−0.029***
	（−3.647）	（−3.347）	（0.411）	（−5.679）
N	1381	1381	201	1180
adj.R^2	0.118	0.118	0.079	0.119
明星分析师与普通分析师子样本中系数 AR（0）$_{i,j,t}$ 的差异 T 检验结果：				
$χ^2$			0.50	

注：（1）圆括号内为经个股及年度聚类调整得到的双尾检验 T 值；

（2）***、**、*分别表示在 1%、5% 和 10% 的显著性水平。

表 6-11 中，第（1）列为分析师总样本的 OLS 回归结果，可见，$AR(0)_{i,j,t}$ 的系数为不显著的负数，这表明分析师上调评级之前并不存在显著的异常卖空量，这一点与 Blau 和 Wade（2012）的结果不同。第（2）列考虑明星分析师的影响，交叉项 $Star_{i,j,t} \times AR(0)_{i,j,t}$ 的系数为正，但不显著。第（3）列与第（4）列区分明星分析师与普通分析师子样本进行检验，发现 $AR(0)_{i,j,t}$ 的系数均不显著。但由第（1）~第（4）列的结果可见，异常卖空 $DIFABSS(-10,-1)_{i,j,t}$ 与短期累积超额收益 $CAR(-10,-1)_{i,j,t}$ 之间存在显著的正相关关系，与长期累积超额收益 $MOM_{i,j,t}$ 之间存在负相关关系，这表明分析师上调评级之前 10 日的异常卖空是在长期下行趋势中由较高的短期累积超额收益所引发的投机交易，而这种短期的正向累积超额收益很可能是由大量异常知情买空交易引起的。上述结果为 Blau 和 Wade（2012）的研究发现提供了一种新的解释。

6.3.5 稳健性检验

6.3.5.1 改变比较基期

上述研究结论建立在将分析师上调评级日之前（-10，-1）期间的异常买空与（-30，-15）期间的异常买空相对比的基础上，为了避免本章研究结论对基期选择的敏感性，在此，将基期由（-30，-15）调整为（-60，-30），相应地，将模型 6-1 和模型 6-2 的因变量调整为：$DIFABBL(-10,-1)_{i,j,t} = ABBL(-10,-1)_{i,j,t} - ABBL(-60,-30)_{i,j,t}$，再重新回归。所得研究结果列示在表 6-12 中。

表 6-12 中，第（1）列为分析师总样本对模型 6-1 的 OLS 回归分析结果。可见，$AR(0)_{i,j,t}$ 的系数为 -0.564，并不显著。第（2）列为添加交叉项之后的回归结果，可见，$Star_{i,j,t} \times AR(0)_{i,j,t}$ 的系数为 8.882，并且在 1% 的水平上显著。第（3）与第（4）列分别为明星分析师与普通分析师子样本对模型 6-1 进行检验的结果。第（3）列中，$AR(0)_{i,j,t}$ 的系数为 4.623，并且在 5% 的水平上显著。第（4）列中 $AR(0)_{i,j,t}$ 的系数为 -1.731，并不显著，对二者进行系数差异 T 检验，$\chi^2 = 18.01$，并且在

表6-12　　　分析师上调评级日股票的超额收益与前10日的
异常买空：改变比较基期

变量	$DIFABBL(-10,-1)_{i,j,t} = ABBL(-10,-1)_{i,j,t} - ABBL(-60,-30)_{i,j,t}$			
	分析师总样本	交叉项	明星分析师子样本	普通分析师子样本
	（1）	（2）	（3）	（4）
$AR(0)_{i,j,t}$	−0.564	−1.613	4.623**	−1.731
	（−0.446）	（−1.369）	（2.767）	（−1.468）
$Star_{i,j,t} \times AR(0)_{i,j,t}$		8.882***		
		（3.095）		
$Star_{i,j,t}$		−0.082**		
		（−2.395）		
$CAR(-10,-1)_{i,j,t}$	3.904***	3.856***	4.100*	3.899***
	（9.622）	（9.611）	（2.131）	（10.980）
$MOM_{i,j,t}$	0.144	0.171	0.546*	0.119
	（0.584）	（0.672）	（1.857）	（0.457）
$LNPrice_{i,j,t}$	−0.008	−0.014	−0.211	0.008
	（−0.259）	（−0.458）	（−1.524）	（0.382）
年度	控制	控制	控制	控制
行业	控制	控制	控制	控制
截距项	−0.100	−0.067	0.202	−0.105
	（−0.732）	（−0.509）	（0.445）	（−0.971）
N	1 381	1 381	201	1 180
adj. R^2	0.074	0.080	0.178	0.079

明星分析师与普通分析师子样本中系数 $AR(0)_{i,j,t}$ 的差异T检验结果：

χ^2	18.01***

注：（1）圆括号内为经个股及年度聚类调整得到的双尾检验 T 值；

（2）***、**、*分别表示在 1%、5%和 10%的显著性水平。

1%的水平上显著。结果表明，尽管分析师总体上调评级之前并未发现异常买空，但与普通分析师相比，明星分析师上调评级宣告日股票的超额收益与之前 10 个交易日的异常买空之间存在更加显著的正相关关系。上述内容表明假设 6-1a 的结论稳健。

6.3.5.2 改变配对样本的选取方法

前文在计算异常买空与股票超额收益时，采用了配对方法：首先，以股票的流通市值为基础计算上一年度末的市值和市账率（M/B），并按照"年度-市值-市账率"来确定匹配组合。然后，计算相应组合中所有股票在每一日的买空及收益的中位数，以此作为估计每日正常买空及正常收益时的基准。由于异常买空与超额收益的大小可能会受所估计的正常值的影响，因此，本章改变配对样本选取方法为：（1）按"股票的总市值"来计算上年末的市值与市账率（M/B），并寻找匹配组合。（2）根据 Christophe 等（2010），改按"被上调评级股票自身每一年度每日买空与每日收益的中位数"来估算每日的正常买空及正常收益，然后再重新估算每日的正常买空及正常收益，并得到相应的异常买空及超额收益，之后再进行模型 6-1 和模型 6-2 的回归。回归结果分别见表6-13 的 A 栏和 B 栏，研究结论未变。

6.3.5.3 将配对样本法改为市场模型法计算股票超额收益

前文采用配对样本方法计算股票的超额收益，在此改用市场模型法计算累积超额收益。具体将分析师评级调整日股票的超额收益 $AR$$(0)_{i,j,t}$、控制变量 $CAR(-10, -1)_{i,j,t}$ 与 $MOM_{i,j,t}$ 均采用 CAPM 模型及 Fama & French（简称"FF"）三因素模型计算，并重新回归模型 6-1 与模型 6-2。累积超额收益 $AR(0)_{i,j,t}$、$CAR(-10, -1)_{i,j,t}$ 与 $MOM_{i,j,t}$ 的具体计算步骤如下：第一步，从 RESSET 数据库得到 CAPM 模型及 FF 三因素模型所需的各个因子，计算得出各日之前（-200, -11）交易日 CAPM 模型及 FF 三因素模型的各个参数。第二步，根据这些参数估算出各日股票的预期收益。第三步，计算当日股票的实际收益与预期收益之差，得到每一日股票的超额收益。第四步，计算超额收益 $AR(0)_{i,j,t}$ 以及各期间的累积超额收益 $CAR(-10, -1)_{i,j,t}$ 与 $MOM_{i,j,t}$。回归结果见表 6-14。

表6-13 改变计算异常买空卖空时的比较基准

变量	A栏：按"年−lag1MV(T)−lag1MB(T)"分组得到匹配样本				B栏：按"股票−年"每日的中位数得到匹配样本			
	分析师总样本	交叉项	明星分析师子样本	普通分析师子样本	分析师总样本	交叉项	明星分析师子样本	普通分析师子样本
	(1)	(2)	(3)	(4)	(5)	(6)	(7)	(8)
$AR(0)_{i,t}$	1.356	0.557	4.543*	0.275	1.002	0.790	5.359*	0.494
	(2.004)	(1.643)	(2.486)	(0.413)	(1.540)	(0.842)	(2.655)	(1.560)
$Star_{i,t} \times AR(\tau)_{i,j,t}$		6.644**				6.328**		
		(3.313)				(2.248)		
$Star_{i,t}$		−0.020				0.012		
		(−0.127)				(0.148)		
$CAR(-10, -1)_{i,j,t}$	3.494**	3.454**	3.451	3.652**	4.085**	4.316***	3.657	4.569**
	(3.881)	(3.954)	(1.387)	(4.156)	(3.712)	(9.308)	(1.571)	(4.030)
$MOM_{i,j,t}$	−0.112	−0.093	0.080	−0.108	0.169	0.209*	0.876***	0.089
	(−0.544)	(−0.454)	(0.106)	(−0.606)	(1.782)	(1.693)	(5.949)	(0.767)

续表

变量	A栏：按"年-lag1MV(T)-lag1MB(T)"分组得到匹配样本				B栏：按"股票-年"每日的中位数得到匹配样本			
	分析师总样本	交叉项	明星分析师子样本	普通分析师子样本	分析师总样本	交叉项	明星分析师子样本	普通分析师子样本
	(1)	(2)	(3)	(4)	(5)	(6)	(7)	(8)
$LNPrice_{i,t}$	-0.001	-0.005	-0.219**	0.013	-0.040	-0.032	-0.304**	-0.012
	(-0.088)	(-0.443)	(-3.183)	(1.219)	(-2.095)	(-0.770)	(-3.518)	(-1.064)
年度	控制	控制	控制	控制	控制	控制	控制	控制
行业	控制	控制	控制	控制	控制	控制	控制	控制
截距项	0.039	0.061	0.757	-0.010	0.070	0.055	0.425	0.032
	(0.395)	(0.519)	(1.591)	(-0.106)	(0.342)	(0.205)	(0.653)	(0.239)
N	1 381	1 381	201	1 180	1 381	1 381	201	1 180
adj. R^2	0.050	0.053	0.252	0.059	0.076	0.072	0.328	0.064

明星分析师与普通分析师子样本中系数 $AR(0)_{b,t}$ 的差异T检验结果：

χ^2			3.59*				7.17***	

注：(1) 圆括号内为经个股及年度聚类调整得到的双尾检验T值。

(2) ***、**、* 分别表示在1%、5%和10%的显著性水平。

表6-14　　　　采用 CAPM 模型及 FF 三因素模型计算

$$AR(0)_{i,j,t}, CAR(-10,-1)_{i,j,t} 与 MOM_{i,j,t}$$

变量	A栏：CAPM模型				B栏：FF三因素模型			
	分析师总样本	交叉项	明星分析师子样本	普通分析师子样本	分析师总样本	交叉项	明星分析师子样本	普通分析师子样本
	(1)	(2)	(3)	(4)	(5)	(6)	(7)	(8)
$AR(0)_{i,j,t}$	0.406	−0.169	2.462*	−0.146	0.519	0.159	2.025**	0.056
	(1.972)	(−0.215)	(2.751)	(−0.352)	(0.702)	(0.167)	(4.576)	(0.127)
$Star_{i,j,t} \times AR(0)_{i,j,t}$		4.444**				6.277**		
		(1.994)				(2.261)		
$Star_{i,j,t}$		0.003				−0.027		
		(0.048)				(−0.370)		
$CAR(-10,-1)_{i,j,t}$	3.271**	3.243***	2.355	3.486**	3.263***	3.714***	2.350	3.478**
	(3.991)	(9.406)	(1.379)	(4.163)	(9.463)	(8.971)	(1.350)	(4.154)
$MOM_{i,j,t}$	−0.110	−0.111	−0.296	−0.068	−0.088	−0.144	−0.244	−0.045
	(−0.847)	(−1.193)	(−1.923)	(−0.522)	(−0.944)	(−1.279)	(−1.385)	(−0.318)

续表

变量	A栏: CAPM模型				B栏: FF三因素模型			
	分析师总样本	交叉项	明星分析师子样本	普通分析师子样本	分析师总样本	交叉项	明星分析师子样本	普通分析师子样本
	(1)	(2)	(3)	(4)	(5)	(6)	(7)	(8)
$LNPrice_{i,t}$	-0.023*	-0.024	-0.149**	-0.011	-0.023	-0.019	-0.150**	-0.010
	(-2.335)	(-0.769)	(-3.265)	(-1.212)	(-0.727)	(-0.510)	(-3.180)	(-1.108)
年度	控制	控制	控制	控制	控制	控制	控制	控制
行业	控制	控制	控制	控制	控制	控制	控制	控制
截距项	0.100	0.114	0.849	0.017	0.091	0.071	0.834	0.007
	(0.728)	(0.573)	(2.012)	(0.119)	(0.455)	(0.295)	(1.944)	(0.050)
N	1 381	1 381	201	1 180	1 381	1 381	201	1 180
adj. R^2	0.057	0.059	0.090	0.066	0.057	0.058	0.087	0.066

明星分析师与普通分析师子样本中系数 $AR(0)_{i,t}$ 的差异 T 检验结果：

	χ^2	
A栏	5.31**	
B栏	13.05***	

注：（1）圆括号内为经个股及年度聚类调整得到的双尾检验 T 值；

（2）***、**、*分别表示在 1%、5%和 10%的显著性水平。

表 6-14 中，第（1）~第（4）列按照 CAPM 模型计算股票超额收益，并回归模型 6-1 与模型 6-2。第（5）~第（8）列按照 FF 三因素模型计算股票超额收益，并回归模型 6-1 与模型 6-2。研究结论未变。

6.3.5.4 分三个区间检验

Christophe 等（2010）发现在分析师报告发布前 3 天信息会集中泄露，但事实上分析师在实地调研、观点形成、报告撰写及对外发布的过程中，都有可能泄露消息，而且为了尽量掩饰其抢先交易行为，分析师有动机在提前数日，而非紧邻报告发布日进行交易。因此，本章将模型 6-1 和模型 6-2 中的（-10，-1）期间重新划分为（-10，-8）、（-7，-5）及（-4，-1）三个子区间，分别进行 OLS 回归。回归结果见表 6-15。

其中，符号 $DIFABBL(-10, -8)_{i,j,t}$、$DIFABBL(-7, -5)_{i,j,t}$ 及 $DIFABBL(-4, -1)_{i,j,t}$ 分别表示上调评级发布日前（-10，-8）、（-7，-5）及（-4，-1）这三个子区间的异常买空量。由表 6-15 可见，在上述三个区间，研究结论均未变。

根据上述稳健性结果可知，假设 6-1a 的结论是可靠的。

6.4 本章小结

买空机制是资本市场上重要的交易机制，以往有研究关注了买空者是否属于知情交易者的问题，但研究结论存在较大差异。其中一方面的原因在于以往研究缺乏对买空者是否会基于短期信息知情交易的关注，另一方面的原因在于以往基于发达市场的研究存在数据上的缺陷。为了解决上述问题，本章采用对中国市场更为有利的数据，从分析师上调评级视角探讨了买空者是否会基于与短期盈利机会有关的信息进行知情交易。

本章利用中国 2010 年 3 月—2014 年 8 月的买空数据，借鉴 Christophe 等（2010）的研究方法，检验了分析师上调评级日的股票超额收益与之前 10 个交易日的异常买空之间的关系。首先，本研究发

表6-15

分三个区间检验

变量	DIFABBL(-10,-8)i,j,t				DIFABBL(-7,-5)i,j,t				DIFABBL(-4,-1)i,j,t			
	分析师总样本	交叉项	明星分析师子样本	普通分析师子样本	分析师总样本	交叉项	明星分析师子样本	普通分析师子样本	分析师总样本	交叉项	明星分析师子样本	普通分析师子样本
	(1)	(2)	(3)	(4)	(5)	(6)	(7)	(8)	(9)	(10)	(11)	(12)
$AR(0)_{i,j,t}$	1.589	0.836	3.760**	0.913	1.078	1.243	1.718***	0.796	0.470	-0.339	8.405**	-0.831
	(1.354)	(0.958)	(4.162)	(0.614)	(1.255)	(1.187)	(11.461)	(1.448)	(0.198)	(-0.300)	(3.400)	(-0.373)
$Star_{i,j,t} \times AR(0)_{i,j,t}$		6.224**				4.479*				6.958**		
		(2.368)				(2.265)				(2.050)		
$Star_{i,j,t}$		0.069				-0.044				-0.156*		
		(1.022)				(-0.331)				(-1.789)		
$CAR(-10,-1)_{i,j,t}$	1.332	1.276***	0.845	1.420	3.345***	4.035*	2.100	3.599*	4.946***	4.925***	2.007	5.478***
	(1.629)	(3.400)	(0.951)	(1.654)	(8.479)	(2.472)	(1.127)	(2.458)	(5.339)	(10.163)	(1.248)	(5.112)
$MOM_{i,j,t}$	0.227	0.245**	0.408	0.221	-0.014	-0.015	0.358	-0.039	-0.307**	-0.285**	-0.305*	-0.271*
	(1.013)	(2.332)	(0.845)	(1.029)	(-0.130)	(-0.084)	(0.846)	(-0.165)	(-2.391)	(-2.101)	(-0.517)	(-2.472)

续表

变量	$DIFABBL(-10, -8)_{i,j,t}$				$DIFABBL(-7, -5)_{i,j,t}$				$DIFABBL(-4, -1)_{i,j,t}$			
	分析师总样本	交叉项	明星分析师子样本	普通分析师子样本	分析师总样本	交叉项	明星分析师子样本	普通分析师子样本	分析师总样本	交叉项	明星分析师子样本	普通分析师子样本
	(1)	(2)	(3)	(4)	(5)	(6)	(7)	(8)	(9)	(10)	(11)	(12)
$LNPrice_{i,j,t}$	-0.054*	-0.055	-0.171**	-0.046	0.022	0.036	-0.160**	0.041	-0.013	-0.020	-0.162*	-0.005
	(-2.250)	(-1.582)	(-4.131)	(-1.600)	(0.597)	(1.963)	(-2.978)	(1.214)	(-2.002)	(-0.453)	(-2.324)	(-0.437)
年度	控制	控制	控制	控制	控制	控制	控制		控制	控制	控制	控制
行业	控制	控制	控制	控制	控制	控制	控制		控制	控制	控制	控制
截距项	0.027	0.034	0.727	-0.053	-0.171	-0.249**	0.808	-0.296***	0.295	0.333	1.108***	0.251
	(0.362)	(0.159)	(1.564)	(-0.487)	(-0.753)	(-3.364)	(1.397)	(-5.912)	(1.151)	(1.192)	(8.279)	(0.743)
N	1381	1381	201	1180	1381	1381	201	1180	1381	1381	201	1180
adj. R^2	0.009	0.014	0.079	0.007	0.050	0.053	0.086	0.055	0.075	0.078	0.103	0.094

明星分析师子样本中系数 AR(0)$_{i,j,t}$ 与普通分析师子样本中系数 AR(0)$_{i,j,t}$ 的差异 T 检验结果：

χ^2	3.08*				3.04*				29.34***			

注：（1）圆括号内为经个股及年度聚类调整得到的双尾检验 T 值；

（2）***、**、*分别表示在 1%、5% 和 10% 的显著性水平。

现总体来看，分析师上调评级日的股票超额收益与之前 10 个交易日的异常买空无关，但在明星分析师子样本中却显著正相关，表明尽管总体上看，买空者并未利用源自于分析师的消息，但与普通分析师相比，投资者更有可能利用源自于明星分析师的信息抢先进行买空交易。其次，本章将因变量与基期相应变量进行比较，并考察公司未来盈余意外、异常买空与分析师上调评级之间的关系，采用这两种方法所得结果充分证明了买空者的信息的确来源于明星分析师，而非买空者自行研发或直接通过上市公司途径获取。然后，本章比较了根据明星分析师上调评级与普通分析师上调评级形成的证券组合在上调评级日之后 1～24 个月的风险调整收益，却未发现二者存在显著差异，表明在针对买空股票发布上调评级的过程中，明星分析师并未比普通分析师提供更多有关上市公司长期业绩的信息。这就意味着，尽管买空者利用了明星分析师即将上调评级这一信息抢先交易，但买空知情交易者主要是为了据此获取短期超额收益。此外，本章的进一步研究还发现：随着市场买空规模的扩大，预期杠杆收益提高，买空者会更多利用来源于明星分析师的信息，明星分析师所任职券商的规模越大，投资者越看重其提供的信息，从而会发生越多买空知情交易，但当机构投资者的利益受损时，明星分析师泄密行为会受到较好的约束。另外，本章还采用改变基期、改变配对样本选取方法、用市场模型法替代配对样本法、分不同区间进行检验的方法进行稳健性测试，所得研究结论均未变，表明本章研究结论具有较好的稳健性。

本章的研究结论表明在我国市场上，分析师声誉机制、券商声誉机制均未能对分析师泄密行为产生有效的制约，相反，由于市场管制不严，还会起到一定"激励"作用，但出于利益考虑，当机构投资者重仓持股时，能对明星分析师泄密行为起到较为有效的制约作用。

既然由前文（参见图 4-1 以及表 6-1 的 Panel C）可知，我国资本市场上融资买空的规模远大于融券卖空的规模，那么规模较大的买空知情交易也有可能对资本市场质量产生较大影响。流动性是资本市场的核心，因此下文第 7 章会探讨买空知情交易对市场流动性的影响。

第7章　分析师异质性、买空知情交易与市场流动性

近年来流动性恐慌屡有发生，其中与资本市场相关的流动性也称为"资产流动性"（周吉人，2015）。流动性好的市场能够增强市场参与者的信心，抗御外部冲击，降低系统风险。证券分析师的基本职责是搜集、加工与传递信息，旨在减少资本市场的信息不对称，增强投资者的信心，促进投资者交易以及资本市场的健康发展。但是"阳光背后总有阴影"，证券分析师在发挥信息中介作用的同时，也可能面临利益诱惑，采用隐秘的方式泄露信息并用于"抢先交易"。这种行为不仅无法降低，甚至还可能加剧资本市场的信息不对称程度，破坏市场流动性。

传统分析师领域的文献主要研究了分析师能否为投资者提供有价值的信息（Stickel，1995；Womack，1996；Desai 等，2000；Jegadeesh 等，2004；Asquith 等，2005；朱红军，2007；Loh 和 Stulz，2011；Fang 和 Yasuda，2014；伊志宏等，2015），也有文献探讨了分析师新信息的发布（汪弘等，2013）、羊群行为（蔡庆丰等，2011）、情绪干扰

（蔡庆丰，2013）、乐观倾向（许年行等，2012）等给市场流动性或波动性带来的负面影响。还有研究发现分析师会提前释放信息，并导致知情交易（Irvine 等，2007；Christophe 等，2010；Blau 和 Wade，2012；Nefedova，2012；Lung 和 Xu，2014；Lin 和 Lu，2015），但缺乏对分析师泄密行为是否会影响市场流动性的研究。本章专门对这一问题进行探讨，并进一步研究不同类型分析师的泄密行为对市场流动性的影响是否存在系统性差异。

自 2010 年 3 月我国开始实施融资融券制度以来，针对具备融资买入资格的股票，分析师提前释放信息给投资者就有可能赚取杠杆收益。因此，融资买入活动有可能会提高知情交易的比例，随着买卖双方信息不对称程度的增加，市场流动性有可能受到较大程度的抑制。本章针对 2010 年 3 月至 2014 年 8 月可供融资买入的股票，借鉴 Christophe 等（2010）的研究方法，研究分析师上调评级日股票的超额收益与之前 10 个交易日内股票的异常流动性之间的关系。研究发现：（1）分析师总体上调评级日股票的超额收益与之前 10 个交易日的异常流动性并不存在显著相关性，但明星分析师上调评级发布日股票的超额收益却与之前 10 日的异常流动性呈显著负相关关系。（2）在实施股票转融通之后，明星分析师上调评级日股票的超额收益与之前 10 日的异常流动性之间呈更加显著的负相关关系。（3）改变计算异常值时的比较基准进行稳健性检验，研究结论未变。研究表明：尽管总体来看，分析师提前释放信息并不会明显地抑制市场流动性，但明星分析师提前释放信息却会抑制市场流动性。由转融通的执行加剧了上述现象可以推断，造成上述现象的原因应该与明星分析师提前释放信息导致了大量买空知情交易，从而加剧了信息不对称程度有关。

本章的贡献主要表现在如下三个方面：第一，以往研究主要关注了分析师能否为资本市场提供增量信息等积极效应，较少关注分析师行为对资本市场的消极影响。本研究考察分析师泄密对市场流动性的抑制作用，丰富了分析师与资本市场之间关系的文献。第二，以往研究仅发现分析师泄密有可能导致知情交易，但缺乏对市场质量造成影响的研究，本研究检验分析师泄密行为对市场流动性的抑制作用，使得分析师选择性披露的文献向纵深化发展。第三，本章研究发现明星分析师上调评级前会泄密给投资者并抑制了流动性，因此必须加强对明星分析师、投资者行为的监管，本章还发现在转融通之后上述现象更加严重，表明明星分析师泄密对流动性的抑制很可能与买空活动相关，因此必须加强对买空中知情交易行为的监管。

7.1　理论分析与研究假设

7.1.1　分析师上调评级前的异常流动性

知情交易有可能抑制市场流动性。首先，知情交易增加了市场上买卖双方的信息不对称，而买卖信息不对称则可能引起逆向选择。即市场交易的一方有可能利用私有信息使自己受益而对方受损，而另一方（信息劣势方）则难以顺利地做出买卖决策，因此价格随之扭曲，并失去了平衡供求、促成交易的作用，进而导致市场效率降低。具体而言，在我国指令驱动的竞价交易制度中，使用限价委托和电子撮合进行交易时，委托单上明确记载了股票的每笔成交价格和数量，并由证交所的通信设施向市场公开。对一个能获得私有信息的知情交易者来说，成交价和成交量代表了重要的市场供求信息，因此可以利用这些信息使自己受益。但是，对一个只拥有公共信息的普通交易者来说，详细的成交信息用途不大，难以做出正确的选择。其次，只要股市存在知情交易者，普通交易者就可能受到信息不对称和逆向选择的损害，他们也就必然要求从买卖价差中取得适当补偿（George，1991）。这是因为，一般而言，无论是否以投机为目的，普通交易者都纯粹为市场提供流动性。假如投资者认为市场的流动性较差，由于在购买（出售）股票后会承担更大的价格下跌（上升）风险，股票卖出（买入）更加困难，因此为弥补损失，发出限价买单（卖单）指令的多方（空方）在最初交易时会设定一个更低（高）的买（卖）价，从而导致更大的买卖价差（Stoll，2003）。

分析师很可能泄密给部分投资者导致知情交易。首先，分析师具有将信息提前释放给特定客户进行抢先交易的动机。这是因为：信息的挖掘与披露往往具有较高的成本，分析师必须要考虑其成本能否得以补偿，或者能否利用其获取的信息创造出最大的价值。Irvine 等（2007）认为假如私有信息被严格予以公平披露，分析师就无法弥补其高昂的信息获取成本，最终会抑制信息生产的积极性。其次，分析师泄密具有一定的现实条件。在我国，分析师行为失当可能面临较低的法律风险：（1）我国的社会文化环境在一定程度上会加大分析师违法违规行为出现的概率。中国传统社会是"人治社会"，"用于维持秩序时所使用的力量不是法律而是人际关系"（费孝通，1985）。这种重"人治"轻"法制"的传统观念，使各项制度在执行过程中的弹性较大；同时，参与寻租的人越多，被禁止或受到惩罚的可能性越小（Murphy 等，1993）。因此，在社会大环境的影响下，分析师很可能从心理上并不排斥泄密活动。（2）分析师违法违规行为的执法难度较大。我国目前已经出台的相关法律法规条款多为原则性规定，实施细则不明确增加了执法难度，分析师往往采用隐秘的方式与他人私下沟通信息，监管部门较难对分析师的泄密行为进行有效稽查。在案件审理过程中，即便投资者因分析师违法违规行为损失惨重，但往往由于受害方举证困难而无法提起诉讼。（3）我国当前相关法律法规中针对分析师违法违规行为的处罚力度相对较轻，即便分析师的违法、违规行为被发现，受到的处罚也不足以对整体证券分析行业起到强大的威慑作用。

例如，《证券法》中规定：证券交易内幕信息的知情人……在对证券的价格有重大影响的信息公开前，买卖该证券，或者泄露该信息，或者建议他人买卖该证券的，责令依法处理非法持有的证券，没收违法所得，并处以违法所得一倍以上五倍以下的罚款；没有违法所得或者违法所得不足三万元的，处以三万元以上六十万元以下的罚款。《刑法修正案（七）》规定：证券交易所等金融机构的从业人员利用因职务便利获取的内幕信息以外的其他未公开的信息，在对证券交易价格有重大影响的信息尚未公开前，买入或者卖出该证券，或者泄露该信息，或者明示、暗示他人从事上述交易活动，情节严重的，处五年以下有期徒刑或者拘役，并处或者单处违法所得一倍以上五倍以下罚金；情节特别严重的，处五年以上十年以下有期徒刑，并处违法所得一倍以上五倍以下罚金。上述法律法规体现出来的问题在于：（1）处罚力度较轻，威慑力不够。（2）缺乏专门针对证券分析师行为的具体处罚标准。在实际案例中，2012 年中国证监会对分析师叶志刚参与知情交易的处罚为罚款 100 万元人民币、没收违法所得 32.5 万元人民币、禁止从事证券业务五年。上述处罚与发达市场上对类似知情交易的处罚标准相比是较轻的。因此，我国的法律法规应该难以对分析师行为起到足够的威慑作用。

综上所述，假如分析师提前释放信息，部分投资者根据提前获悉的信息能够判断出分析师发布信息时股价的变动水平，那么，投资者预期未来的股票收益越高，就越有可能发生大量知情交易，从而抑制市场流动性。据此提出假设 7-1a：

H7-1a：分析师上调评级日股票的异常收益与之前 10 日的异常流动性呈显著负相关关系。

但是知情交易占总交易量的比例可能会影响流动性水平。我国市场上的投资者结构与美国等发达市场有很大不同，我国市场上散户投资者占比高达 80%以上，数量众多且资金分散。即便分析师将信息提前释放给部分投资者，如果知情交易占股票总交易量的比例较低，分析师提前释放信息可能并不会抑制市场流动性水平。据此提出替代假设 7-1b：

H7-1b：分析师上调评级日股票的异常收益与之前 10 日的异常流动性无显著相关关系。

7.1.2 明星分析师上调评级前的异常流动性

明星分析师上调评级有可能为投资者提供短期套利机会，为知情交易的发生创造了条件，从而有可能抑制市场流动性。研究表明，明星分析师的评级变动会引起强烈的市场反应（Loh 和 Stulz，2011）。这既可能是由于明星分析师的研究报告更具信息含量（Xu 等，2013），明星分析师提供的私有信息更受投资者重视，也可能是由于"明星"的"光环效应"会对市场产生更大的价格压力（Stickel，1995），例如羊群行为。因此，依靠明星分析师提供的信息抢先买入，就有可能在短期内分析师利好消息发布、股价大幅度上涨之时卖出以获利。在法律监管较弱的环境下，既然明星分析师有可能为投资者创造出较好的盈利机会，那么他们就会面临较强的利益诱惑，从而就有可能泄密甚至直接参与知情交易。相反，普通分析师评级调整时引起的市场反应相对较小，即便他们也同样具备泄密给利益相关者的条件，但由于其评级调整的发布未必能为投资者创造较好的套利空间，因此，普通分析师泄密给投资者进行知情交易的动机就会减弱，知情交易发生的概率降低，从而市场流动性受到抑制的可能性也较小。

当然，"明星"称号往往意味着声誉资本，但是我国证券分析师声誉机制发挥的作用应该较为有限。这是因为：首先，我国证券分析师队伍的建设距今只有十几年时间，大规模发展更是 2008 年以来的事情，分析师跳槽频现，人员流动性极强，队伍更替迅速，使得建立声誉机制所依赖的重复博弈过程被削弱，而且大部分投资者，包括机构投资者都片面追求短线炒作牟取暴利，市场投机氛围严重，因此分析师声誉激励机制建立的基础并不具备。其次，针对我国资本市场的研究表明，分析师仅注重积累公司内部声誉和机构投资者客户层面的声誉（胡奕明和金洪飞，2006），却不会主动建立面对社会大众的声誉，对投资者利益保护一类的道德面并不重视。甚至于《新财富》分析师排名正是导致卖方机构重服务轻研究的重要原因（王宇熹等，2012）。由于社会声誉激励机制的缺失，很难期望明星分析师能够发挥正面作用（万丽梅和逯东，2013）。

综上所述，明星分析师上调评级前的市场流动性有较大的可能性受到抑制。相反，普通分析师上调评级前的市场流动性有较小的可能性受到抑制。据此提出假设 7-2：

H7-2：明星分析师上调评级日股票的异常收益与之前 10 日的异常流动性之间呈显著的负相关关系。相反，普通分析师上调评级日股票的异常收益与之前 10 日的异常流动性之间无显著的负相关关系。

7.2 研究设计

7.2.1 样本数据

本章调查了 2010 年 3 月 31 日—2014 年 8 月 31 日分析师上调评级宣告之前的市场流动性。文中所涉及的分析师荐股评级、明星分析师排行榜、股票日交易、价格及收益、股票每日融资买入量（股）均源于国泰安（CSMAR）数据库。FF 三因素模型中的各个因子来自于 RESSET 数据库。为了与之前各章节的内容衔接，本章首先从 CSMAR 数据库中得到沪深 A 股上市公司具备融资买入资格的"股票–交易日"333 821 个，然后减去无分析师发布上调评级的"股票–交易日"332 806 个，并剔除变量缺失值 11 个之后最终得到"股票–交易日"1 004 个样本，共涉及上市公司 587 家。其中，132 个"股票–交易日"有明星分析师在当日发布上调评级，872 个"股票–交易日"仅普通分析师发布上调评级。具体样本分布情况见表 7-1。本章还对相关连续变量在 1% 及 99% 的水平上进行了 Winsorize 处理。

表 7-1 样本选择与分布

Panel A：样本选择

初始样本：CSMAR 数据库中沪深 A 股上市公司个股日交易数据	2 072 328
剔除：不具备融资买入资格的"股票–交易日"数据	1 738 507
剔除：当日无分析师发布上调评级的"股票–交易日"数据	332 806
剔除：变量缺失值	11
最终样本	1 004

Panel B：样本按年度及分析师类型分类

变量	分析师总体		明星分析师		非明星分析师		公司数量
年份	小计	比例（%）	小计	比例（%）	小计	比例（%）	
2010	108	10.76	8	6.06	100	11.47	53
2011	132	13.15	23	17.42	109	12.5	62
2012	179	17.83	31	23.48	148	16.97	106
2013	366	36.45	39	29.55	327	37.5	211
2014	219	21.81	31	23.48	188	21.56	155
总计	1 004	100	132	100	872	100	587

7.2.2　变量说明

7.2.2.1　被解释变量

本章的因变量为异常流动性指标。首先，考虑到通常研究中所采用的基本指标"换手率"（换手率＝交易股数/流通股数）并不能恰当地衡量本章拟研究的流动性（信息不对称）问题，当分析师提前释放利好消息时，大量资金持币待购，除了已成交的交易以外，还可能存在大量未能成交的交易，未能成交的交易可以通过股价的波动幅度得以体现，因此，本章借鉴刘海龙等（2003）设计的方法，用既考虑换手率，又考虑波动幅度的有效流速来衡量流动性，即只有当换手率人，同时波动幅度小时，流动性才更大。其次，借鉴 Christophe 等（2010）的研究思路，将研究样本中股票的每日实际流动性指标与其匹配组合的正常流动性指标进行比较，计算出二者之间的差额，最后，再计算分析师上调评级发布之前 10 个交易日流动性的平均值，得到 $Liquidity(-10,-1)_{j,t}$。具体计算步骤如下：

第一步，计算市场流动性指标的实际值，即有效流速=换手率/波动幅度，其中，（1）当最高成交价=最低成交价时，波动幅度=最小价格变动单位 0.01/最低成交价。（2）当最高成交价≠最低成交价时，波动幅度=（最高价−最低价）/最低成交价。

第二步，估计匹配组合的正常流动性估计量：根据股票上一年度末的市值和市账率（M/B）两个公司特征，为分析师上调评级的股票寻找匹配组合。具体方法为：首先，针对所有可供融资买入的股票，根据上一年度的市值将其划分为 5 组，再根据上一年度的市账率将每一组重新划分为 5 组，从而共得到 25 组。其次，将每一个被上调评级股票的市值和市账率，与这 25 组中最接近的一组相匹配；最后，计算匹配组合中所有股票每日流动性的中位数，并以此作为被上调评级股票在该日正常流动性的估计值。

第三步，计算研究对象与匹配组合相比的流动性差异：首先，计算每一日的异常流动性，即每日实际流动性与匹配组合流动性估计值之间的差额。其次，计算上调评级发布日之前 10 个交易日异常流动性的平均值 $Liquidity(-10, -1)_{j, t_0}$。

7.2.2.2 解释变量

按照以往大部分文献的方法，本章采用 Fama 和 French 三因素模型计算分析师上调评级发布日股票的超额收益 $AR(0)_{j, t_0}$。具体步骤如下：首先，从 RESSET 数据库得到三因素模型所需的各个因子，计算得出分析师评级调整日之前（−200，−11）交易日三因素模型的各个参数。然后，根据这些参数估算出分析师上调评级发布日股票的预期收益。最后，将预期收益与当日股票的实际收益相减之后得到超额收益 $AR(0)_{j, t_0}$。

为了衡量分析师异质性对本章研究结论的影响，本章还设置了明星分析师哑变量 $Star_{j, t}$，当股票 j 在交易日 t 有明星分析师发布上调评级时 $Star_{j, t}=1$，否则 $Star_{j, t}=0$。

7.2.2.3 控制变量

借鉴 Stoll（1989）、周开国等（2010）等的方法，本章选取前 10 日

的股价水平 $Price(-10,-1)_{j,t}$、交易量的自然对数 $LNVolume(-10,-1)_{j,t}$，以及每日收益率的波动性 $STDRET(-10,-1)_{j,t}$ 作为控制变量。具体变量的定义和度量见表 7-2。

表 7-2 变量名称与度量

变量	符号	变量名称与度量
被解释变量	$Liquidity(-10,-1)_{j,t}$	分析师评级发布日 t 之前 10 个交易日股票 j 的异常流动性（与配对样本相比），其中，每日的流动性指标=换手率/波动幅度，换手率=交易股数/流通股股数。波动幅度：（1）当最高成交价≠最低成交价时，波动幅度=（最高价-最低价）/最低成交价。（2）当最高成交价=最低成交价时，波动幅度=最小价格变动单位（0.01）/最低成交价
解释变量	$AR(0)_{j,t}$	评级发布日 t 股票 j 的超额收益=评级发布日股票的实际收益-按 FF 三因素模型计算的预期日收益
	$Star_{j,t}$	是否有明星分析师发布上调评级哑变量。假如有明星分析师发布上调评级则 $Star_{j,t}=1$，否则 $Star_{j,t}=0$
控制变量	$Price(-10,-1)_{j,t}$	评级发布日 t 之前 10 个交易日股票 j 每日收盘价的平均值
	$LNVolume(-10,-1)_{j,t}$	评级发布日 t 之前 10 个交易日股票 j 每日交易股数的自然对数的平均值
	$STDRET(-10,-1)_{j,t}$	评级发布日 t 之前 10 个交易日股票 j 每日收益率的标准差

7.2.3 实证模型

为了验证本章的研究假设，借鉴 Stoll（1989）、周开国等（2010），及 Christophe 等（2010）的思路，采用 OLS 方法回归如下（见模型 7-1）：

$$Liquidity(-10,-1)_{j,t}=\beta_0+\beta_1\times AR(0)_{j,t}+\beta_2\times Price(-10,-1)_{j,t}+\beta_3\times LNVolume(-10,-1)_{j,t}+$$
$$\beta_4\times STDRET(-10,-1)_{j,t}+\varepsilon_{j,t}$$

$$(7-1)$$

其中：

  $Liquidity(-10,-1)_{j,t}$ 为上调评级发布日 t 之前 10 个交易日股票 j 的异常流动性；

  $AR(0)_{j,t}$ 为上调评级发布日 t 股票 j 的超额收益；

  $Price(-10,-1)_{j,t}$ 为上调评级发布日 t 之前股票 j 价格的平均值；

  $LNVolume(-10,-1)_{j,t}$ 为上调评级发布日 t 之前股票 j 交易量的自然对数；

  $STDRET(-10,-1)_{j,t}$ 为上调评级发布日 t 股票 j 收益的标准差。

  若本章研究假设 7-1a 成立，则预期模型 7-1 的系数 β_1 显著为负；若本章研究假设 7-1b 成立，则预期模型 7-1 的系数 β_1 不显著。

  为了考察分析师异质性对上述关系的影响，首先，区分明星分析师子样本与普通分析师子样本分别对模型 7-1 进行检验，若假设 7-2 成立，则预期在明星分析师子样本中，模型 7-1 的回归系数 β_1 显著为负，但在普通分析师子样本中，模型 7-1 的回归系数 β_1 不显著。其次，在模型 7-1 中加入交叉项 $Star_{j,t} \times AR(0)_{j,t}$，得到模型 7-2：

$$
\begin{aligned}
Liquidity(-10,-1)_{j,t} = & \beta_0 + \beta_1 \times AR(0)_{j,t} + \beta_2 \times Star_{j,t} \times AR(0)_{j,t} + \beta_3 \times Star_{j,t} + \\
& \beta_4 \times Price(-10,-1)_{j,t} + \beta_5 \times LNVolume(-10,-1)_{j,t} + \\
& \beta_6 \times STDRET(-10,-1)_{j,t} + \varepsilon_{j,t} \quad\quad (7-2)
\end{aligned}
$$

其中：

  $Star_{j,t}$ 为评级发布日 t 股票 j 是否有明星分析师跟踪哑变量；

  其余变量均与模型 7-1 相同。

  若本章研究假设 7-2 成立，则预期模型 7-2 回归结果中系数 β_2 显著为负。

7.3 实证结果

7.3.1 单变量分析

  表 7-3 是对主要变量的描述性统计。

表7-3 描述性统计

变量	均值			中位数		
	总体	明星	非明星	总体	明星	非明星
$Liquidity(-10,-1)_{j,t}$	0.04	0.03	0.043	0.01	0.02	0.009
$AR(0)_{j,t}$	0.01	0.01	0.006	0	0	0.003
$Price(-10,-1)_{j,t}$	16.7	14.9	16.96	12.5	12.4	12.58
$LNVolume(-10,-1)_{j,t}$	16.5	16.5	16.52	16.5	16.6	16.53
$STDRET(-10,-1)_{j,t}$	0.02	0.02	0.023	0.02	0.02	0.021
$NUMAnanm_{j,t}$	1.06	1.12	1.055	1	1	1
$NUMStar_{j,t}$	0.13	1.01	0	0	1	0
$Star_{j,t}$	0.13	1	0	0	1	0
N	1 004	132	872	1 004	132	872

从表7-3中可以看到：（1）对于1 004个分析师总体样本而言，上调评级发布之前10日的异常流动性$Liquidity(-10,-1)_{j,t}$的均值为0.037（中位数为0.011），上调评级日股票超额收益$AR(0)_{j,t}$的均值为0.006（中位数为0.003）。（2）在132个明星分析师样本中，上调评级发布之前10日的异常流动性$Liquidity(-10,-1)_{j,t}$的均值为0.033（中位数为0.018），上调评级日股票超额收益$AR(0)_{j,t}$的均值为0.008（中位数为0.003）。（3）在872个普通分析师样本中，上调评级发布之前10日的异常流动性$Liquidity(-10,-1)_{j,t}$的均值为0.043（中位数为0.009），上调评级日股票超额收益$AR(0)_{j,t}$均值为0.006（中位数为0.003）。对均值进行初步比较可知，与普通分析师相比，明星分析师上调评级发布之前10日的异常流动性较低，上调评级日对市场的影响较大。

表7-4展示了对主要变量进行相关性分析后的结果。

表7-4   相关性分析

变量	1	2	3	4	5
$Liquidity(-10,-1)_{j,t}$		-0.025^{***}	0.117^{***}	0.398^{***}	0.185^{***}
$AR(0)_{j,t}$	-0.011^{***}		-0.032^{***}	-0.018^{***}	-0.055^{***}
$Price(-10,-1)_{j,t}$	0.013^{***}	-0.019^{***}		-0.310^{***}	0.269^{***}
$LNVolume(-10,-1)_{j,t}$	0.211^{***}	-0.012^{***}	-0.315^{***}		0.118^{***}
$STDRET(-10,-1)_{j,t}$	0.2180^{**}	-0.018^{***}	0.115^{***}	0.156^{***}	

注：下三角为 Pearson 相关性分析，上三角为 Spearman 相关性分析。

表 7-4 中，下三角为 Pearson 相关性分析，上三角为 Spearman 相关性分析。从中可见，$Liquidity(-10,-1)_{j,t}$ 与 $AR(0)_{j,t}$ 显著负相关，初步表明分析师上调评级前会泄露信息并导致市场流动性降低。另外，$Liquidity(-10,-1)_{j,t}$ 与 $Price(-10,-1)_{j,t}$、$LNVolume(-10,-1)_{j,t}$ 及 $STDRET(-10,-1)_{j,t}$ 均呈现显著正相关关系。各变量之间的相关系数绝对值均小于 0.4，这表明各变量之间不存在严重的共线性问题。

7.3.2 多元回归分析

分析师评级发布日的股票超额收益与之前的异常流动性见表 7-5。

为了验证假设 7-1，对模型 7-1 进行回归分析，结果见表 7-5 第（1）列。从中可见，加入控制变量后，$AR(0)_{j,t}$ 的系数为并不显著的正数，表明对于分析师总体而言，分析师提前释放信息的行为并不会抑制股票的流动性，从而支持了假设 7-1b，拒绝了假设 7-1a。

为了验证假设 7-2，首先，分别针对明星分析师及普通分析师子样本，对模型 7-1 进行 OLS 检验，回归结果见表 7-5 的第（3）、第（4）列。其中，第（3）列中 $AR(0)_{j,t}$ 的系数为负，并且在 5%的水平上显著；第（4）列中 $AR(0)_{j,t}$ 的系数为不显著的正数；对第（3）列及第（4）列中 $AR(0)_{j,t}$ 的系数差异进行检验，可见 $\chi^2=14.15$，并且在 1%的

表7-5　分析师评级发布日的股票超额收益与之前的异常流动性

变量	Liquidity(−10, −1)$_{j,t}$			
	总体	交叉项	明星	非明星
	（1）	（2）	（3）	（4）
AR(0)$_{j,t}$	0.149	1.113***	−0.873**	0.271
	（0.467）	（0.002）	（0.038）	（0.134）
Star$_{j,t}$ × AR(0)$_{j,t}$		−4.036**		
		（0.035）		
Star$_{j,t}$		0.015		
		（0.494）		
Price(−10, −1)$_{j,t}$	0.001	0.001*	0.001***	0.001
	（0.114）	（0.065）	（0.001）	（0.104）
LNVolume(−10, −1)$_{j,t}$	0.074***	0.068***	0.073***	0.076***
	（<0.001）	（<0.001）	（<0.001）	（<0.001）
STDRET(−10, −1)$_{j,t}$	1.887***	5.828*	0.614	2.106***
	（<0.001）	（0.061）	（0.547）	（<0.001）
行业	控制	控制	控制	控制
年度	控制	控制	控制	控制
截距项	−1.337***	−1.388***	−1.269***	−1.391***
	（<0.001）	（<0.001）	（<0.001）	（<0.001）
N	1004	1004	132	872
adj. R^2	0.152	0.073	0.327	0.161
AR(0)$_{j,t}$的系数差异 T 检验			χ^2= 14.15*** （0.0002）	

注：（1）圆括号内为经个股及年度聚类调整得到的双尾检验 P 值；

（2）***、**、*分别表示在 1%、5%和 10%的显著性水平。

水平上显著。其次，针对分析师总样本，对模型 7-2 进行 OLS 回归分析，回归结果见表 7-5 第（2）列。从中可见，$Star_{j,t} \times AR(0)_{j,t}$ 的系数为负，并且在 5% 的水平上显著。上述结果表明明星分析师比普通分析师提前释放私有信息的行为会更多抑制股票的流动性，从而支持了假设 7-2。

7.3.3 分析师上调评级前的流动性抑制是否与异常买空相关？

为了检验造成上述现象的原因是否与分析师提前释放信息导致异常融资买入有关，本章进行如下两方面检验：首先，检验分析师上调评级前是否会出现异常买空。其次，检验随着融资买空规模的加大，分析师上调评级前的流动性抑制现象是否会加强。

7.3.3.1 分析师上调评级前的异常买空

为了检验分析师上调评级前是否会出现异常买空，本章将模型 7-1 及模型 7-2 的因变量改为异常融资买入量 $ABBL(-10, -1)_{j,t}$，得到模型 7-3 与模型 7-4。

$$ABBL(-10, -1)_{j,t} = \beta_0 + \beta_1 \times AR(0)_{j,t} + \beta_2 \times Price(-10, -1)_{j,t} + \beta_3 \times LNVolume(-10, -1)_{j,t} + \beta_4 \times STDRET(-10, -1)_{j,t} + \varepsilon_{j,t} \tag{7-3}$$

$$ABBL(-10, -1)_{j,t} = \beta_0 + \beta_1 \times AR(0)_{j,t} + \beta_2 \times Star_{j,t} \times AR(0)_{j,t} + \beta_3 \times Star_{j,t} + \beta_4 \times Price(-10, -1)_{j,t} + \beta_5 \times LNVolume(-10, -1)_{j,t} + \beta_6 \times STDRET(-10, -1)_{j,t} + \varepsilon_{j,t} \tag{7-4}$$

其中：$ABBL(-10, -1)_{j,t}$ 的计算思路同上述异常流动性指标 $Liquidity(-10, -1)_{j,t}$ 的计算思路。即借鉴 Christophe 等（2010）的研究方法，首先，计算实际融资买入量：股票每日实际买入量＝（每日融资买入的股票数量×1 000）/当日的流通股本。然后，估计匹配组合的正常融资买入量估计量：根据股票上一年度末的市值和市账率（M/B）两个公司特征，为分析师上调评级的股票寻找匹配组合。具体方法为：（1）针对所有可供融资买入的股票，根据上一年度的市值将其划分为 5 组，再根据上一年度的市账率将每一组重新划分为 5 组，从而共得到 25 组。（2）将每一个被上调评级股票的市值和市账率，与这 25 组中最接近的一组相匹配。（3）计算匹配组合中所有股票每日融资买入的中位数，并以此作为被上调评级股票在该日正常买入量的估计值。最后，计算研究对象与匹配组合相比的融资买入量差异：（1）计算每一日的异常买入量，即每日实际买入量与匹配组合买入量估计值之间的差额。（2）计算上调评级发布日之前 10 个交易日异常买入量的平均值 $ABBL(-10,-1)_{j,t}$。如果假设 7-1a 成立，即分析师上调评级前就释放消息给部分投资者，导致信息公开发布之前就出现异常融资买入，则可以预期，模型 7-3 中系数 β_1 显著为正，如果假设 7-H1b 成立，即分析师上调评级前虽然释放消息给部分投资者，但由于知情交易所占比例较低等原因并不会导致异常融资买入，则可以预期，模型 7-3 中系数 β_1 不显著。如果假设 7-2 成立，即明星分析师上调评级前释放消息给部分投资者，会导致信息公开发布之前就出现更加明显的异常融资买入，则可以预期，模型 7-4 中系数 β_2 显著为正。

分析师评级发布日的股票超额收益与前 10 日的股票异常买空相关情况见表 7-6。

表 7-6 分析师评级发布日的股票超额收益与前 10 日的股票异常买空

变量	$ABBL(-10,-1)_{j,t}$			
	分析师总体	交叉项	明星样本	非明星样本
	（1）	（2）	（3）	（4）
$AR(0)_{j,t}$	−1.498	−1.689***	2.132*	−2.064
	（0.414）	（0.009）	（0.068）	（0.251）
$Star_{j,t} AR(0)_{j,t}$		2.910*		
		（0.082）		
$Star_{j,t}$		0.001		
		（0.983）		
$Price(-10,-1)_{j,t}$	0.004	0.002	−0.003	0.005
	（0.150）	（0.286）	（0.162）	（0.100）
$LNVolume(-10,-1)_{j,t}$	0.357***	0.199***	0.110**	0.376***
	（<0.001）	（<0.001）	（0.035）	（<0.001）

变量	ABBL(−10,−1)_{j,t}			
	分析师总体	交叉项	明星样本	非明星样本
	（1）	（2）	（3）	（4）
$STDRET(-10,-1)_{j,t}$	26.897***	10.020***	20.732***	24.177***
	（<0.001）	（<0.001）	（<0.001）	（<0.001）
行业	控制	控制	控制	控制
年度	控制	控制	控制	控制
截距项	−7.147***	−3.877***	−2.658***	−7.278***
	（<0.001）	（<0.001）	（0.003）	（<0.001）
N	1 004	1 004	132	872
adj. R^2	0.197	0.203	0.307	0.189
$AR(0)_{j,t}$的系数差异 T 检验			χ^2=4.33** （0.0375）	

注：（1）圆括号内为经个股及年度聚类调整得到的双尾检验 P 值；

（2）***、**、*分别表示在 1%、5%和 10%的显著性水平。

模型 7-3 的回归结果见表 7-6 第（1）列。从中可见，$AR(0)_{j,t}$的系数并不显著，进一步支持了假设 7-1b，拒绝了假设 7-1a。

分别针对明星分析师子样本与普通分析师子样本，对模型 7-3 进行 OLS 检验，回归结果见表 7-6 的第（3）、（4）列。其中，第（3）列中 $AR(0)_{j,t}$的系数为正，且在 10%的水平上显著，第（4）列中 $AR(0)_{j,t}$的系数不显著。对第（3）列及第（4）列中 $AR(0)_{j,t}$的系数差异进行检验，可见 χ^2= 4.33，并且在 5%的水平上显著，再加入交叉项，回归模型 7-4 的结果见表 7-6 第（2）列。从中可见，$Star_{j,t}×AR(0)_{j,t}$的系数为正，并且在 10%的水平上显著。上述结果意味着分析师上调评级前的流动性抑制效应可能与分析师泄密导致大量融资买入有关。

7.3.3.2 转融通的影响

为了检验随着融资买空规模的加大，分析师上调评级前的流动性抑制现象是否会加强。本章对转融通前后的情况进行对比分析，2012年8月30日，我国开始实施转融通业务，市场释放出了十分旺盛的业务需求。仅两个交易日内，证金公司就已向11家券商融出66.2亿元资金。在转融通业务开始之后，投资者就有可能利用杠杆作用以更少的自有资金博取更大的收益，因此，分析师提前释放信息带来的预期收益会变得更高。本章检验转融通对明星分析师信息提前释放与市场流动性之间相互作用的影响，回归结果见表7-7。

表7-7 **转融通的影响**

变量	$Liquidity(-10,-1)_{j,t}$				
	总体	交叉项	交叉项	明星	非明星
	（1）	（2）	（3）	（4）	（5）
$AR(0)_{j,t}$	0.149	1.113***	−0.147	−0.010	−0.035
	（0.467）	（0.002）	（0.619）	（0.979）	（0.893）
$Star_{j,t}\times AR(0)_{j,t}$		−4.036**	−0.489		
		（0.035）	（0.625）		
$ZRT_{j,t}\times Star_{j,t}\times AR(0)_{j,t}$			−4.649**		
			（0.045）		
$Star_{j,t}\times ZRT_{j,t}$			−0.009		
			（0.694）		
$ZRT_{j,t}\times AR(0)_{j,t}$			1.614***	−1.032*	0.403
			（<0.001）	（0.066）	（0.179）
$Star_{j,t}$		0.015	0.022		
		（0.494）	（0.265）		
$ZRT_{j,t}$			0.036***	0.053	0.040***
			（0.009）	（0.259）	（0.005）
$Price(-10,-1)_{j,t}$	0.001	0.001*	0.001*	0.001**	0.001
	（0.114）	（0.065）	（0.080）	（0.012）	（0.114）

续表

| 变量 | $Liquidity(-10,-1)_{j,t}$ | | | | |
| | 总体 | 交叉项 | 交叉项 | 明星 | 非明星 |
	（1）	（2）	（3）	（4）	（5）
$LNVolume(-10,-1)_{j,t}$	0.074***	0.068***	0.068***	0.072***	0.076***
	（<0.001）	（<0.001）	（<0.001）	（<0.001）	（<0.001）
$STDRET(-10,-1)_{j,t}$	1.887***	5.828*	5.913*	0.880	2.136***
	（<0.001）	（0.061）	（0.058）	（0.398）	（<0.001）
行业	控制	控制	控制	控制	控制
年度	控制	控制	控制	控制	控制
截距项	−1.337***	−1.388***	−1.383***	−1.253***	−1.392***
	（<0.001）	（<0.001）	（<0.001）	（<0.001）	（<0.001）
N	1 004	1 004	1 004	132	872
adj. R^2	0.152	0.073	0.072	0.317	0.162
$ZRT_{j,t} \times AR(0)_{j,t}$的系数差异 T 检验				$\chi^2=14.00$*** （<0.001）	

注：（1）圆括号内为经个股及年度聚类调整得到的双尾检验 P 值；

（2）***、**、*分别表示在 1%、5%和 10%的显著性水平。

由表 7-7 第（3）列可见，$ZRT_{j,t} \times Star_{j,t} \times AR(0)_{j,t}$的系数为−4.649，并且在 5%的水平上显著，表明转融通增强了明星分析师信息提前释放带来的流动性抑制作用。第（4）列 $ZRT_{j,t} \times AR(0)_{j,t}$的系数为−1.032，并且在 10%的水平上显著，而第（5）列 $ZRT_{j,t} \times AR(0)_{j,t}$的系数不显著，$ZRT_{j,t} \times AR(0)_{j,t}$的系数差异 T 检验结果 $\chi^2=14.00$，并且在 1%水平下显著。上述结果表明与普通分析师相比，转融通更加强了明星分析师信息提前释放活动对市场流动性的抑制作用，从而进一步说明本章的基本结论与分析师上调评级前的信息泄露导致更多融资买入有关。

7.3.4　稳健性检验

为了验证本章研究结论的可靠性，笔者进行了如下稳健性检验。

7.3.4.1　改变因变量的计算方法

在表 7-5 的基本回归结果中，因变量异常流动性 $Liquidity(-10,-1)_{j,t}$ 的比较基准是按照"年度-以流通市值计算的市值-以流通市值计算的市账率"来选取的配对样本组合，并以其对应组合的中位数来估算正常流动性水平，以及相应的异常流动性水平，考虑到 $Liquidity(-10,-1)_{j,t}$ 的计算会受到比较基准的影响，在此改变因变量中比较基准的计算方法，重新验证模型 7-1 及模型 7-2，具体见表 7-8。

第一，改按"年度-以总市值计算的市值-以总市值计算的市账率"来选取配对样本，并以此估算正常流动性水平，以及相应的异常流动性水平 $Liquidity(-10,-1)_{j,t}$，回归结果见表 7-8 的第（1）~第（4）列，所得研究结论未变。第二，借鉴 Christophe 等（2010）稳健性检验的研究思路，改按股票 j 年度 t 自身的每日流动性的中位数作为正常流动性水平，并以此计算异常流动性水平 $Liquidity(-10,-1)_{j,t}$，回归结果见表 7-8 的第（5）~第（8）列，所得研究结论未变。

7.3.4.2　改变自变量的计算方法

在表 7-5 的基本回归结果中，自变量异常收益 $AR(0)_{j,t}$ 的比较基准是按照 Fama 和 French 的三因素模型计算得到的预期收益，考虑 $AR(0)_{j,t}$ 的计算同样会受到比较基准的影响，在此改变自变量中比较基准的计算方法，重新验证模型 7-1 及模型 7-2。

第一，改按与表 7-5 因变量相同的配对样本组合的中位数作为预期的收益，即按照"年度-以流通市值计算的市值-以流通市值计算的市账率"来选取配对样本组合，并以其对应组合的中位数来估算正常收益，并计算相应的异常收益 $AR(0)_{j,t}$，回归结果见表 7-9 的第（1）~第（4）列，所得研究结论未变；第二，借鉴 Christophe 等（2010）稳健性检验中的思路，改按"股票-年度"自身的每日收益的中位数作为正常收益，并以此计算异常收益 $AR(0)_{j,t}$，回归结果见表 7-9 的第（5）~第（8）列，所得研究结论未变。进一步验证了假设 7-1b 与假设 7-2 的可靠性。

表7-8　　　　　　　　稳健性检验1：改变因变量的计算方法

变量	A栏：按"年度-以总市值计算的市值及市账率"选取配对样本中位数作为正常值				B栏：按"股票-年度"自身的中位数作为正常值			
	分析师总样本	交叉项	明星分析师子样本	非明星分析师子样本	分析师总样本	交叉项	明星分析师子样本	非明星分析师子样本
	(1)	(2)	(3)	(4)	(5)	(6)	(7)	(8)
$AR(0)_{j,t}$	−0.038	0.895**	−0.852***	0.043	0.187	1.039**	−0.407**	0.239
	(0.812)	(0.018)	(0.007)	(0.757)	(0.266)	(0.011)	(0.017)	(0.213)
$Star_{j,t} \times AR(0)_{j,t}$		−3.200*				−2.434*		
		(0.068)				(0.070)		
$Star_{j,t}$		0.018				0.011		
		(0.427)				(0.366)		
$Price(-10,-1)_{j,t}$	0.0004	0.0007	0.001	0.0001	0.001*	0.001**	0.001**	0.001*
	(0.512)	(0.375)	(0.127)	(0.448)	(0.087)	(0.020)	(0.016)	(0.075)
$LNVolume(-10,-1)_{j,t}$	0.051***	0.044***	0.049***	0.054***	0.034***	0.029**	0.041***	0.035***
	(<0.001)	(<0.001)	(0.002)	(<0.001)	(<0.001)	(0.020)	(<0.001)	(0.001)
$STDRET(-10,-1)_{j,t}$	2.275***	6.226**	1.636	2.404***	1.343***	5.537*	−1.663	1.612***
	(<0.001)	(0.027)	(0.472)	(<0.001)	(<0.001)	(0.084)	(0.265)	(0.001)
行业	控制	控制	控制	控制	控制	控制	控制	控制
年度	控制	控制	控制	控制	控制	控制	控制	控制
截距项	−0.999***	−1.032***	−1.000***	−1.046***	−0.527***	−0.598***	−0.632***	−0.535***
	(<0.001)	(<0.001)	(0.001)	(<0.001)	(0.001)	(<0.001)	(0.001)	(0.001)
N	1004	1004	132	872	1004	1004	132	872
adj. R^2	0.106	0.059	0.297	0.109	0.069	0.033	0.084	0.077
$AR(0)_j$的系数差异T检验			$\chi^2=15.65$*** (<0.001)				$\chi^2=7.28$*** (0.007)	

注：（1）圆括号内为经个股及年度聚类调整得到的双尾检验 P 值；

（2）***、**、*分别表示在 1%、5%和 10%的显著性水平

表7-9 稳健性检验2：改变自变量的计算方法

变量	A栏:改按"年度-流通市值计算的市值及市账率"选取配对样本计算 AR(0) 及因变量				B栏:按"股票-年度"自身的中位数作为正常值计算 AR(0) 及因变量			
	分析师总体	交叉项	明星分析师	非明星分析师	分析师总体	交叉项	明星分析师	非明星分析师
	(1)	(2)	(3)	(4)	(5)	(6)	(7)	(8)
$AR(0)_{j,t}$	0.164	0.941***	−0.792*	0.238	0.078	0.401**	−0.462***	0.111
	(0.521)	(0.001)	(0.086)	(0.250)	(0.587)	(0.044)	(0.005)	(0.461)
$Star_{j,t} \times AR(0)_{j,t}$		−3.844*				−0.839*		
		(0.083)				(0.069)		
$Star_{j,t}$		0.019				0.010		
		(0.371)				(0.402)		
$Price(-10,-1)_{j,t}$	0.001	0.001*	0.001***	0.001	0.001*	0.001***	0.001**	0.001*
	(0.113)	(0.070)	(0.006)	(0.105)	(0.086)	(0.002)	(0.016)	(0.075)
$LNVolume(-10,-1)_{j,t}$	0.074***	0.068***	0.089***	0.076***	0.034***	0.049***	0.060***	0.035***
	(<0.001)	(<0.001)	(<0.001)	(<0.001)	(<0.001)	(<0.001)	(<0.001)	(0.001)
$STDRET(-10,-1)_{j,t}$	1.885***	5.853*	0.867	2.117***	1.364***	2.564***	−2.183	1.632***
	(<.0001)	(0.062)	(0.408)	(<.0001)	(<.0001)	(0.003)	(0.257)	(0.001)
行业	控制	控制	控制	控制	控制	控制	控制	控制
年度	控制	控制	控制	控制	控制	控制	控制	控制
截距项	−1.337***	−1.381***	−1.529***	−1.389***	−0.523***	−0.807***	−0.952***	−0.531***
	(<0.001)	(<0.001)	(<0.001)	(<0.001)	(0.001)	(<0.001)	(0.001)	(0.001)
N	1 004	1 004	132	872	1 004	1 004	132	872
adj. R^2	0.152	0.070	0.316	0.161	0.068	0.021	0.099	0.075
$AR(0)_{j,t}$ 的系数差异T检验			$\chi^2=11.54$*** (<0.001)				$\chi^2=7.17$*** (0.007)	

注：（1）圆括号内为经个股及年度聚类调整得到的双尾检验 P 值；

（2）***、**、*分别表示在 1%、5%和 10%的显著性水平。

7.4 本章小结

本章针对 2010 年 3 月—2014 年 8 月可供融资买入的股票，检验了分析师发布上调评级日股票的超额收益与之前 10 个交易日内股票的异常流动性之间的关系。研究发现：（1）分析师总体上调评级发布日股票的超额收益与之前 10 个交易日的异常流动性并不存在显著相关性，但是明星分析师上调评级发布日股票的超额收益却与之前 10 个交易日的异常流动性呈显著负相关关系。这意味着尽管总体来看，分析师提前释放信息的行为并不会明显地抑制市场流动性，但是明星分析师提前释放信息的行为却会对股票的流动性起到明显的抑制作用。（2）在明星分析师子样本中，上调评级发布日股票的超额收益与之前 10 个交易日股票的异常融资买入量之间呈显著正相关关系，并且在实施股票转融通之后，相比转融通之前，明星分析师上调评级发布日股票的超额收益与之前 10 个交易日的异常流动性之间呈更加显著的负相关关系，这表明明星分析师提前释放信息导致了大量知情交易，应该是抑制市场流动性的重要原因。本章的研究结论不仅丰富了分析师信息披露及其后果的文献，以及买空者知情交易后果的文献，而且为资本市场加强对分析师及买空者的监管提供了较为重要的依据。

尽管之前的章节研究了分析师评级调整对买空卖空知情交易的影响，以及买空知情交易对市场流动性的抑制作用，并发现明星分析师在其中起到了关键作用，但明星分析师是否确实比普通分析师更具有信息优势？其信息来源于什么渠道？其信息处理过程与普通分析师相比有何异同？以下第 8 章将探讨这些问题。

第8章　明星分析师的信息优势

以往的大量文献表明，证券分析师并不同质，其中一些具有更好的业绩。例如，研究表明，明星分析师比普通分析师发布的盈余预测更加准确（Cowen 等，2006；Fang 和 Yasuda，2009；Gleason 和 Lee，2003；Hong 等，2000；Hong 和 Kubik，2003；Jackson，2005；Stickel，1992；Xu 等，2013），其买卖评级也更具投资价值（Emery 和 Li，2009；Fang 和 Yasuda，2014；Leone 和 Wu，2007；Loh 和 Stulz，2011；Stickel，1995）。但是，这些研究并未探讨明星分析师发布利好消息与利空消息时是否具有同样的信息优势，而且以往研究主要聚焦于对分析师业绩的比较，并未讨论分析师在信息获取及信息处理过程中存在怎样的差异。

发布富含信息的买卖评级是分析师工作的重要部分（Daniel 和 Titman，2006；Schipper，1991；Womack，1996；Sette，2011；Chen 和 Marquez，2009），也是使得分析师在劳动力市场上"可视"的有效举措。国外的研究发现得到更有利（不利）评级的股票随后可以赚取更高（低）的收益（Barber 等，2001；Elton 等，1986；Stickel，1995；Womack，

1996），但由于上市公司存在故意隐瞒坏消息的动机，因此利好消息的获取难度应该会小于利空消息，假如明星分析师具备更强的信息挖掘能力，那么与普通分析师相比，他们在利空消息方面的信息优势就可能表现得更加突出。

当修订评级时，分析师对财务及非财务（新闻或事件）信息进行分析与评估，对于有较高未来增长前景的企业做出上调评级，对于有较低未来增长前景的企业做出下调评级。财务信息，主要基于会计业绩的衡量，可以被所有的分析师统一应用于股票估值模型，而非财务信息，例如有关企业经营以及高管变更的新闻，很可能影响到企业未来的增长前景，将给予明星分析师更好的机会采用其高超的信息处理能力去修订评级。为了衡量这两种类型的信息，本章应用 Daniel 和 Titman（2006）的研究框架，将股票收益分为两个部分：一类是具体的、基于会计业绩的部分（例如销售收入、利润以及现金流），被称为"有形信息"，另一类是不具体的、与未来业绩相关的部分，被称为"无形信息"。Daniel 和 Titman（2006）发现无形信息，包含着未来增长前景的信息，比有形信息对未来收益有更强的预测力。当企业的无形收益更好地反映了未来增长前景的信息时，"聪明的"或有能力的分析师必然会在无形信息上配置更高的权重，并促使这些信息更多地融入股价当中。因此，可以预期在评级调整时，明星分析师比普通分析师应该会吸收更多的无形信息，而且这些信息与企业未来的股票收益更加显著地正相关。

以此为前提，本章进一步检验明星分析师与普通分析师修订评级时赋予无形信息与有形信息不同权重的潜在解释。本章比较两个竞争性假设，其一是"能力假说"，认为明星分析师比普通分析师更有能力分析与解释无形信息。其二是"关系假说"，认为明星分析师与普通分析师的能力相当，但是他们更有可能接近上市公司内部的私有信息。如果明星分析师对无形信息的更好处理源自于其能力，考虑到内在的个人属性通常较难随时间的变化而发生根本性变化，本章预期明星分析师在当选为"明星"前后均会更多地依赖无形信息而非有形信息。而且，随着分析师经验的增长，他们的预测能力应该会增强，如果明星分析师的预测能力主要源自于其更丰富的经验，那么可以预期随着经验的增强，无形信息与评级业绩之间的正相关关系应该也会加强。但是，假如明星分析师与企业高管之间有更好的关系，他们并不见得需要比普通分析师有更丰富的经验。而且，假如公司关系是私人信息融入股价的渠道，那么可以预期，随着未来限制分析师接触公司内部信息的外生事件（高管变更以及监管变革）的发生，明星分析师的相对信息优势将会减弱。

在开头部分，笔者先对本章的研究发现做一个简单介绍。使用2004—2014年的72 247个"分析师–年度"数据，本章研究发现：明星分析师评级调整之后6个月的股票收益每日平均高出普通分析师评级调整之后相应期间的股票收益1/3，表明明星分析师具有其经济价值，但同时也发现与明星分析师上调评级相比，依据明星分析师下调评级做出投资决策时可以获取显著性水平更高、期限更长（未来12个月以上）的股票超额收益，这意味着与利好消息相比，明星分析师发布利空消息时的信息含量更具优势，这一点与第5、第6章的研究结论基本吻合。本章的研究还发现：明星分析师优越的业绩归属于其对市场不易获取的无形信息的更充分利用，而且他们的信息优势与"关系假说"而非"能力假说"更加一致。本章结果表明，明星分析师的评级调整，尤其是其下调评级中，包含比普通分析师相应的评级调整更高的信息含量，而且最可能的机制在于明星分析师直接将源自于公司内部人的无形信息融入了证券市场。

本章的理论贡献在于检验了相比普通分析师而言，明星分析师发布的利好消息与利空消息中信息含量的差异，分析师在生产研究报告时是怎样处理信息的，以及分析师提供的信息从怎样的渠道获取。具体而言，包括如下三个方面的理论贡献：第一，它不像之前的研究，虽然发现明星分析师具有更好的业绩，却未检验明星分析师在利好消息与利空消息上的信息优势是否存在差异，本章首先对此做出了检验，并发现明星分析师比普通分析师更有能力挖掘到利空消息。这一结论对投资者应该选择怎样的决策依据具有重要的价值。第二，它不像之前的研究那样主要探讨分析师业绩的差异，本章试图揭示在发展中经济体、关系型社会里，"金牌"分析师们是怎样使用信息的。通过学习一些分析师是怎样吸收并处理信息的，人们可以合理推断其他分析师应用同样的方法也有可能生产出有价值的股票评级。第三，它与主要基于美国市场的实证研究结论将分析师的业绩归属于其个人能力不同，本章研究发现在中国这样的关系型经济体中，分析师通过与上市公司高管的个人联系发现并获取公司信息才是分析师取得璀璨业绩的方式。

文章的研究结论也具有现实意义。第一，本章研究发现当分析师与上市公司高管之间的关系被打破，或者当两项分析师自律准则执行之后，明星分析师评级调整与私有信息之间的正相关关系明显减弱。这一方面说明在信息效率较差的新兴市场上，由于信息披露环境较差，投资者（甚至分析师）仍然希望依靠企业内幕消息做出决策，而其他绝大部分无消息的投资者只能跟风，进行盲目的交易。内幕交易盛行是资本市场发展的恶疾，它将影响普通投资者对市场的信心，降低市场流动性，因此，证券监管机构必须警惕新兴市场中普遍存在的信息不对称现象对于健康股市发展的负面效应。第二，本章研究发现禁止使用内幕消息的分析师行业准则一旦执行，明星分析师评级调整对无形信息的依赖就会减少，这就意味着在新兴市场上，声誉保护动机较弱，约束违法违规行为的市场机制还不成熟，证券监管部门可以依靠行政举措对分析师行为进行制约。

8.1 理论分析与研究假设

以往的研究表明证券分析师有能力识别那些能为投资者带来超额收益的股票。例如，他们有选股能力以及择时能力（Womack，1996）。他们发布的有利或不利的股票评级可以帮助投资者基于信息做出决策（Asquith 等，2005；Jegadeesh 等，2004）。尽管 Lang 和 Lundholm（1996）发现在解释公共信息时分析师不存在显著差异，但是其他一些证据表明由于分析师具有不同的搜集与处理公司特质信息以及非公司提供的信息的能力，因此，高声誉的分析师比其同行能够做出更好的评级（Barber 等，2010；Cowen 等，2006；Desai 等，2000；Fang 和 Yasuda，2014；Gleason 和 Lee，2003；Hong 等，2000；Hong 和 Kubik，2003；Jackson，2005；Lang 和 Lundholm，1996；Leone 和 Wu，2007；Loh 和 Stulz，2011；Stickel，1992，1995；Xu 等，

2013）。例如，Desai 等（2000）提供的证据表明在控制了公司规模及行业之后，华尔街明星分析师的荐股评级具有更高的投资价值，Leone 和 Wu（2007）发现机构投资者对分析师的排名与分析师评级的价值之间具有正相关关系；Ivković和 Jegadeesh（2004）进一步发现，上述价值主要来源于分析师独立地搜集市场不易获取的信息，而非对公开可获得信息的解释。

以往研究表明投资者通常使用公司历史以及当前财务数据并形成投资决策。例如，研究发现投资者对企业过去或现在的业绩信息过度反应（Fama 和 French，1992，1993，1995，1997），这种类型的信息在公司财务报告中很容易获得。但是，通常认为企业未来前景的信息应该比历史财务信息与投资决策更加相关（例如，陆正飞和刘桂进，2002；吴联生，2000；Ergungor 等，2015）。分析师可以通过接触上市公司管理层、电话会议、实地调研来搜集这类型信息（Bowen 等，2002；丁颖颖 等，2003；Ke 和 Yu，2006；Chen 和 Matsumoto，2006；Mayew，2008；赵良玉等，2013；徐媛媛等，2015；曹新伟等，2015；Ergungor 等，2015）。Daniel 和 Titman（2006）将公司股票收益区分为两个部分：其一与过去的业绩相关，其二与过去的业绩不相关。他们发现股票的未来收益与公司会计基础的过去业绩（即"有形信息"）无关。相反，股票的未来收益与公司有关未来业绩的新闻与事件（即"无形信息"）呈强负相关关系。尽管会计基础的有形信息被公开披露，但更隐蔽的无形信息至少部分被分析师私下获取。Daniel 和 Titman（2006）对信息的定义被学术界广泛接受。Jiang（2010）发现随着信息逐渐融入股价，机构投资者倾向于按照无形信息的方向交易，并加剧了股价的过度反应。Sun 等（2011）表明尽管分析师的盈余预测对有形信息更加敏感，但包含着更多主观判断的分析师评级调整，却对无形信息更加敏感。Nikolic 和 Yan（2011）提供的证据表明机构投资者不仅仅使用公司基本面信息，以及尚未融入股价的信息，而且在交易中使用反应未来前景的无形信息。Lee 和 Ghiselli（2011）发现，无形信息大约能解释股票收益变动中的 68%。Liang（2012）检查了无形信息的内在含义，采用研发费用、无形资产，以及未来公司业绩进行衡量，结果发现未来公司业绩与无形信息最为相关。上述研究结论与Daniel和Titman（2006）的命题"无形信息是对公司未来业绩的更好衡量"一致。基于上述讨论，可以预期声誉更高的分析师与其同行相比，应该会赋予无形信息更高的权重。而且，分析师对增量信息的使用也应能很好地体现在其评级调整的过程中（Boni和Womack，2006；Jegadeesh和Kim，2010）。由此提出假设8-1。

H8-1：明星分析师在评级调整时比普通分析师更好地使用了无形信息。

如果明星分析师的股票评级与无形信息之间的关系更强，本章进一步检验这种关系是由于明星分析师优越的信息处理能力，还是由于他们与公司高管有更紧密的关系。Fang和Yasuda（2014）提出如下三种假说去解释明星分析师为何拥有更好的业绩：第一，能力假说。即明星分析师比普通分析师在分析与解释复杂信息方面有更好的天赋或者更丰富的经验。第二，关系假说。即明星分析师比普通分析师在市场难以得到的私人信息的获取方面与上市公司内部人有更好的关系。第三，影响力假说。即由于光环效应，股市对于"明星"分析师发布的评级有更强烈的市场反应。Fang和Yasuda（2014）发现高等级"明星"分析师即便是在他们当选"明星"之前就有出色的业绩，这一发现支持了明星分析师的人力资本观[①]（Xu等，2013）。Leone和Wu（2007）同样发现明星分析师的业绩是具有可持续性，即便在机构投资者推举他们为"明星"之前，这些分析师就被已经被认为是行业领袖。既然能力随着经验的积累应能得到改善，那么本章预期分析师的"明星"地位应该与其经验有关。但是，Leone和Wu（2007）研究了美国市场上超级明星分析师的属性，发现明星分析师的超能力源自于他们的天赋而非经验。既然一个人的能力受到其经验的积累以及（或者）天赋的影响，不会随着时间改变在短期内发生巨大改变，那么，如果"能力假说"成立，那么预期在分析师当选为"明星"之后，不应立刻看到明星分析师对无形信息的使用发生显著的改变。而且，随着时间的延续，经验得以积累，预期经验

---

① 指由于知识与技能的积累所带来的收益。

会强化明星分析师股票评级业绩与无形信息使用之间的正相关关系。据此提出如下"能力假说"（假设 8-2a）：

H8-2a：明星分析师在当选为"明星"前后，其评级调整中对无形信息的使用不会产生显著的差异。但是，经验更丰富的明星分析师在其评级调整中应该会更好地使用无形信息。

但是，"能力假说"有一种替代解释"关系假说"，即明星分析师与普通分析师在无形信息使用上存在的差异，也可能来源于明星分析师更好的"关系"及其与上市公司管理层的更好接触[①]。Cohen 等（2010）发现当分析师与上市公司管理层有校友关系时，分析师评级的业绩每年会上升 6.6%，表明分析师的社会网络方便了私人信息的交流。Ergungor 等（2015）发现通过建立借贷关系，贷方关联分析师的盈余预测比其他非关联方分析师的盈余预测更加准确，这意味着借贷关系方便了不同金融机构之间的信息流动。从历史传统来看，我国的经济活动往往基于个人关系以及非正式合同而非正式的结构与系统展开（Allen 等，2005；La Porta 等，1998）。在这样的环境下，个人关系常常比知识与能力更加重要（Malik，1997），那些具备优越的人际关系以及社交能力的分析师就有可能在劳动力市场上脱颖而出[②]。因此，如果明星分析师的业绩优势主要源自其更好的关系而非能力，则可以预期分析师首次当选为"明星"时可能并不见得比普通分析师有更丰富的经验。

一旦明星分析师通过上市公司高管接触私人信息的途径受到阻碍，或者关系的程度显著缩小，两类分析师业绩的差异就应该会消失。考虑到明星分析师使用上市公司高管提供的无形信息博取业绩优势，那么高管变更就成为无形信息利用发生变化的外生事件。作为高管变更的结果，新任 CEO 对跟踪其股票的分析师的信任程度与亲密程度可能会发生改变，并减少对分析师的信息流出。因此，假如明星分析师获取的信息主要是源自其优越的关系，那么可以预期在上市公司高管变更之后，明星分析师对无形信息的依赖程度将会降低。

---

① 近年来的一些明星分析师披露公司内幕消息的丑闻与"能力假说"不同。例如，中信证券明星分析师张某芳，因其在微信社交平台披露某上市公司的内幕消息被罚款 20 万元。
② Cohen 等（2010）发现卖方分析师的校友关系可以带来股票收益溢价。但是，本章缺乏对分析师与上市公司高管之间的校友关系数据进一步的深入分析。

本章还将分析师行为准则的执行作为分析师利用非公开信息的外生事件。中国证券业协会 2012 年出台的《发布证券研究报告执业规范》及《证券分析师执业行为准则》细化了相关法规条款。首先，它明确了分析师研究报告撰写过程中可使用的信息来源，制定了严格的研究报告撰写程序，防止将上市公司调研、上市公司交流会等过程中获知的内幕信息、非公开重大信息作为投资分析与投资建议的依据。其次，它从激励机制上抑制了明星分析师挖掘内幕消息的动机。最后，它阻隔了以往明星分析师与上市公司高管之间存在的重要联系。因此，这两项规范的执行，使分析师获取并滥用内幕消息的行为受到更加严格的监控。可以预期，准则的执行将会限制分析师利用其与上市公司高管的关系来确保自己的信息优势。因此，假如明星分析师的信息优势源自于接触上市公司的特权而非能力，那么，可以预期准则的执行将会降低明星分析师的评级业绩。据此得到如下"关系假说"（假设 8-2b）：

H8-2b：作为上市公司高管变更或者监管政策变化的结果，明星分析师使用无形信息创造更高评级收益的能力将会显著降低。

8.2　研究设计

8.2.1　样本数据

本章所涉及的分析师股票评级调整、股票收益以及上市公司财务数据均源自 CSMAR 数据库。明星分析师数据源自《新财富》杂志的"最佳分析师"榜单，这也是迄今为止在中国被广泛接受和认可的分析师评级体系。与美国杂志 *Institutional Investor* 的 "All - America Research Team"相似，中国《新财富》杂志的"最佳分析师"评选以证券分析师的主要服务对象——共同基金、社保基金、保险资产管理公司等机构投资者作为评价主体，通过机构投资者的投票打分评选出"最佳分析师"。

本章聚焦于分析师的股票评级而非盈余预测，是因为股票评级更多涉及主观判断，因此对无形信息更加敏感。聚焦于评级调整而非评级的水平，主要是因为以往研究表明评级调整比评级水平更富有信息含量（Boni 和 Womack，2006；Jegadeesh 和 Kim，2010），进而分析师对增量信息的使用应该被更好地反应在评级调整的过程中。本章中只要某一位分析师在本次评级报告发布之前曾经入围《新财富》最佳分析师榜单，就将其定义为"明星分析师"，所有其他的分析师则被定义为"普通分析师"，普通分析师既包括从未曾当选过"最佳"的分析师，也包括本次评级发布之前从未曾当选过"最佳"，但之后的某个时点当选为"最佳"的分析师。由于我国《新财富》杂志自 2003 年年底才开始最佳分析师的评选工作，因此，本章的初始研究样本确定为 2004—2014 年分析师针对沪深两市 A 股非金融类上市公司发布的股票评级。

由于本章的研究对象为分析师的评级调整，因此本章首先剔除了分析师对某只股票初次发布的荐股评级，考虑到分析师给出的投资等级是依据对 6~12 个月内股票收益与市场基准收益的比较做出的，因此剔除了本次评级与上一次评级发布时间的间隔超过 365 天的样本。由于金融类上市公司所采用的会计核算规则不同，为增强可比性，剔除掉金融企业，得到初始样本"股票-分析师-评级调整日"125 159 个。在剔除掉 19 465 个有形信息与无形信息数据缺失值、12 340 个财务数据与交易数据缺失值之后，为了比较明星分析师与普通分析师信息处理过程的差异，还进一步剔除了"股票-年度"仅有明星分析师或普通分析师跟踪的数据 21 107 个，最终得到 3 111 家上市公司的分析师评级调整日 72 247 个。具体样本分布情况见表 8-1 的 Panel A，未报告的表格显示本章的样本企业大多数来源于制造业企业（占比约为 56%），行业分布与我国股票市场的总体行业分布情况类似。本章还对相关连续变量在 1%～99%的水平上进行了 Winsorize 处理。

表 8-1 中的 Panel B 列示了分析师评级调整按照年度以及分析师类型的分布。从中可见，在本章总体样本 72 247 个"分析师-企业-年度"的评级调整中，共有 3 485 个是上调评级（$\Delta REC_{i,j,n}>0$，占比 4.82%），有 3 319 个是下调评级（$\Delta REC_{i,j,n}<0$，占比 4.6%），有 65 443 个保持上次评级水平（$\Delta REC_{i,j,n}=0$，占比 90.58%）。未报告的表格显示最频繁的下调评级是从"强力买入"到"买入"，共 1 970 个观测值。

表8-1　样本选择与分布

Panel A：样本选择

初始样本：CSMAR 数据库中分析师针对非金融类 A 股上市公司发布的评级调整（"分析师-股票-评级调整日"）	125 159
剔除：缺乏估算有形及无形收益相关信息的评级调整	19 465
剔除："股票-年度"财务与交易数据缺乏的评级调整	12 340
剔除："股票-年度"仅有明星分析师或普通分析师跟踪的评级调整	21 107
最终样本	72 247

Panel B：不同年度、评级调整以及分析师类型的样本分布

	明星分析师					普通分析师					公司数量
	△REC>0	△REC=0	△REC<0	小计	占比（%）	△REC>0	△REC=0	△REC<0	小计	占比（%）	
2004	0	8	0	8	0	0	12	3	15	0	5
2005	1	27	0	28	0.19	14	121	16	151	0.26	18
2006	27	188	11	226	1.5	72	567	43	682	1.19	104
2007	7	161	6	174	1.15	42	504	19	565	0.99	83
2008	63	1 035	98	1 196	7.93	233	4 220	416	4 869	8.52	261
2009	115	1 259	94	1 468	9.73	567	5 036	396	5 999	10.5	330
2010	82	1 327	50	1 459	9.67	461	5 718	253	6 432	11.3	380
2011	98	2 727	68	2 893	19.2	391	7 547	384	8 322	14.6	524
2012	62	2 625	150	2 837	18.8	353	9 373	588	10 314	18	532
2013	99	2 693	88	2 880	19.1	450	10 404	402	11 256	19.7	513
2014	55	1 836	23	1 914	12.7	293	8 055	211	8 559	15	361
合计	609	13 886	588	15 083	100	2 876	51 557	2 731	57 164	100	3 111

在 72 247 个"分析师-企业-年度"的评级调整中，有明星分析师发布的评级调整 15 083 个（占比 20.88%），普通分析师发布的评级调整 57 164 个（占比 79.12%）。总体来看，明星分析师与其同行相比发布的评级调整相对较少（明星分析师发布的评级调整占比：7.9%，同行业其他分析师发布的评级调整占比：9.8%）。

8.2.2 变量说明

8.2.2.1 被解释变量

本章的因变量为分析师评级调整的幅度。CSMAR 数据库将每位分析师给出的投资等级由低到高分为"卖出""减持""中性""增持"和"买入"五类，本章分别使用 1~5 这 5 个数字对其赋值（1 为"卖出"，5 为"买入"）。分析师 i 在评级调整日 n 对股票 j 发布的投资等级与分析师 i 前一次对股票 j 发布的投资等级之间的差即为评级调整的幅度，记为 $\triangle REC_{i,j,n}$。例如，分析师 i 对股票 j 在 n 时点发布的评级为 5（即"买入"），前一次发布的评级为 3（即"中性"），则 $\triangle REC_{i,j,n}=2$；如果前后两次给出的投资等级相同，则 $\triangle REC_{i,j,n}=0$。

8.2.2.2 解释变量

（1）有形信息与无形信息。

本章借鉴 Daniel 和 Titman（2006）的方法来衡量有形信息与无形信息。并分别采用 $RT_{j,t}$ 与 $RI_{j,t}$ 来表示股票 j 第 t 年度收益中的有形与无形部分。具体计算步骤如下：

首先，根据股价的变动情况计算股票 j 从第 t 年初到第 t 年末的收益，并取自然对数，记为 $R_{j,(t-1,t)}=LnPrice_{j,t}-LnPrice_{j,t-1}$；分别计算股票 j 第 t 年年末和第 $t-1$ 年年末对数化的账面/市值比，记为 $BM_{j,t}$ 与 $BM_{j,t-1}$。

其次，Daniel 和 Titman（2006）认为 BM 是过去无形收益的较好代理，可以用于预测未来收益，他们认为股票 j 从第 t 年年初到第 t 年年末的对数化的账面权益收益（$RB_{j,(t-1,t)}$），与对数化的股票收益类似，可以被写成 $RB_{j,(t-1,t)}=R_{j,(t-1,t)}+BM_{j,t}-BM_{j,t-1}$。

再次，为了将股票收益区分为有形与无形两个部分，回归如下模型 $R_{j,(t-1,t)}=a_0+a_1\times BM_{j,t-1}+a_2\times RB_{j,(t-1,t)}+\eta$，并估计出参数（$a_0$，$a_1$ 和 a_2）；再计算该模型的拟合值及残差。该模型的拟合值即为股票 j 第 t 年度的有形信息 $RT_{j,t}$，残差 η 即为股票 j 第 t 年度的无形信息 $RI_{j,t}$。

另外，为了确保分析师在修订股票投资等级时已经充分考虑到第 $t-1$ 年股票已实现收益中包含的所有信息，根据 Sun 和 Wei（2011），本章考察从第 $t-1$ 年 6 月至第 t 年 6 月的分析师评级调整（即在分析师评级调整日与股票收益的实现之间存在 6 个月的滞后期）。

（2）管理层变更。如果企业高管或者董事会成员（不含独立董事）在 $t-1$ 年发生变更，则 $MgmtTurnover_{i,j,t-1}=1$；否则，$MgmtTurnover_{i,j,t-1}=0$。

（3）监管规则变革。2012 年分析师行为准则执行之后，则 $RegRestriction_{i,j,n}=1$；否则，$RegRestriction_{i,j,n}=0$。

8.2.2.3 控制变量

首先，借鉴 Firth 等（2012）以及 Sun 和 Wei（2011）的方法，对上市公司特征及股票收益特征进行控制：（1）控制上市公司成长性，用分析师 i 评级调整之前股票 j 的年末账面/市值比的自然对数 $BM_{j,t}$ 来衡量，与分析师层面数据匹配后得到 $BM_{i,j,t}$。（2）控制近期股票收益变动，用分析师 i 评级调整之前 120 个交易日股票 j 的累积收益 $RET120_{i,j,n}$ 来衡量，$RET120_{i,j,n}=LnPrice_{j,n}-LnPrice_{j,n-120}$。（3）控制上市公司规模，用分析师 i 评级调整之前股票 j 年末流通市值的自然对数 $MV_{j,t}$ 来衡量，与分析师层面数据匹配后得到 $MV_{i,j,t}$。（4）控制上市公司受关注程度，用第 t 年度对股票 j 发布报告的分析师人数的自然对数 $NumAnalyst_{j,t}$ 来衡量，与分析师层面数据匹配后得到 $NumAnalyst_{i,j,t}$。

其次，考虑到评级调整的幅度也可能受到分析师个体差异的影响，本章还对分析师特征进行了控制：（1）控制分析师经验，用分析师 i 第 t 年度跟踪股票 j 时，距离分析师 i 初次关注股票 j 的年限的自然对数 $FirmExp_{i,j,t}$ 来衡量。（2）控制分析师评级调整频率，用分析师 i 第 t 年度评级调整次数的自然对数 $RevFreq_{i,j,t}$ 来衡量。（3）控制分析师所在券商规模，用分析师 i 第 t 年度所任职券商雇佣的分析师人数的自然对数

BrokerSize$_{i,j,t}$来衡量。（4）控制分析师的机构客户关联度，如果股票 *j* 第 *t* 年被机构投资者持有，而且该机构是分析师 *i* 所在券商的客户，则 *Relation*$_{i,j,t}$=1，否则 *Relation*$_{i,j,t}$=0。另外，本章还控制了行业与年度虚拟变量。具体变量的定义和度量见表 8-2。

表 8-2　　　　　　　　　　　**变量名称与度量**

变量	符号	变量名称与度量
被解释变量	$\triangle REC_{i,j,n}$	*n* 时点（评级调整日）分析师 *i* 对股票 *j* 发布的投资等级（$REC_{i,j,n}$）与分析师 *i* 上一次对股票 *j* 发布的投资等级（$REC_{i,j,n-1}$）相比评级调整的幅度，$\triangle REC_{i,j,n}=REC_{i,j,n}-REC_{i,j,n-1}$，其中，REC 分为五档：投资等级为"买入"时，$REC_{i,j,n}$=5，"增持"时 $REC_{i,j,n}$=4，"中性"时 $REC_{i,j,n}$=3，"减持"时 $REC_{i,j,n}$=2，"卖出"时 $REC_{i,j,n}$=1
解释变量	$RT_{i,j,t}$ $RI_{i,j,t}$	$RT_{j,t}$ 与 $RI_{j,t}$ 分别表示股票 *j* 第 *t* 年度的有形信息与无形信息。具体由如下步骤计算求得：第一步，根据股价的变动情况计算股票 *j* 从第 *t* 年初到第 *t* 年末的收益，并取自然对数，记为 $R_{j,(t-1,t)}=LnPrice_{j,t}-LnPrice_{j,t-1}$；分别计算股票 *j* 第 *t* 年年末和第 *t*-1 年年末对数化的账面/市值比，记为 $BM_{j,t}$ 与 $BM_{j,t-1}$。第二步，Daniel 和 Titman（2006）认为 BM 是过去无形收益的较好代理，可以用于预测未来收益。他们认为股票 *j* 从第 *t* 年年初到第 *t* 年年末的对数化的账面权益收益（$RB_{j,(t-1,t)}$），与对数化的股票收益类似，可以被写成 $RB_{j,(t-1,t)}=R_{j,(t-1,t)}+BM_{j,t}-BM_{j,t-1}$。第三步，为了将股票收益区分为有形与无形两个部分，回归如下模型 $R_{j,(t-1,t)}=a_0+a_1\times BM_{j,t-1}+a_2\times RB_{j,(t-1,t)}+\eta$，并估计出参数（$a_0$，$a_1$ 和 a_2），再计算该模型的拟合值及残差。该模型的拟合值即为股票 *j* 第 *t* 年度的有形信息 $RT_{j,t}$，残差 η 即为股票 *j* 第 *t* 年度的无形信息 $RI_{j,t}$。第四步，分别与分析师匹配之后得到 $RT_{i,j,t}$ 与 $RI_{i,j,t}$。
	$MgmtTurnover_{i,j,t-1}$	如果企业高管或者董事会成员（不含独立董事）在 *t*-1 年发生变更，则 $MgmtTurnover_{i,j,t-1}$=1，否则，$MgmtTurnover_{i,j,t-1}$=0
	$RegRestriction_{i,j,n}$	如果分析师 *i* 对股票 *j* 在 *n* 时点做出的评级调整发生在 2012 年分析师行为准则执行之后，则 $RegRestriction_{i,j,n}$=1，否则，$RegRestriction_{i,j,n}$=0

续表

变量	符号	变量名称与度量
控制变量	$BM_{i,j,t}$	第 t 年股票 j 的账面价值/市场价值取自然对数得到 $BM_{j,t}$，与分析师层面数据匹配后得到 $BM_{i,j,t}$
	$RET120_{i,j,n}$	分析师 i 评级调整日 n 之前 120 个交易日内股票 j 的收益，$RET120_{i,j,n}=LnPrice_{i,j,n}-LnPrice_{i,j,n-120}$
	$MV_{i,j,t}$	股票 j 第 t 年流通市值取自然对数得到 $MV_{j,t}$，与分析师层面数据匹配后得到 $MV_{i,j,t}$
	$NumAnalyst_{i,j,t}$	第 t 年对股票 j 进行评级调整的所有分析师人数取自然对数得到 $NumAnalyst_{j,t}$，与分析师层面数据匹配得到 $NumAnalyst_{i,j,t}$
	$BrokerSize_{i,j,t}$	分析师 i 第 t 年所任职券商雇佣的分析师人数取自然对数
	$Relation_{i,j,t}$	如果股票 j 第 t 年被机构投资者持有，而且该机构是分析师 i 所在券商的客户，则 $Relation_{i,j,t}=1$，否则 $Relation_{i,j,t}=0$
	$RevFreq_{i,j,t}$	分析师 i 第 t 年评级调整的频率取自然对数
	$FirmEXP_{i,j,n}$	分析师 i 在 n 时点评级调整时已跟踪企业 j 的年限+1，再取自然对数

8.2.3 实证模型

为了验证假设 8-1，借鉴 Sun and Wei（2011）的方法，对分析师总体、明星分析师及普通分析师子样本分别采用 OLogit 方法回归模型 8-1：

$$\triangle REC_{i,j,n}=\beta_0+\beta_1\times RT_{i,j,t}+\beta_2\times RI_{i,j,t}+\gamma\times Control\ Variables+\varepsilon_{i,j,t} \tag{8-1}$$

其中：

$\triangle REC_{i,j,n}$ 代表分析师 i 在 n 时点对股票 j 评级调整的值。

$RT_{i,j,t}$ 与 $RI_{i,j,t}$ 分别表示分析师 i 跟踪的股票 j 第 t 年度的有形信息与无形信息。

根据假设 8-1，预期分析师总样本中模型 8-1 的系数 β_2 不显著为正，但明星分析师样本中模型 8-1 的系数 β_2 应该显著为正，而且会显著大于普通分析师样本中的系数 β_2。

为了验证假设 8-2，在模型 8-1 中添加交叉项进行检验，得到模型 8-2：

$$\triangle REC_{i,j,n}=\beta_0+\beta_1\times RT_{i,j,t}+\beta_2\times RI_{i,j,t}+\beta_3\times RT_{j,t}\times FirmExp_{i,j,n}(Access_{i,j,n})+\beta_4\times RI_{j,t}\times$$
$$FirmExp_{i,j,n}(Access_{i,j,n})+\beta_5\times FirmExp_{i,j,n}(Access_{i,j,n})+\Gamma\times ControlVariables+\varepsilon_{i,j,t}$$

$$(8-2)$$

其中：

$FirmExp_{i,j,n}$即分析师的经验变量，用来衡量分析师的能力大小。

$Access_{i,j,n}$用来衡量分析师的关系，具体又包括第 $t-1$ 年度是否有高管变更哑变量（$MgmtTurnover_{i,j,t-1}$，有变更为 1，否则为 0），以及评级调整时是否两项行业自律规则已开始执行哑变量（$RegRestriction_{i,j,n}$，执行后为 1，否则为 0）。

如果假设 8-2a 成立，则预期模型 8-2 中交叉项 $RI_{j,t}\times FirmExp_{i,j,n}$的系数 β_4 应该显著为正，并且明星分析师子样本中的系数 β_4 应该显著大于普通分析师子样本中的系数 β_4。如果假设 8-2b 成立，则预期明星分析师子样本中模型（8-2）交叉项 $RI_{j,t}\times Access_{i,j,n}$的系数 β_4 应该显著为负，并且明星分析师子样本中的系数 β_4 的绝对值应该显著大于普通分析师子样本中的系数 β_4 的绝对值。

8.3 实证结果

8.3.1 单变量分析

描述性统计见表 8-3。

表 8-3　　　　　　　　　　描述性统计

Panel A：全样本描述性统计（$N=72\ 247$）

变量	平均数	P25	中位数	P75	Std. dev.
$\triangle REC_{i,j,n}$	0.001	0	0	0	0.387
$RT_{i,j,t}$	−0.04	−0.249	−0.006	0.19	0.329
$RI_{i,j,t}$	−0	−0.329	−0.031	0.292	0.472

续表

变量	平均数	P25	中位数	P75	Std. dev.
$BM_{i,j,t}$	−1.1	−1.592	−1.093	−0.593	0.721
$RET120_{i,j,n}$	−0.03	−0.213	−0.004	0.194	0.37
$MV_{i,j,t}$	22.9	21.958	22.798	23.741	1.305
$NumAnalyst_{i,j,t}$	2.755	2.398	2.773	3.091	0.516
$BrokerSize_{i,j,t}$	3.56	3.296	3.714	3.932	0.635
$Relation_{i,j,t}$	0.835	1	1	1	0.371
$RevFreq_{i,j,t}$	1.066	0.693	1.099	1.609	0.709
$FirmExp_{i,j,n}$	0.45	0	0	0.693	0.544
$MgmtTurnover_{i,j,t-1}$	0.216	0	0	0	0.412
$RegRestriction_{i,j,n}$	0.396	0	0	1	0.489

Panel B：明星与普通分析师均值差异检验

变量		明星分析师	普通分析师	差异
$\triangle REC_{i,j,n}$	平均数	−0.001	0.001	−0.002
	中位数	0	0	0
$RT_{i,j,t}$	平均数	−0.041	−0.041	0.0003
	中位数	−0.011	−0.005	−0.006
$RI_{i,j,t}$	平均数	−0.024	0.004	−0.028***
	中位数	−0.068	−0.022	−0.046***
$BM_{i,j,t}$	平均数	−1.061	−1.104	0.043***
	中位数	−1.065	−1.105	0.040***
$RET120_{i,j,n}$	平均数	−0.025	−0.033	0.008**
	中位数	−0.003	−0.004	0.0007
$MV_{i,j,t}$	平均数	22.816	22.923	−0.106***
	中位数	22.714	22.811	−0.098***

续表

变量		明星分析师	普通分析师	差异
$NumAnalyst_{i,j,t}$	平均数	2.654	2.781	-0.127^{***}
	中位数	2.708	2.833	-0.125^{***}
$BrokerSize_{i,j,t}$	平均数	3.751	3.509	0.242^{***}
	中位数	3.784	3.638	0.147^{***}
$Relation_{i,j,t}$	平均数	0.87	0.826	0.044^{***}
	中位数	1	1	0^{***}
$RevFreq_{i,j,t}$	平均数	1.183	1.035	0.149^{***}
	中位数	1.099	1.099	0^{***}
$FirmExp_{i,j,n}$	平均数	0.692	0.387	0.306^{***}
	中位数	0.693	0	0.693^{***}
$MgmtTurnover_{i,j,t-t}$	平均数	0.208	0.219	-0.011^{***}
	中位数	0	0	0^{***}
$RegRestriction_{i,j,n}$	平均数	0.358	0.406	-0.048^{***}
	中位数	0	0	0^{***}
N		15 083	57 164	

注：***、**、*分别表示在1%、5%和10%的双尾检验显著性水平，分别采用均值差异T检验方法，以及中位数差异Z检验方法。

表8-3的A栏为分析师全样本的描述性统计，从中可见，在样本期间，分析师评级调整$\triangle REC_{i,j,t}$的均值（中位数）为0.001（0），有形收益$RT_{i,j,t}$与无形收益$RI_{i,j,t}$的均值分别为-4.1%与-0.2%，其标准差较大意味着有形信息与无形信息在截面及时间序列上均存在较大的差异。本章样本中账面市值比$BM_{i,j,t}$的平均原值为0.335（对数化后为-1.095），股票120日的收益（$RET120_{i,j,n}$）为-3.1%，股票每年的平均市值（$MV_{i,j,t}$）为88亿元人民币，平均被15位分析师跟踪（$NumAnalyst_{i,j,t}$），每家券商平均雇用35名分析师（$BrokerSize_{i,j,t}$），每位

分析师每年平均发布研究报告 3 次（$RevFreq_{i,j,t}$），分析师平均跟踪每家企业的时间大约为 0.86 年（$FirmExp_{i,j,n}$）。

表 8-3 的 B 栏为明星分析师与普通分析师各变量的均值（中位数）及其差异对比的 T 检验（Z 检验）结果，从中可见，明星分析师与普通分析师发布的评级调整 $\triangle REC_{i,j,n}$ 以及有形信息 $RT_{i,j,t}$ 的均值与中位数均无显著差异，但明星分析师比普通分析师所跟踪股票的无形信息 $RI_{i,j,t}$ 显著更低、账面/市值比 $BM_{i,j,t}$ 显著更高、市值 $MV_{i,j,t}$ 显著更小、受关注程度 $NumAnalyst_{i,j,t}$ 显著更低。初步表明明星分析师更多关注了当前收益较差、不受市场重视的"冷门股"，与"热门股"相比，这些股票往往预测难度更大，普通分析师难以把握其股价的未来走势，轻易不愿意对其发布评级。另外，由分析师特征指标的对比可见，明星分析师受雇的券商规模 $BrokerSize_{i,j,t}$ 更大，客户关联证券 $Relation_{i,j,t}$ 更多，明星分析师的预测频率 $RevFreq_{i,j,t}$ 显著更高，企业经验 $FirmExp_{i,j,n}$ 也更加丰富。这些基本的结论与假设 8-1 相吻合，意味着明星分析师有能力解释那些可以为投资者带来超额收益的非财务、无形信息。

表 8-4 为分析师总样本的相关性分析。

表 8-4 中，分析师的评级调整 $\triangle REC_{i,j,n}$ 与有形信息 $RT_{i,j,t}$、无形信息 $RI_{i,j,t}$、120 个交易日的股票收益 $RET120_{i,j,n}$、分析师关注度 $NumAnalyst_{i,j,t}$、机构客户关联度 $Relation_{i,j,t}$、分析师所在券商规模 $BrokerSize_{i,j,t}$、分析师报告频率 $RevFreq_{i,j,t}$ 均正相关，与公司市值 $MV_{i,j,t}$、分析师的企业经验 $FirmExp_{i,j,n}$ 负相关。而且 $RI_{i,j,t}$ 与 $BM_{i,j,t}$ 显著负相关，支持了 Daniel 和 Titman（2006）的观点：BM 是无形信息的较好代理变量。

8.3.2 使用有形信息与无形信息程度的多元回归分析

表 8-5 是模型 8-1 的 OLogit 多元回归结果。

表 8-5 中，第（1）列为分析师总样本回归结果，第（2）、第（3）列为明星分析师以及普通分析师子样本的回归结果。第（1）列的结果表明，分析师评级调整与无形信息相关，但是与公司具体的会计信息并不相关。分析师倾向于对那些有较高的近期收益（$RET120_{i,j,n}$），较小的市值（$MV_{i,j,t}$），较受分析师关注（$NumAnalyst_{i,j,t}$），以及被机构

表 8-4

相关性分析

变量	1	2	3	4	5	6	7	8	9	10	11
1. $\triangle REC_{i,j,n}$		0.037	0.071	0.007	0.086	-0.015	0.007	0.007	0.013	0.014	-0.012
2. $RT_{i,j,t}$	0.036		0.135	0.519	0.315	0.053	-0.010	0.064	0.017	0.039	0.031
3. $RI_{i,j,t}$	0.069	0.163		-0.317	0.412	-0.082	-0.025	0.043	-0.020	0.004	-0.028
4. $BM_{i,j,t}$	0.008	0.495	-0.312		0.145	0.007	-0.024	0.086	0.053	0.025	0.066
5. $RET120_{i,j,n}$	0.082	0.364	0.421	0.182		-0.128	-0.020	0.066	0.012	0.027	0.029
6. $MV_{i,j,t}$	-0.011	0.059	-0.087	0.034	-0.122		0.481	0.050	0.034	0.116	0.161
7. $NumAnalyst_{i,j,t}$	0.002	-0.014	-0.032	-0.025	-0.024	0.497		0.048	0.056	0.161	0.122
8. $BrokerSize_{i,j,t}$	0.009	0.056	0.026	0.083	0.062	0.040	0.039		0.150	0.121	0.046
9. $Relation_{i,j,t}$	0.015	0.016	-0.021	0.053	0.023	0.037	0.063	0.146		0.049	0.037
10. $RevFreq_{i,j,t}$	0.011	0.041	-0.004	0.042	0.027	0.130	0.160	0.144	0.051		0.245
11. $FirmExp_{i,j,n}$	-0.009	0.033	-0.031	0.076	0.041	0.185	0.129	0.072	0.039	0.23	

注：（1）上三角为 Spearman 相关性分析结果，下三角为 Pearson 相关性分析结果；
（2）黑体数字表示在 5% 及以下的水平显著。

表 8-5   分析师的评级调整与无形信息

变量	分析师总体 （1）	明星分析师 （2）	普通分析师 （3）
$RT_{i,j,t}$	0.008	0.162	−0.021
	（0.077）	（0.921）	（−0.221）
$RI_{i,j,t}$	0.222***	0.364***	0.200**
	（2.801）	（3.787）	（2.305）
$BM_{i,j,t}$	0.021	0.026	0.021
	（0.329）	（0.406）	（0.337）
$RET120_{i,j,n}$	0.604***	0.472**	0.624***
	（5.453）	（2.211）	（6.137）
$MV_{i,j,t}$	−0.027***	−0.003	−0.031***
	（−3.995）	（−0.083）	（−2.950）
$NumAnalyst_{i,j,t}$	0.116***	0.022	0.142***
	（2.619）	（0.257）	（3.530）
$BrokerSize_{i,j,t}$	0.021	0.109	0.011
	（0.586）	（1.077）	（0.297）
$Relation_{i,j,t}$	0.123***	0.051	0.137***
	（2.893）	（0.430）	（3.906）
$RevFreq_{i,j,t}$	0.078	0.055	0.082
	（1.358）	（0.623）	（1.562）
$FirmExp_{i,j,n}$	−0.128***	−0.139***	−0.127***
	（−4.069）	（−3.922）	（−3.027）
行业哑变量	控制	控制	控制
年度哑变量	控制	控制	控制
N	72 247	15 083	57 164
$Pseudo\ R^2$	0.015	0.017	0.015

明星分析师与普通分析师 $RT_{i,j,t}$ 的系数差异检验：

$$\chi^2 = 1.71$$

明星分析师与普通分析师 $RI_{i,j,t}$ 的系数差异检验：

$$\chi^2 = 6.19^{**}$$

注：（1）圆括号内为经个股及年度聚类调整得到的双尾检验 t 值；

（2）***、**、*分别表示在 1%、5% 和 10% 的显著性水平。

客户持有（$Relation_{i,j,t}$）的股票做出上调评级。另外，还可以看到经验丰富（$FirmExp_{i,j,n}$）的分析师更有可能发布下调评级。

第（2）、第（3）列显示，在控制了企业即分析师特征之后，在明星分析师子样本中无形信息的系数 $RI_{i,j,t}$ 为 0.364，在 1%的水平上显著。在普通分析师子样本中无形信息的系数 $RI_{i,j,t}$ 为 0.200，在 5%的水平上显著。另外，卡方统计量表明，明星分析师与普通分析师子样本中，有形信息 $RT_{i,j,t}$ 的系数并无显著差异（χ^2=1.71），但无形信息的系数 $RI_{i,j,t}$ 存在显著的差异（χ^2=6.19）。上述结果支持了假设 8-1，即明星分析师比普通分析师在修订评级时会赋予无形信息更高的权重。

根据 Daniel 和 Titman（2006），股价运动对如下三方面做出反应：（1）与企业当前会计业绩相关的有形信息。（2）与未来增长前景相关的无形信息。（3）与未来增长不相关的由于投资者情绪波动导致的纯粹的噪声。尽管前文多元回归结果与明星分析师的评级调整对无形信息更加敏感的观点一致，但这种敏感性也可能是由于偶发因素或者噪声导致的。为了识别哪些分析师的评级调整可以为投资者在较长的一段时间内赚取显著更高的超额收益，借鉴 Barber et al.（2006，2007）及 Fang 和 Yasuda（2014）的研究方法，计算不同持有期间（1 个月，3 个月，6 个月，12 个月）的风险调整后收益，并比较如下四个不同证券组合中收益的差异：（1）明星分析师推荐的买入组合。包括被明星分析师上调评级至"买入"或"强力买入"的所有股票。（2）普通分析师推荐的买入组合。包括被普通分析师上调评级至"买入"或"强力买入"的所有股票。（3）明星分析师推荐的卖出组合。包括被明星分析师下调评级至"卖出"或"强力卖出"的所有股票。（4）普通分析师推荐的卖出组合。包括被普通分析师下调评级至"卖出"或"强力卖出"的所有股票。

风险调整收益的具体计算步骤如下：第一步，确定每一日 d 的四类投资组合：明星分析师上调评级组合及下调评级组合、普通分析师上调评级组合及下调评级组合。第二步，计算每只股票 j 在 d 日之前 120 个交易日的收益（即为股票 j 自每个评级调整日 n 开始持有 120 个交易日的收益），$X_{(j,n,d-1)}=R_{(j,n)} \times R_{(j,n+1)} \times \cdots \cdots \times R_{(j,d-1)}$；其中，$R_{(j,n)}$ 为股票 j 在 n 日的收益。第三步，先根据股票 j 在 d 日的收益 $R_{(j,d)}$ 计算每一次评级调

整时对应的值 $X_{(j,n,d-1)} * R_{(j,d)}$，再计算每个组合中所有样本的相应合计数，并得出各组合 P 第 d 日的组合收益：$R_{(p,d)} = \sum [X_{(j,n,d-1)} \times R_{(j,d)}] / \sum X_{(j,n,d-1)}$。第四步，确定每个 d 日的价值权重的市场收益及无风险利率：$R_{(m,d)}$ 及 $R_{(f,d)}$。其中，无风险利率按距离最近的年活期存款利率折算。第五步，从 RESSET 数据库得到 d 日 FF 及 Carhart 模型的其他各个因子，并根据如下 CAPM、FF 三因素及 Carhart 四因素模型计算每个组合 P 的风险调整收益 Alpha（α_p）。

$$R_{p,t} - R_{f,t} = \alpha_p + \beta_p \times (R_{m,t} - R_{f,t}) + \varepsilon_{p,t}$$

$$R_{p,t} - R_{f,t} = \alpha_p + \beta_{p1} \times (R_{m,t} - R_{f,t}) + s_p \times SMBt + h_p \times HMLt + \varepsilon_{p,t}$$

$$R_{p,t} - R_{f,t} = \alpha_p + \beta_{p1} \times (R_{m,t} - R_{f,t}) + s_p \times SMBt + h_p \times HMLt + m_p \times WMLt + \varepsilon_{p,t}$$

计算结果见表 8-6。从表 8-6 中可见，在评级调整之后的 6 个月内，明星分析师买入评级组合比普通分析师相应组合的每日平均风险调整收益高出 0.26%~0.33%。在评级调整之后的 12 个月内，明星分析师卖出评级组合比普通分析师相应评级组合的每日平均风险调整收益低 0.31%~0.39%。结果表明明星分析师的评级调整比普通分析师的评级调整中吸收了更多关于企业未来增长前景的无形信息，而且这一现象在明星分析师发布卖出评级时表现得更为明显。这一结论与 Hsieh et al.（2007）的观点相吻合，Hsieh et al.（2007）发现分析师发布负面信息时包含了更多信息。

8.3.3 对"能力假说"与"关系假说"的多元回归分析

在证明了明星分析师评级调整时会赋予无形信息更高权重之后，检验其信息优势源自于更强的能力（用经验来衡量），还是与上市公司高管更好的接触效果。描述性统计表明明星分析师在第一次当选时的公司经验并不比普通分析师更长（1.7 年 vs.1.8 年），比较其从业经验得到类似的结论（未报告表格）。多元回归结果同样表明首次当选为"明星"的分析师与普通分析师对有形信息与无形信息的使用并不存在显著差异（未报告表格）。总体来看，上述结果并不支持经验假说。

表 8-7 为假设 8-2a 的检验结果。

表 8-6　　　　明星分析师与普通分析师买卖投资组合在不同持有期的风险调整后收益

变量	持有 1 个月			持有 3 个月			持有 6 个月			持有 12 个月		
	明星分析师	普通分析师	差异	明星分析师	普通分析师	差异	明星分析师	普通分析师	差异	明星分析师	普通分析师	差异
Panel A：买入评级												
Market-adjusted alpha	0.56%	0.30%	0.26%*	0.56%	0.30%	0.26%*	0.56%	0.30%	0.26%*	0.44%	0.26%	0.18%
FF 3-factor alpha	0.56%	0.29%	0.27%*	0.56%	0.29%	0.27%*	0.56%	0.29%	0.27%*	0.47%	0.25%	0.22%
Carhart 4-factor alpha	0.62%	0.30%	0.32%**	0.62%	0.30%	0.32%**	0.62%	0.29%	0.33%**	0.56%	0.25%	0.31%*
Panel B：卖出评级												
Market-adjusted alpha	−0.91%	−0.59%	−0.32%**	−0.91%	−0.59%	−0.32%**	−0.93%	−0.59%	−0.34%**	−0.93%	−0.62%	−0.31%*
FF 3-factor alpha	−0.91%	−0.55%	−0.36%**	−0.91%	−0.55%	−0.36%**	−0.93%	−0.56%	−0.37%**	−0.94%	−0.55%	−0.39%**
Carhart 4-factor alpha	−0.89%	−0.54%	−0.35%**	−0.89%	−0.54%	−0.35%**	−0.90%	−0.54%	−0.36%**	−0.90%	−0.55%	−0.35%*

注：**、*分别表示在 5% 和 10% 的显著性水平上，明星分析师与普通分析师买卖评级构成的投资组合的风险调整收益（alpha）的差异。

表 8-7   评级调整与无形信息的关系："能力假说"的检验

变量	分析师总体 （1）	明星分析师 （2）	普通分析师 （3）	当选明星之前 （4）	当选明星之后 （5）
$RT_{i,j,t}$	−0.097	0.035	−0.136	0.226	0.162
	（−0.855）	（0.206）	（−1.234）	（0.927）	（0.921）
$RI_{i,j,t}$	0.271***	0.397***	0.230**	0.202*	0.364***
	（2.764）	（3.157）	（2.411）	（1.791）	（3.787）
$RT_{i,j,t} \times FirmExp_{i,j,n}$	0.272***	0.210**	0.332***		
	（4.768）	（2.080）	（3.903）		
$RI_{i,j,t} \times FirmExp_{i,j,n}$	−0.045	−0.057	−0.012		
	（−1.325）	（−0.852）	（−0.420）		
$BM_{i,j,t}$	0.027	0.019	0.028	−0.012	0.026
	（0.455）	（0.292）	（0.484）	（−0.114）	（0.406）
$RET120_{i,j,n}$	0.594***	0.481**	0.620***	0.536***	0.472**
	（4.996）	（2.268）	（5.713）	（2.605）	（2.211）
$MV_{i,j,t}$	−0.027***	−0.004	−0.032***	−0.039	−0.003
	（−3.970）	（−0.107）	（−2.935）	（−0.955）	（−0.083）
$NumAnalyst_{i,j,t}$	0.115***	0.021	0.141***	0.003	0.022
	（2.601）	（0.246）	（3.470）	（0.021）	（0.257）
$BrokerSize_{i,j,t}$	0.025	0.112	0.015	0.135	0.109
	（0.676）	（1.104）	（0.373）	（0.980）	（1.077）
$Relation_{i,j,t}$	0.122***	0.049	0.136***	−0.003	0.051
	（2.871）	（0.415）	（3.873）	（−0.023）	（0.430）
$RevFreq_{i,j,t}$	0.078	0.057	0.082	0.103	0.055
	（1.362）	（0.653）	（1.548）	（1.580）	（0.623）

变量	分析师总体 （1）	明星分析师 （2）	普通分析师 （3）	当选明星之前 （4）	当选明星之后 （5）
$FirmExp_{i,j,n}$	-0.121^{***}	-0.133^{***}	-0.118^{***}	-0.170^{***}	-0.139^{***}
	(-4.479)	(-3.551)	(-3.728)	(-2.915)	(-3.922)
年度	控制	控制	控制	控制	控制
行业	控制	控制	控制	控制	控制
N	72 247	15 083	57 164	6 608	15 083
$Pseudo\ R^2$	0.015	0.017	0.016	0.023	0.017

明星分析师与普通分析师 $RI_{i,j,t}\times FirmExp_{i,j,n}$ 的系数差异检验：

$$\chi^2=0.42$$

明星分析师当选为"明星"前后 $RT_{i,j,t}$ 的系数差异检验：

$$\chi^2=0.08$$

明星分析师当选为"明星"前后 $RI_{i,j,t}$ 的系数差异检验：

$$\chi^2=2.78^*$$

注：（1）圆括号内为经个股及年度聚类调整得到的双尾检验 t 值。

（2）***、**、*分别表示在 1%、5%和 10%的显著性水平。

由表 8-7 中第（1）、第（2）、第（3）列可见，随着分析师经验的增加（无论是否明星分析师），$RT_{i,j,t}$ 的系数均显著增加，意味着经验会强化有形信息对评级调整的影响。但是，$RI_{i,j,t}$ 系数的斜率却不会随着经验的增减而发生变化。上述结果表明尽管经验可以帮助分析师解释有形信息，但却不能帮助他们处理无形信息。第（4）、第（5）列报告了分析师在当选为"明星"前后的回归结果。可见，分析师是否当选"明星"成为一个清晰的界限：分析师在当选为"明星"之后其评级调整会变得更加依赖无形信息（$\chi^2=2.78$）。如果"能力假说"成立，应该不会看到分析师当选为"明星"之后，其评级调整中立刻使用了更多的无形信息。因此，上述结果与假设 8-2a，即"能力假说"不一致。

为了检验明星分析师更好的业绩是否来源于其与上市公司高管之间更好的关系，本章利用如下两个外生事件：其一是上市公司高管变更，其二是证券业协会发布《发布证券研究报告执业规范》以及《证券分析师执业行为准则》。这两个事件都有可能改变明星分析师评级调整时对无形信息的使用。

表 8-8 报告了对假设 8-2b 的检验结果，即检验了上市公司高管变更以及信息的使用怎样影响（加强还是削弱）分析师评级调整对有形信息及无形信息的敏感性。

表 8-8　　评级调整与无形信息的关系："关系假说"的检验

变量	Access = Management turnover			Access = Regulation restriction		
	分析师总体（1）	明星分析师（2）	普通分析师（3）	分析师总体（4）	明星分析师（5）	普通分析师（6）
$RT_{i,j,t}$	0.033	0.183	0.005	0.059	0.207	0.030
	(0.361)	(1.087)	(0.059)	(0.539)	(1.329)	(0.268)
$RI_{i,j,t}$	0.309***	0.447***	0.279***	0.335**	0.488***	0.297**
	(3.460)	(4.909)	(2.820)	(2.361)	(3.364)	(2.041)
$RT_{i,j,t} \times Access$	−0.075	−0.070	−0.089	−0.101	−0.122	−0.098
	(−0.973)	(−0.341)	(−1.272)	(−0.907)	(−0.661)	(−0.870)
$RI_{i,j,t} \times Access$	−0.240***	−0.587***	−0.216***	−0.215	−0.389**	−0.175
	(−3.765)	(−3.168)	(−3.341)	(−1.448)	(−2.399)	(−1.171)
$Access$	0.070**	0.007	0.080**	0.486***	0.779***	0.425***
	(2.021)	(0.071)	(2.024)	(8.723)	(7.917)	(8.483)
$BM_{i,j,t}$	0.028	0.019	0.027	0.028	0.017	0.028
	(0.484)	(0.302)	(0.473)	(0.504)	(0.290)	(0.496)
$RET120_{i,j,n}$	0.571***	0.469**	0.593***	0.569***	0.447**	0.593***
	(5.029)	(2.248)	(5.685)	(5.633)	(2.395)	(6.256)
$MV_{i,j,t}$	−0.027***	−0.004	−0.032***	−0.027***	−0.009	−0.031***
	(−3.513)	(−0.092)	(−2.816)	(−3.424)	(−0.228)	(−2.745)
$NumAnalyst_{i,j,t}$	0.120***	0.026	0.145***	0.117***	0.028	0.142***
	(2.663)	(0.315)	(3.548)	(2.620)	(0.326)	(3.528)

变量	Access = Management turnover			Access = Regulation restriction		
	分析师总体（1）	明星分析师（2）	普通分析师（3）	分析师总体（4）	明星分析师（5）	普通分析师（6）
$BrokerSize_{i,j,t}$	0.021	0.111	0.010	0.010	0.061	0.002
	(0.577)	(1.095)	(0.271)	(0.303)	(0.560)	(0.071)
$Relation_{i,j,t}$	0.123***	0.050	0.136***	0.128***	0.068	0.139***
	(2.922)	(0.417)	(3.962)	(3.183)	(0.560)	(4.258)
$RevFreq_{i,j,t}$	0.078	0.055	0.082	0.082	0.062	0.086
	(1.351)	(0.625)	(1.554)	(1.393)	(0.681)	(1.593)
$FirmExp_{i,j,n}$	−0.130***	−0.143***	−0.129***	−0.131***	−0.137***	−0.131***
	(−4.082)	(−3.903)	(−3.093)	(−4.111)	(−3.933)	(−3.102)
年度	控制	控制	控制	控制	控制	控制
行业	控制	控制	控制	控制	控制	控制
N	72,247	15,083	57,164	72,247	15,083	57,164
$Pseudo\ R^2$	0.015	0.018	0.016	0.016	0.020	0.016

明星分析师与普通分析师 $RT_{i,j,t} \times Access$ 的系数差异检验：

$\chi^2 = 0.01$	$\chi^2 = 0.02$

明星分析师与普通分析师 $RI_{i,j,t} \times Access$ 的系数差异检验：

$\chi^2 = 3.16^*$	$\chi^2 = 11.38^{**}$

注：（1）圆括号内为经个股及年度聚类调整得到的双尾检验 T 值；

（2）***、**、*分别表示在 1%、5% 和 10% 的显著性水平。

表 8-8 中，第（2）列的结果表明尽管在高管变更之前，明星分析师修订评级时更加依赖无形信息（$RI_{i,j,t}$ 的系数为 0.447，t 值为 4.909），但上市公司高管变更影响了私人信息从企业向分析师的流动，因而高管变更之后明星分析师评级调整对无形信息的依赖显著减弱（$RI_{i,j,t} \times Access$ 的系数为 −0.587）。第（3）列的结果表明尽管高管变更也会减弱普通分析师对无形信息的使用，但减弱的程度比明星分析师相应的程度低

（−0.216 vs.−0.587，χ^2=3.16）。

第（5）、第（6）列报告了监管规则的改变是否影响了明星分析师相对普通分析师的信息优势。假如明星分析师的信息优势源于其高超的信息处理能力，那么行业自律规则不应该明显影响其评级收益。但是，假如明星分析师的信息优势源于其与上市公司高管之间的关系，那么监管变得更严将会抑制分析师的信息优势。结果发现明星分析师 $RI_{i,j,t}$ 的系数为 0.488（t−stat.=3.364，p−value= 0.001），普通分析师 $RI_{i,j,t}$ 的系数为 0.297，与假设 8−1 一致，即在监管规则执行之前，明星分析师的评级调整更多地依赖无形信息。交叉项 $RI_{i,j,t} \times Access$ 用于捕捉是否那些更可能通过高管关系获取私人信息的分析师在监管规则改变之后，曾经的好处会减少。不难发现，在明星分析师子样本中，交叉项 $RI_{i,j,t} \times Access$ 的系数为−0.389（t−stat.=2.399，p−value=0.016），结合效应（即 0.488−0.389=0.099）较小，并且在统计上与 0 无显著差异（χ^2=2.13，p−value=0.145）。上述结果表明：监管规则限制了明星分析师对无形信息的使用。尽管监管规则也同样减少了普通分析师对无形信息的使用，但减少的程度显著较低（−0.175 vs.−0.389，χ^2=11.38）。总体来看，上述结果表明在一定程度上，公司高管变更以及监管规则的改变对于明星分析师更好地接触上市公司高管是一种外生冲击，这意味着接触上市公司高管与评级价值之间存在因果关系。上述结果支持了本章的假设 8−2b。

8.3.4　稳健性检验

本章对主要回归结果进行如下敏感性测试，结果报告在表 8−9 中。

第一，考虑到在总样本中评级水平未发生变化的样本量占到 90.58%，这些评级水平未发生变化的评级调整可能包含的信息较少，因此，对剔除掉 △REC=0 的样本之后，重新回归模型 8−1 与模型 8−2。回归结果列示在表 8−9 的 Panel A 中。

由表 8−9 中第（2）、第（3）列可见，与普通分析师相比，明星分析师上（下）调评级时对无形信息的依赖程度更高（0.708 vs.0.290，χ^2=8.36）。但是，由第（5）~第（8）列可见，当上市公司高管变更或者分析师面临更严格的行业纪律时，明星分析师对无形信息的依赖程度会显著降低。

表8-9

稳健性检验

Panel A: 剔除ΔREC=0的样本

变量	Baseline			Access = Management turnover			Access = Regulation restriction		
	分析师总体	明星分析师	普通分析师	分析师总体	明星分析师	普通分析师	分析师总体	明星分析师	普通分析师
	(1)	(2)	(3)	(4)	(5)	(6)	(7)	(8)	(9)
$RT_{i,j,t}$	0.015	0.151	−0.019	−0.009	0.160	−0.047	0.009	0.269	−0.063
	(0.113)	(0.688)	(−0.137)	(−0.084)	(0.706)	(−0.416)	(0.055)	(0.875)	(−0.390)
$RI_{i,j,t}$	0.371**	0.708***	0.290*	0.386***	0.788***	0.298**	0.504**	0.809***	0.416**
	(2.444)	(3.928)	(1.879)	(2.650)	(4.134)	(1.969)	(2.528)	(3.651)	(2.088)
$RT_{i,j,t}×Access$				0.156	−0.009	0.170	0.245	0.197	0.244
				(0.865)	(−0.027)	(0.905)	(0.918)	(0.447)	(0.980)
$RI_{i,j,t}×Access$				0.093	−0.768*	−0.024	0.203	−0.567*	0.306
				(−0.694)	(−1.958)	(−0.159)	(0.716)	(−1.697)	(1.017)
$Access$				0.064	−0.076	0.089	0.993***	1.222***	0.935***
				(0.693)	(−0.376)	(0.965)	(18.870)	(10.347)	(15.274)
控制变量	控制	控制	控制	控制	控制	控制	控制	控制	控制
N	6 804	1 197	5 607	6 804	1 197	5 607	6 804	1 197	5 607
$Pseudo\ R^2$	0.040	0.053	0.040	0.040	0.053	0.040	0.086	0.099	0.087
χ^2		χ^2=8.36***			χ^2=2.81			χ^2=4.71**	

续表

Panel B：将评级水平（投资等级）作为因变量

变量	(1)	(2)	(3)	(4)	(5)	(6)	(7)	(8)	(9)
$RT_{i,j,t}$	0.277***	0.352***	0.256***	0.257***	0.381***	0.228***	0.242***	0.343***	0.222***
	(8.488)	(4.935)	(6.965)	(7.306)	(4.971)	(5.732)	(6.245)	(4.148)	(5.053)
$RI_{i,j,t}$	0.285***	0.403***	0.244***	0.307***	0.420***	0.268***	0.299***	0.551***	0.210***
	(9.924)	(5.756)	(7.580)	(10.066)	(6.179)	(7.813)	(8.734)	(7.284)	(5.436)
$RT_{i,j,t} \times Access$				0.068	-0.132	0.103	0.100*	0.062	0.090
				(1.131)	(-0.984)	(1.516)	(1.696)	(0.471)	(1.365)
$RI_{i,j,t} \times Access$				-0.077	-0.389**	-0.075	-0.042	-0.497***	0.087
				(-1.605)	(-2.084)	(-1.400)	(-0.835)	(-4.356)	(1.548)
$Access$				-0.034	-0.001	-0.031	-0.018	-0.215**	0.004
				(-1.635)	(-0.016)	(-1.357)	(-0.426)	(-2.175)	(0.084)
控制变量	控制	控制	控制	控制	控制	控制	控制	控制	控制
N	72 247	15 083	57 164	72 247	15 083	57 164	72 247	15 083	57 164
$Pseudo\ R^2$	0.053	0.067	0.055	0.053	0.068	0.055	0.053	0.068	0.055
χ^2		$\chi^2=4.18^{**}$			$\chi^2=2.76^{*}$			$\chi^2=21.10^{**}$	

续表

Panel C：将相对评级水平（*Relative Recommendations*）作为因变量

变量	(1)	(2)	(3)	(4)	(5)	(6)	(7)	(8)	(9)
$RT_{i,j,t}$	0.005	0.025	0.000	0.014	0.040	0.008	0.014	0.028	0.014
	(0.676)	(1.355)	(0.054)	(1.198)	(1.201)	(0.424)	(1.409)	(1.288)	(1.239)
$RI_{i,j,t}$	0.031***	0.064***	0.023***	0.049**	0.073*	0.044	0.050***	0.111***	0.033***
	(3.904)	(3.353)	(2.582)	(2.465)	(1.950)	(1.672)	(5.798)	(5.637)	(3.395)
$RT_{i,j,t} \times Access$				−0.022	−0.062	−0.016	−0.008	0.023	−0.021
				(−1.439)	(−1.247)	(−1.210)	(−0.568)	(0.664)	(−1.276)
$RI_{i,j,t} \times Access$				−0.038	−0.126**	−0.037	−0.042***	−0.169***	−0.011
				(−1.670)	(−2.695)	(−1.316)	(−3.362)	(−5.685)	(−0.798)
$Access$				0.006	0.002	0.005	0.029***	−0.000	0.030***
				(1.279)	(0.162)	(0.626)	(2.738)	(−0.005)	(2.598)
控制变量	控制	控制	控制	控制	控制	控制	控制	控制	控制
N	72 247	15 083	57 164	72 247	15 083	57 164	72 247	15 083	57 164
Pseudo R²	0.032	0.036	0.037	0.034	0.036	0.039	0.032	0.039	0.037
χ^2		$\chi^2 = 3.91^*$			$\chi^2 = 3.18^*$			$\chi^2 = 24.39^{***}$	

注：（1）圆括号内为经个股年度聚类及年度类调整得到的双尾检验 t 值；

（2）***、**、*分别表示在 1%、5% 和 10% 的显著性水平。

第二，聚焦于分析师发布的评级水平（"强力买入""买入""持有""卖出""强力卖出"）而非评级水平的变动，重新回归模型8-1与模型8-2。回归结果列示在表8-9的Panel B中。由第（2）、第（3）列可见，与普通分析师相比，明星分析师上（下）调评级时对无形信息的依赖程度更高（0.403 vs.0.244，χ^2=4.18）。但是，由第（5）~第（8）列可见，当上市公司高管变更或者分析师面临更严格的行业纪律时，明星分析师对无形信息的依赖程度会显著降低。

第三，为了减少每位分析师与一致性评级之间的偏差（Devos，2014），使用相对评级（*Relative Recommendations*）作为模型的因变量。相对评级（*Relative Recommendations*）被定为每位分析师针对每只股票发布的每次评级与既定年度所有分析师针对该只股票发布的评级的平均值之差。模型8-1与模型8-2重新回归的结果列示在表8-9的Panel C中。由第（2）、第（3）列可见，与普通分析师相比，明星分析师上（下）调评级时对无形信息的依赖程度更高（0.064 vs.0.023，χ^2=3.91）。但是，由第（5）~第（8）列可见，当上市公司高管变更或者分析师面临更严格的行业纪律时，明星分析师对无形信息的依赖程度会显著降低。

上述结果表明假设8-1与假设8-2b成立，这一结论是可靠的，即与其同行相比，明星分析师的评级（评级调整/评级水平/相对评级）与无形信息之间呈现显著的正相关关系，其中一方面的重要原因在于明星分析师与上市公司高管之间存在更为密切的关系，通过这种关系渠道，明星分析师可以获取更好的信息。

8.4 本章小结

本章研究了明星分析师的信息优势。以往研究缺乏对分析师修订评级时怎样处理信息，以及明星分析师通过怎样的渠道获取信息等问题的讨论。既然无形信息反映了企业的未来增长前景，明星分析师更多使用无形信息，预期明星分析师的评级调整应该会与企业未来的股票收益呈正相关关系。

　　使用我国 2004—2014 年的数据，研究发现在 6 个月以内，明星分析师推荐的买卖证券组合的收益显著高于其同行推荐的买卖证券组合的收益，而且明星分析师推荐的卖出证券组合的收益在更长的时期（12 个月以上）显著高于其同行推荐的卖出证券组合的收益。既然分析师的地位与其评级业绩存在显著的正相关关系，那么本章进一步检验明星分析师的信息优势源自于其高超的研究能力还是与上市公司高管之间存在密切的关系并可以因此获取未公开披露的私人信息。

　　在一个基于关系型社会的经济体中，社会关系以及私人社交网络对于明星分析师的人力资本价值起到更为重要的作用，而信息处理的知识与能力却处于相对次要的位置。与观点"'关系'方便了非公开信息的交流"相一致，本章研究发现明星分析师对于那些能与其上市公司高管建立起私人关系的企业生产了更有信息含量的评级。

　　本章研究的理论贡献在于：第一，在一定程度上揭开了明星分析师信息处理过程的黑匣子。研究发现明星分析师做出股票评级时可以更好地吸收无形信息，从而有助于将这些信息融入股价中去。第二，研究发现在一个强关系型社会里，通过与上市公司高管的私人关系获取公司数据的能力是使得分析师在劳动力市场上"吸睛"的重要方式。本章还具有政策含义：例如，在新兴市场上，声誉保护的动机较弱，抑制违法违规行为的市场力量缺乏，因此证券监管者可以使用行政手段对分析师报告行为进行治理。

第9章　研究结论及政策建议

本章对研究内容及研究结论进行总结。为了阅读方便，本章将具体的结构安排列示如下：本章第一部分对全书的主要研究内容与结论进行归纳和总结；本章第二部分根据所获得的研究结论提出相应的研究启示和政策建议；本章第三部分指出研究局限，并对未来值得进一步研究的问题和方向进行探讨。

9.1　主要研究内容及其结论

随着资本市场的发展，证券分析师已经成为现代资本市场的重要参与者与组成部分。尽管分析师的基本职责是搜集、加工与传递信息，旨在降低资本市场的信息不对称程度，促进投资者交易及资本市场的健康发展，但是"阳光背后总有阴影"，在发挥其信息中介作用的同时，也很难避免部分分析师面临巨大利益诱惑时，会将信息提前释放给利益相关者进行抢先交易，这种行为有可能对资本市场的流动性造成不利影响。在这一过程中，明星分析师不仅发挥着重要的作用，而且他们还能通过与上市公司高管建立紧密的关系挖掘私人信息，这些信息正可以帮助他们比同行做出更有价值的股票评级。具体而言，本书得到的重要研究结论表现在如下方面。

第一，买空与卖空是资本市场重要的交易机制，为资本市场带来了杠杆效应，长期以来都是学术研究的热点问题，但以往研究主要关注的是美国、日本等发达市场上买、卖空知情交易的问题，缺乏对新兴市场的关注，新兴市场由于其政治制度、文化环境、经济发展水平等多方面与发达市场存在明显差异，因此发达市场的研究结论并不一定适用于新兴市场，而且以往研究得出的结论存在较大争议，这很可能与发达市场上买（卖）空日交易数据难以有效获取有关。另外，以往研究缺乏对买空与卖空中知情交易的程度是否存在差异的分析。鉴于许多研究认为证券分析师具有泄密给部分投资者的动机，因此本书第4章利用我国市场上便利的买空与卖空日交易数据，从证券分析师评级调整的视角，对比分析买空与卖空中的知情交易是否存在显著差异。

在本书第4章中，采用2010年3月至2015年年末的数据，检验了分析师上（下）调评级前后股票的累积超额收益与之前10个交易日股票的异常买（卖）空之间的关系。研究发现：（1）分析师上调评级前后股票的累积超额收益与之前10个交易日的异常买空之间无显著的相关关系，而分析师下调评级前后股票的累积超额收益与之前10个交易日的异常卖空之间呈显著的负相关关系。（2）将研究期间（−10，−1）分别与两个不同的基期（−30，−15）及（−60，−30）相对比，发现分析师上调评级前后股票的累积超额收益与之前10个交易日同基期相比之后的异常买空量之间仍然无显著的相关关系，而分析师下调评级前后股票的累积超额收益与之前10个交易日同基期相比之后的异常卖空量之间仍然呈显著的负相关关系。上述研究结果表明：总体来看，买空者并未利用分析师泄露的信息抢先交易，但卖空者利用了源自于分析师的信息抢先进行知情交易。（3）进一步研究还发现：随着交易规模的扩大，分析师上调评级之前仍然未发现异常买空，但分析师下调评级之前会出现更多的异常卖空。无论券商规模大小，分析师上调评级之前10个交易日均不会出现异常买空，但与小券商相比，大券商的分析师下调评级之前 10 个交易日会出现更加显著的异常卖空。结果表明，大券商不仅未能抑制分析师泄密给卖空者，反而加剧了卖空中的知情交易。

第 4 章的理论贡献主要表现为：从分析师评级调整的视角，对比检验了中国市场上买空与卖空中的知情交易问题，发现总体来看二者存在显著差异，卖空中知情交易的程度远高于买空中的知情交易。这一发现是对买（卖）空知情交易相关文献，以及分析师信息披露相关文献的有力补充。同时，由第 4 章的研究结论可知总体来看，分析师会泄密给卖空者，而分析师所任职券商的规模并不能对分析师泄密行为起到制约作用，相反大券商还会"刺激"分析师更多泄密给卖空者，这就为监管机构加强对券商及其分析师的管理提供了思路，即必须采取有效举措加强我国资本市场各参与主体的社会声誉机制建设，对由于唯利是图而导致的违法违规行为必须加大处罚力度。

第二，在第 4 章中，将分析师作为一个整体进行考察，并未考虑分析师的异质性。另外，由第 4 章的图 4-1 可见，2010 年 3 月 31 日—2014 年 8 月 31 日为股票买空卖空的正常交易期间，2014 年 9 月开始进入异常波动期间，第 4 章中得到的研究结论主要是基于全样本，也没有剔除市场的异常波动情况。

为了揭示不同类型的分析师行为对卖空知情交易的常规影响，在第 5 章以 2010 年 3 月 31 日—2014 年 8 月 31 日这一正常交易期间作为研究期间，考察分析师异质性对卖空知情交易的影响，具体对分析师下调评级之前的异常卖空进行检验。研究发现：（1）2010 年 3 月 31 日—2014 年 8 月 31 日期间，总体来看分析师下调评级之前并未出现异常卖空（结合第 4 章的研究发现可知，分析师总体上泄密给卖空者抢先交易的现象主要出现在 2014 年 9 月—2015 年年末的卖空异常波动期间），但在明星分析师子样本中，下调评级日的股票超额收益与之前 10 个交易日的异常卖空显著负相关。（2）（-10，-1）期间的异常卖空显著高于（-20，-11）期间，在明星分析师子样本中，下调评级日的股票超额收益与（-10，-1）期间的异常卖空减（-20，-11）期间的异常卖空之后的差额呈显著负相关关系。在上市公司盈余宣告时出现负向盈余意外的情况下，异常卖空水平与明星分析师评级调整的方向相一致。上述研究结果表明：卖空者会利用明星分析师提供的即将下调评级的信息抢先交易，换句话说，分析师异质性对于卖空知情交易会产生重要的影响。（3）将明星分析师与普通分析师下调评级的所有股票形成两个证券组合，发现与普通分析师相比，依据明星分析师下调评级的股票形成的证券组合，若在下调评级宣告日卖出则每日可以多赚取 0.3%~0.4%的收益，这意味着明星分析师能为卖空者提供更多有关上市公司未来业绩下滑的信息。（4）在进一步研究中：利用分析师当选为"明星"这一外生事件，检验其对异常卖空与下调评级日股票超额收益之间关系的影响，发现当选为"明星"对研究结论有重要的影响，这一结论缓解了本章可能存在的内生性问题。另外，机构投资者的持股比例越高，异常卖空与明星分析师下调评级日股票超额收益之间的负相关关系就会越低，表明机构投资者对于明星分析师泄密行为以及卖空者知情交易会起到一定的制约作用。（5）在稳健性测试中：改变计算异常卖空、超额收益时的比较基准、采用不同的窗口期计算异常卖空及超额收益、使用不同的方法衡量分析师下调评级时所发布的利空信息的严重程度、考察明星分析师的等级对异常卖空与下调评级日股票超额收益之间关系的影响，所得研究结果均证明了本章研究结论的可靠性，即明星分析师泄密行为会显著增加卖空者的知情交易。

第 5 章的理论贡献表现为：（1）从研究期间的差异、分析师异质性视角为缓解以往文献中"卖空者是否进行了知情交易"的争议提供了新的分析思路，并提供了"卖空者从事知情交易"的重要经验证据。（2）从分析师异质性的视角提供了分析师泄密行为及其不同后果的经验证据，丰富和发展了分析师泄密的相关文献。同时，第 5 章的研究结论还具有一定的现实意义：为新兴市场上卖空者知情交易行为、分析师泄密行为的监管提供了思路：（1）监管者有必要更多地关注明星分析师下调评级之前的异常卖空水平，以便降低知情交易的概率。（2）考虑到有限的监管资源，监管部门在监控过程中应该更加关注机构投资者持股比例较低的股票，因为此时卖空者更多地利用源自于明星分析师的信息进行知情交易。

第三，买空机制是资本市场上重要的交易机制，以往有研究关注了买空者是否为知情交易者的问题，但研究结论存在较大差异。其中一方面原因在于以往研究对买空者是否会基于短期信息进行知情交易缺乏关注，另一方面原因在于以往基于发达市场的研究存在数据上的缺陷。为了解决上述问题，本章采用对中国市场更为有利的数据，从分析师上调评级的视角探讨了买空者是否会基于与短期盈利机会有关的信息进行知情交易。另外，尽管第4章的研究结论表明总体来看，买空者并没有利用分析师提供的信息进行知情交易，但结合第5章的研究结论可知并不能排除分析师异质性有可能对前文"买空者非知情交易"的研究结论产生影响。因此，第6章进一步探讨了分析师异质性在买空知情交易问题中将会发挥怎样的作用。

第6章利用中国2010年3月到2014年8月的买空数据，检验了分析师上调评级日的股票超额收益与之前10个交易日的异常买空之间的关系。研究发现：（1）总体来看，分析师上调评级日的股票超额收益与之前10个交易日的异常买空无关，但在明星分析师子样本中却显著正相关，这表明尽管总体上看，买空者并未利用源自于分析师的消息，但与普通分析师相比，投资者更有可能利用源自于明星分析师的信息抢先进行买空交易。（2）将因变量与基期相应变量进行比较。同时，考察公司未来盈余意外、异常买空与分析师上调评级之间的关系，采用这两种方法所得结果充分证明了买空者的信息的确来源于明星分析师，而非买空者自行研发或直接通过上市公司途径获取。（3）比较了根据明星分析师上调评级与普通分析师上调评级形成的证券组合在上调评级日之后1—24个月的风险调整收益，却未发现二者存在显著差异，这表明在针对买空股票发布上调评级的过程中，明星分析师并未比普通分析师提供更多有关上市公司长期业绩的信息。这就意味着，尽管买空者利用了明星分析师即将上调评级这一信息抢先交易，但买空知情交易者主要是为了据此博取短期超额收益。（4）进一步研究还发现：随着市场买空规模的扩大，预期杠杆收益提高，买空者会更多地利用来源于明星分析师的信息，明星分析师所任职券商的规模越大，投资者越看重其提供的信息，从而会发生越多买空知情交易，但当机构投资者的利益受损时，明星分析师泄密行为会受到较好约束。（5）采用改变基期、改变配对样本选取方法、用市场模型法替代配对样本法、分不同区间进行检验的方法进行稳健性测试，所得研究结论均未变，表明研究结论具有较好的稳健性。研究结论表明：在我国市场上，分析师声誉机制、券商声誉机制均未能对分析师泄密行为产生有效的制约，相反，由于市场管制不严，还会起到一定"激励"作用，但出于利益考虑，当机构投资者重仓持股时，能对明星分析师泄密行为起到较为有效的制约作用。

第6章的理论贡献表现为：（1）以往对于买空者是否为知情交易者的研究，缺乏从买空者是否基于短期信息从事知情交易这一视角进行讨论。同时，以往基于发达市场对买空知情交易的研究存在数据上的缺陷，本章所得研究结论提供了买空者会基于短期信息知情交易的有力证据。（2）以往研究缺乏对买空知情交易者信息来源的讨论，本章提供了买空者的信息可能源自于明星分析师的证据，有力地补充了买空者知情交易信息来源的文献。第6章的现实意义表现为：既然第6章研究发现在新兴市场上，分析师声誉机制、券商声誉机制均未能对分析师泄密行为产生有效的制约，相反还起到一定"刺激"作用，但机构重仓持股能对明星分析师泄密行为起到较为有效的制约作用，因此，有关当局必须一方面加强对市场参与主体声誉机制的建设，另一方面，利用好机构投资者对分析师行为的制约作用。

第四，近年来流动性恐慌屡有发生，其中与资本市场相关的流动性也称为"资产流动性"。流动性好的市场能够增强市场参与者的信心，抗御外部冲击，降低系统风险，但知情交易有可能加剧资本市场的信息不对称程度，破坏市场流动性。第7章讨论分析师泄密行为是否会影响市场流动性，以及不同类型分析师的泄密行为对市场流动性的影响是否存在系统性差异。由于我国市场上融资买空的规模远大于融券卖空，因此，研究买空知情交易对市场流动性的影响应该具有更加重要的现实意义。第7章针对2010年3月—2014年8月可供融资买入的股票，研究分析师上调评级日股票的超额收益与之前10个交易日内股票的异常流动性之间的关系。研究发现：（1）分析师总体上调评级日股票的超额收益与之前10个交易日的异常流动性并不存在显著相关性，但明星分析师上调评级发布日股票的超额收益却与之前10日的异常流动性呈显著负相关关系。（2）在实施股票转融通之后，明星分析师上调评级日股票的超额收益与之前 10 日的异常流动性之间呈更加显著的负相关关系。（3）改变计算异常值时的比较基准进行稳健性检验，研究结论未变。研究表明：尽管总体来看，分析师提前释放信息并不会明显地抑制市场流动性，但明星分析师提前释放信息却会抑制市场流动性。由转融通的执行加剧了上述现象可以推断，造成上述现象的原因应该与明星分析师提前释放信息导致了大量买空知情交易，从而加剧了信息不对称程度有关。

第 7 章的理论贡献表现为：（1）以往研究主要关注了分析师能否为资本市场提供增量信息等积极效应，较少关注分析师行为对资本市场的消极影响。第 4 章考察分析师泄密对市场流动性的抑制作用，丰富了分析师与资本市场之间关系的文献。（2）以往研究仅发现分析师泄密有可能导致知情交易，但缺乏对市场质量造成影响的研究。第 7 章检验了分析师泄密行为对市场流动性的抑制作用，使得分析师选择性披露的文献向纵深化发展。第 7 章的现实意义表现为：本章研究发现明星分析师上调评级前会泄密给投资者并抑制了流动性，因此必须加强对明星分析师、投资者行为的监管，还发现在转融通之后上述现象更加严重，表明明星分析师泄密对流动性的抑制很可能与买空活动相关，因此必须加强对买空中知情交易行为的监管。

第五，尽管上述研究讨论了分析师评级调整对买空与卖空知情交易的影响，以及买空知情交易对市场流动性的抑制作用，并发现明星分析师在其中起到关键作用，但明星分析师是否确实比普通分析师更具有信息优势？其信息来源于什么渠道？其信息处理过程与普通分析师相比有何异同？因此，第 8 章主要研究了明星分析师的信息优势。使用我国 2004—2014 年的数据，第 8 章得到如下四个发现：（1）利用明星分析师评级调整形成的证券组合进行投资在较短时期内可获得超出普通分析师相应组合的收益，但与上调评级相比，利用明星分析师下调评级形成的证券组合进行投资时可以获得显著性水平更高、期间更长的股票超额收益。（2）明星分析师评级调整时更多使用了无形信息，而且这一现象仅仅发生在他们当选为明星分析师之后，这意味着无形信息融入股价不可能是由于明星分析师更好的能力。因为如果能力假说成立，能力效应应该同样出现在当选为明星之前的阶段。（3）分析师的经验无法解释评级调整与无形信息之间的关系，支持了"关系假说"。（4）高管变更与证券分析师行为准则的执行降低了明星分析师将无形信息融入股价的能力，进一步支持了"关系假说"。综上所述，本章结果表明明星分析师的评级调整，尤其是其下调评级中，包含比普通分析师相应的评级调整更高的信息含量，而且最可能的机制在于明星分析师直接将源自于公司内部人的无形信息融入了证券市场。

第8章的理论贡献在于：（1）在一定程度上揭开了明星分析师信息处理过程的黑匣子。研究发现明星分析师做出股票评级时可以更好地吸收无形信息，从而有助于将这些信息融入股价中去。（2）研究发现在一个强关系型社会里，通过与上市公司高管的私人关系获取公司数据的能力是使得分析师在劳动力市场上"吸睛"的重要方式。第8章也具有政策含义，例如：在新兴市场上，声誉保护的动机较弱，抑制违法违规行为的市场力量缺乏，因此，证券监管者可以使用行政手段对分析师报告行为进行治理。

9.2　研究启示与政策建议

本研究结论对于证券监管部门、证券分析行业发展以及证券市场投资者具有如下几点启示。

9.2.1　对证券监管部门的启示

9.2.1.1　对买空卖空知情交易的监管

研究发现买空与买空中都有可能出现知情交易，而且总体来看，卖空者比买空者更有可能利用源自于证券分析师的信息知情交易，换句话说，卖空中的知情交易现象可能更加严重，但从经济后果来看，由于买空的交易规模远大于卖空，因此，买空中的知情交易同样需要引起监管部门足够的重视。因此，监管机构必须采取有效措施、加大对买空与卖空知情交易的监控力度。例如，采取切实有效的措施进一步完善市场交易制度，制定相应规则，规避投资者、分析师等市场参与主体利用规则的漏洞进行知情交易。

在约束机制方面，研究发现分析师所任职券商的规模并不能对分析师泄密行为起到制约作用，相反，规模越大的券商还会"刺激"分析师更多地泄密给买（卖）空者，表明券商的声誉机制并未对券商旗下分析师的行为发挥有效的约束作用。因此，监管机构必须加强对券商的管理。例如，一方面采取有效举措加强券商声誉机制的建设，积极引导其主动放弃唯利是图的违法违规动机。另一方面，制定更为合理的证券公司考核与奖惩机制，加大对券商违法违规行为的处罚力度，增大其法律风险。

同时，研究还发现当机构投资者重仓持股时，买空卖空中的知情交易程度均会受到一定程度的抑制，表明利益驱动机制的有效性。因此，考虑到有限的监管资源，监管部门在监控过程中应该更加关注机构投资者持股比例较低的股票，以便利用最低的监控成本实现最佳监控效果。

9.2.1.2 对证券分析师的监管

研究发现明星分析师比普通分析师更有可能将私有信息作为评级调整的依据，并提前释放给利益相关者进行抢先交易，而且他们还存在利用"关系"渠道挖掘私有信息的现象。上述行为显然已经违背了相关法规中关于分析师信息来源以及信息披露的规定。基于此，监管部门应当从以下几个方面着手，提高分析师行为的合法、合规及独立性：

（1）强化法律责任，完善监管细则，加强执法力度，提高分析师违法、违规行为面临的法律风险。分析师，尤其是明星分析师有可能屈服于利益压力，通过隐秘的方式挖掘并泄露私有信息，甚至利用私有信息抢先交易，其重要原因在于：当前我国绝大多数的法律法规仅为原则性条款，缺少实施细则，导致具体执行过程缺乏依据，当前的法律法规对分析师违规行为的处罚力度相对较轻，分析师行为即便被确认为违规行为，所需承担的赔偿损失往往也微不足道。在我国现有司法体系下，投资者取证难度大，诉讼成本高，因而分析师面临诉讼的风险较小，违法违规行为屡禁不止的现象更为严重。中国证券业协会出台的《发布证券研究报告执业规范》及《证券分析师执业行为准则》两个自律规则已经于 2012 年 9 月 1 日起开始施行，这两项规定通过细化法规条款勾勒出一条更加清晰的分析师工作标准流程。本研究发现这两项规则的执行在一定程度上限制了明星分析师通过"关系"渠道挖掘私有信息的行为。但是，当分析师面临的利益诱惑大于其违规成本时，上述执业规范与行为准则就可能无法继续发挥有效的约束作用了。例如，如果利用转融通带来的巨大杠杆效应能够赚取到超额回报，考虑到行业协会发布的有关规定仅具有相对较小的约束力，分析师在面临巨大的利益诱惑时，就容易"无视"上述行业规定。因此，有必要进一步完善相关法律法规的具体实施细则，进一步提高行业规范的执行力度，加大对违法违规行为的惩处力度，进一步降低投资者的诉讼成本，提高法律法规对分析师行为的约束效用，加大分析师的法律风险与违规成本。

（2）进一步完善分析师的利益分配机制，隔断分析师的利益压力。分析师对私有信息的挖掘及提前释放往往是基于利益压力而产生的。2012 年 9 月开始执行的《发布证券研究报告执业规范》已经出台了一些具体条款试图从源头上去制约分析师挖掘私有信息的动机。要求证券公司建立更加合理的分析师绩效考核和激励机制，维护发布研究报告行为的独立性，要求证券公司综合考虑研究质量、客户评价、工作量等多种因素，设立分析师的考核激励标准。规定分析师的薪酬标准不得与外部媒体评价单一指标直接挂钩，与发布研究报告业务存在利益冲突的部门不得参与对分析师的考核，分析师跨越信息隔离墙参与公司承销保荐、财务顾问业务等项目的，其个人薪酬不得与相关项目的业务收入直接挂钩。本研究也发现上述规定的执行对分析师通过关系渠道挖掘信息的行为发挥了一定的约束作用。因此，有必要严格落实上述规定的执行情况，坚决隔断分析师的利益压力。

（3）进一步限制分析师与上市公司及其他私有信息来源之间可能存在的联系。分析师对私有信息的挖掘多以"关系"渠道的建立为前提。2012 年 9 月开始执行的《证券分析师执业行为准则》对以往分析师与上市公司高管之间可能存在的密切关系进行了限制。规定分析师的配偶、子女、父母担任其所研究覆盖的上市公司的董事、监事、高级管理人员的，分析师应当按照公司的规定进行执业回避或者在研究报告中对上述事实进行披露。分析师不得在公司内部或外部兼任有损其独立性与客观性的其他职务，包括担任上市公司的独立董事。研究发现该准则的执行对分析师通过关系渠道挖掘私有信息的行为发挥了一定的约束作用。因此，有必要严格落实上述规定，提高行业规范的执行力度，坚决隔断分析师与私有信息来源之间的联系。

（4）上述发现同样表明我国当前分析师的社会声誉机制并未建立，明星分析师不仅没有更加注重保护中小投资者利益，相反，他们还会利用社会资本以及自身的市场影响力，更多地进行违法、违规活动。在法律监管较为宽松的环境中，如果社会声誉机制也未能建立，那么市场各参与主体在面临利益诱惑时，就必然会较少顾及道德及社会形象问题，而不择手段地追求个人利益，甚至越是"精英"群体越有条件通过违法犯罪活动赚取超额收益。因此，必须加强构建与完善我国社会声誉机制。因此，监管部门在加强法律法规监控的同时，还应该同时积极引导资本市场建立、健全有效的社会声誉评价体系，发挥社会声誉机制对证券分析行业的激励及制约作用。具体可以采取的措施如下：

首先，要想让社会声誉机制有效地发挥激励作用，公正、客观的社会声誉评价体系是重要的基础。目前，分析师个人及其任职机构的声誉评价主要依靠第三方的评选活动，如"新财富""水晶球""金牛奖"等，而监管机构应当更加注重声誉机制建设的层次性，避免过于强调机构客户层面的声誉机制建设。具体而言，一方面应该进一步规范"最佳分析师""最佳研究机构"等评选活动，增强评选标准的客观性和透明性，使其能够真实地反映分析师及其聘用机构的研究能力，更好地促进研究质量的提升。另一方面可以尝试由证券分析师行业协会等自律机构开展评选活动，避免单纯从客户角度进行评价，应该更加注重分析师的道德层面考核，更多考虑分析师行为的合法合规性，以及分析师行为对资本市场或中小投资者产生的影响，积极引导分析师采用正确的方式发挥信息中介作用，促进资本市场信息效率。

其次，完善分析师诚信档案的建设，加强对分析师日常行为的监控，将分析师违规或获奖等记录通过打分的形式体现出来，以便投资者更好地对分析师的声誉进行甄别。同时，对出现违规行为的分析师进行处分，对得分低于标准的分析师进行警告、下岗再培训等处罚，在市场惩罚机制外进一步通过行政手段增加声誉损失的成本。

9.2.2 对证券分析行业发展的启示

第一，研究发现部分分析师会提前释放信息给利益相关者进行抢先买空卖空交易。因而证券公司、证券投资咨询机构等部门一方面应该尽量从源头上减弱分析师提前释放信息的动机。完善分析师的绩效考核机制，将薪酬激励更多地与分析师研究报告的深度、影响力等质量维度的属性挂钩，避免将客户评价作为直接依据。另一方面，应该严格执行法律法规以及行业自律规则对分析师行为的要求，加大分析师提前释放信息给利益相关者进行抢先交易时所需付出的代价。

第二，研究发现，部分分析师提前释放信息会对股票流动性产生一定的抑制作用。证券分析行业协会在思想上必须认识到分析师违法违规行为的恶劣后果。在行动上一方面要加强对分析师行为的管理，有针对性地制定操作性强的行业规则，严格落实并积极整治分析师行为。另一方面，要重视分析师队伍的建设，采取有效举措激励分析师提高自身研究水平。分析师自己也应该清楚地认识到信息提前释放有可能对市场流动性造成的损害，意识到这种行为将不利于行业，从而影响自身的长期发展，只有努力提高自身研究能力，坚持研究的独立性、客观性及前瞻性，自己以及证券分析行业才能赢得市场的长期尊重，获得持续发展的动力。

第三，研究发现部分分析师会通过与上市公司高管的关系渠道挖掘私有信息。从这个角度来看，证券分析行业首先应当严格执行行业自律规则，限制分析师与上市公司及其他私有信息来源之间可能存在的各种联系，对分析师行为进行有效约束，避免其滥用各种关系。其次，应当更加重视并加强分析师的职业技能培训，只有不断提高分析师对复杂公开信息进行深度剖析的能力，切实提高分析师的业务能力，才能有效降低分析师对关系渠道的依赖程度。最后，还必须注重分析师的职业道德培训，强化道德意识，提高道德水准，促使分析师自觉地以较高的道德标准约束自身的行为。

9.2.3 对证券投资者的启示

第一，研究发现部分分析师有可能提前释放信息给买空卖空者进行抢先交易，而且分析师提前释放即将上调评级的信息给买空者还有可能抑制市场流动性。投资者必须对此保持足够的警惕，深化对分析师信息提前释放及其市场后果的认识。证券分析师的基本职能是现代资本市场上的信息中介，但作为特定社会环境中的一员，他们的行为不可避免地受到其他因素的干扰，因此，对分析师行为的全面、正确理解具有非常重要的意义。如果投资者的决策受到分析师个人利益最大化行为的误导，就有可能遭受惨重的损失。这就要求投资者正确认识分析师在信息传递过程中可能存在的自利行为，理性地从分析师的研究报告中提取有价值的信息，尤其是不要盲目听从明星分析师的投资建议，而是要结合自己对宏观环境以及企业具体信息的搜集与理解，对分析师公布其观点之后市场的波动状况做出理性预期，并做出恰当的投资决策，尽量规避不必要的损失。

第二，研究发现与普通分析师相比，明星分析师的评级调整，尤其是下调评级中包含更多的信息，因此，一方面，投资者在进行投资决策时，有必要关注明星分析师的研究报告，特别注意他们在论证过程中的逻辑。在不盲目、简单听从明星分析师推荐的具体投资方案的基础上，结合各方面综合信息判断上市公司的投资价值，争取获得良好的投资收益。另一方面，当明星分析师发布负面信息时，需要引起投资者充分的重视，选择合适的时机及时卖出未来前景堪忧的股票，尽量规避风险。

9.2.4 具体政策建议

根据上述研究启示，提出如下几点政策建议：

第一，以创新的思维完善相关法律法规体系，解决民事责任缺位问题，尽快制定民事赔偿司法解释，对诸如原告与被告资格的确定、损失范围规定、赔偿金额计算、举证责任、偿付方式等问题做出明确规定，切实完善民事赔偿制度，对违法者形成威慑；贯彻落实"辩方举证"制度；加强联合监管，构建包括证监会、交易所、行业自律、新闻舆论及社会公众协调统一的多层次监管体系，设立群众举报保密重奖制度，鼓励检举揭发违规行为。

第二，加大违法、违规成本，严惩违法、违规行为。投资者的抢先知情交易行为、证券分析师的信息提前披露行为、利用不恰当的方式获取信息的行为，往往已经触犯相关法律、法规，但这些违法、违规行为却屡禁不止，问题的关键在于违法犯罪的风险太小，成本太低，缺乏应有的威慑力，违法成本和违法收益不匹配。因此，必须切实提高对违法违规主体的查处以及惩罚的力度。行政处罚、刑事制裁和民事赔偿三管齐下，通过提高对违法、违规者的威慑来增加其成本。惩罚对象不仅指向所有违反法律违规的投资者，还应对证券分析师及上市公司人员给予严厉的法律制裁。例如对投资者利用内幕消息抢先交易行为、对分析师通过违规方式获取私有信息、提前释放私有信息、直接或间接参与抢先交易的行为，以及其他涉案人员的违法违规行为进行严厉的查处。

第三，为券商设计更加合理的奖惩机制、完善券商的内部控制制度。首先，资本市场以及监管部门要建立与完善对券商的声誉考核机制，避免券商单纯基于眼前利益来决定管理分析师行为的动机、标准与方式。其次，券商加强对分析师的严格管理是保证分析师行为合法合规的重要措施，因此，券商必须要建立健全内部控制制度，规范组织的目标、行为，加强对分析师日常行为的严格监控。

第四，从制度上加强对证券分析师信息获取及信息披露行为的约束。具体措施可以包括：（1）建立与完善内幕信息知情人报告制度，加强对上市公司控股股东、实际控制人及其关联方的信息披露监管，强化执法力度。（2）严格落实分析师行业自律准则中对于规避证券分析师与上市公司关联关系的有关规定，阻隔分析师私有信息的获取渠道。（3）进一步规范证券分析师研究报告的撰写程序，要求详细披露所采用的各种信息的获取途径，以及对信息的分析论证过程。（4）加强对证券分析师信息披露的多层次、联合、动态监控，证券市场的各监管部门之间应该保持监管信息共享与及时传递。（5）进一步完善对证券分析师的考核标准，放弃单纯由机构投资者客户决定分析师地位的评级机制，确保证券分析师行为的合法合规性与证券分析师自身的利益最大化保持一致。

第五，除了上述制度约束以外，还要切实解决如下两方面重要问题：首先，建立与完善证券分析师的社会声誉机制，加大违法、违规行为发生时必须付出的社会声誉损失，从维护社会公平公正、中小投资者保护与道德层面对证券分析师行为进行约束。其次，强化证券分析师的社会责任感与职业道德，逐步增强行为主体的自我判断和自我约束。具体措施可以包括：（1）引导证券分析师及投资者树立长期价值投资理念，规避"老鼠仓"行为，遏制投机炒作。（2）加强证券分析师的风险教育和法制教育，使其不仅认识到该行为是不道德的，而且意识到实施该行为将会遭受到严厉处罚。（3）加强对证券分析师的职业道德培训，增强其行为合规的自觉性，培育其职业自律意识、坚守独立、客观、诚信的职业道德底线。

9.3 研究局限和未来发展方向

本研究探讨了在我国特殊的制度背景下，证券分析师行为对买空卖空知情交易的影响，并着重考察了分析师异质性带来的系统性差异，最后还进一步探讨了分析师泄密导致的知情交易会产生怎样的市场后果，以及明星分析师在信息处理和信息来源方面具有怎样的优势。上述内容更多地属于一种探索性的研究，难免存在一些不足之处，例如：（1）本研究重点关注了分析师异质性对分析师信息获取、披露及其后果的影响，并未考虑上市公司特征等其他因素对上述内容的影响，有待进一步研究。（2）本研究重点考察了分析师泄密导致的融资买空知情交易对市场流动性的影响，但买空卖空知情交易会造成哪些方面的经济后果仍然是一个需要进一步全面深入探讨的重要问题，有待进一步研究。（3）本研究发现行业自律规则总体上看能对分析师通过关系渠道获取信息的行为起到一定的约束作用，但尚未讨论具体到买空卖空交易下会发挥怎样的明确作用。以及其他的相关制度是否发挥了有效作用，也有待进一步研究。

鉴于本研究存在的不足，笔者在此提出未来一些值得研究的方向和重要问题供读者参考：

第一，证券分析师信息提前释放的其余环境分析。本研究发现，在买空卖空交易制度背景下，明星分析师会提前释放信息给利益相关者抢先交易，事实上，还应该会存在其他一些情境也容易被分析师利用，因此，未来应该进一步研究分析师容易提前释放信息的其余可能环境。

第二，证券分析师信息获取及提前释放的影响因素。本研究发现，分析师异质性会影响分析师的信息获取、提前释放及其后果，但事实上还应该存在其他一些因素也有可能产生重要的影响。例如，规模较小的上市公司为了降低信息披露成本，本身存在相对更强的意愿选择性披露信息，分析师有可能更容易从小规模公司获取到私有信息。同时，规模较小的上市公司股价也易于受到操纵，分析师有可能更容易利用小规模公司的私有信息抢先交易。因此，未来应进一步考虑上市公司特征等其他因素对分析师获取、提前释放信息及其后果的影响。

第三，证券分析师提前释放信息的制约机制。本研究主要考察了券商规模、机构投资者持股比例对分析师泄密行为的制约作用，但是缺乏对有关各项法律法规制度有效性的具体检验，因此，未来的研究中应该进一步探讨制约分析师提前释放信息的制约机制、政策法规的有效性及其原因。

第四，证券分析师提前释放信息的后果分析。本研究发现，明星分析师提前释放信息导致的买空知情交易会抑制股票流动性，分析师的泄密行为同样还可能会影响股票波动性等其他市场质量特征，因此，未来应该进一步研究分析师信息提前释放对资本市场产生的其他后果。

主要参考文献

[1] ALLEN F, J QIAN, M QIAN.Law, finance, and economic growth in China [J]. Journal of Financial Economics, 2005,77(1):57-116.

[2] ASQUITH P, M MIKHAIL, A AU.Information content of equity analyst reports[J]. Journal of Financial Economics, 2005, 75(2): 245-282.

[3] AVRAMOV D, T CHORDIA, A GOYAL.The impact of trades on daily volatility[J]. Review of Financial Studies, 2006(19): 1241-1277.

[4] BAKER M, J WURGLER.Investor sentiment in the stock market[J]. Journal of Economic Perspectives, 2007(21):129-151.

[5] BARBER B, R LEHAVY, B TRUEMAN.Comparing the stock recommendation performance of investment banks and independent research firms[J]. Journal of Financial Economics, 2007(85):490-517.

[6] BARBER B, R LEHAVY, B TRUEMAN. Rating changes, ratings levels and the predictive value of analysts' recommendations[J]. Financial Management, 2010, 39(2):533-553.

[7] BARBER B, R LEHAVY, M MCNICHOLS, et al.Can investors profit from the prophets? Security analyst recommendations and stock returns[J]. Journal of Finance, 2001(56):531-563.

[8] BARBER B, R LEHAVY, M MCNICHOLS, et al.Buys, holds and sells:

the distribution of investment banks′ stock ratings and the implications for the profitability of analysts′ recommendations［J］. Journal of Accounting and Economics, 2006(41):87-117.

［9］ BLAU B M, C WADE.Informed or speculative: short selling analyst recommendations［J］. Journal of Banking and Finance, 2012(36):14-25.

［10］ BLAU B M, J M PINEGAR.Are short sellers incrementally informed prior to earnings announcements［J］. Journal of Empirical Finance, 2013(21):142-155.

［11］ BOEHMER E, J WU.Short selling and the price discovery process［J］. Review of Financial Studies,2013, 26(2): 287-322.

［12］ BOEHMER E, C M JONES, X ZHANG.Which shorts are informed［J］. The Journal of Finance, 2008,63(2): 491-527.

［13］ BOEHMER E, C M JONES, X ZHANG.What do short sellers know［EB/OL］. (2015).http://papers.ssrn.com/sol3/papers.cfm? abstract_id= 2192958.

［14］ BOMMEL J V.Rumors［J］. Journal of Finance, 2003, 58(4): 1499.

［15］ BONI L, K L WOMACK.Analysts, industries and price momentum［J］. Journal of Financial and Quantitative Analysis, 2006(41):85-109.

［16］ BOWEN R M, A K DAVIS, D A MATSUMOTO.Do conference calls affect analysts′ forecasts［J］. The Accounting Review, 2002, 77(2): 285-316.

［17］ BRENNAN M J, A SUBRAHMANYAM.Market microstructure and asset pricing: on the compensation for illiquidity in stock returns［J］. Journal of Financial Economics, 1996(41):441-464.

［18］ CAMPBELL J Y, L HENTSCHEL.No news is good news: an asymmetric model of changing volatility in stock returns ［J］. Journal of Financial Economics, 1992, 31(3): 281-318.

［19］ CHAKRABARTY B, A SHKILKO.Information leakages in financial markets: working ［EB/OL］. (2011).http://papers.ssrn.com/sol3/papers.cfm? abstract_id=1785431.

［20］ CHAN K, A HAMEED.Stock price synchronicity and analyst coverage in emerging markets ［J］. Journal of Financial Economics, 2006, 80(1): 115-147.

［21］ CHANG E C, Y LUO, J REN.Short-selling, margin-trading, and price efficiency: evidence from the chinese market [J]. Journal of Banking and Finance, 2014(48):411-424.

[22] CHEN M A,MARQUEZ R.Regulating securities analysts [J]. Journal of Financial Intermediation, 2009, 18(2), 259-283.

[23] CHEN S, D MATSUMOTO.Upgrades vs downgrades: the impact on access to information and analysts' forecast accuracy [J]. Journal of Accounting Research, 2006(44):657-689.

[24] CHENG Q, F DU, X WANG, et al.Are investors' corporate site visits informative? [R]. Working Paper, Singapore Management University, 2015.

[25] CHRISTOPHE S E, M G FERRI, J J ANGEL. Short-selling prior to earnings announcements[J]. The Journal of Finance, 2004, 59(4): 1845-1875.

[26] CHRISTOPHE S E, M G FERRI, J HSIEH.Informed trading before analyst downgrades: evidence from short sellers [J]. Journal of Financial Economics, 2010, 95: 85-106.

[27] COHEN L, A FRAZZINI, C MALLOY.Sell-side school ties[J]. Journal of Finance, 2010, 65(4):1409-1437.

[28] COWEN A, B GROYSBERG, P HEALY.Which type of analyst firms are more optimistic [J]. Journal of Accounting and Economics, 2006, 41 (1-2): 119-146.

[29] CRAWFORD S S, D T ROULSTONE, E C SO.Analyst initiations of coverage and stock return synchronicity[J]. The Accounting Review, 2012, 87(5): 1527-1553.

[30] DANIEL K, S TITMAN.Market reactions to tangible and intangible information[J]. Journal of Finance, 2006(4), 1605-1643.

[31] DASKE H, S A RICHARDSON, A I TUNA.Do short sale transactions precede bad news events [EB/OL]. (2005).http://papers.ssrn.com/sol3/papers.cfm? abstract_id=722242.

[32] DAVIDSON S, V RAMIAH.Inefficiency of the Australian Stock Market, Handbook of Behavioral Finance, Cheltenham: Edward Elgar, 2010.

[33] DE LONG J, A SHLEIFER, L SUMMERS, et al.Noise trader risk in financial markets[J]. Journal of Political Economy, 1990(98), 703-738.

[34] DEMIROGLU C,M RYNGAERT. The first analyst coverage of neglected stocks[J]. Financial Management, 2010, 39(2): 555-584.

[35]　DESAI H, B LIANG, A K SINGH.Do all - stars shine? Evaluation of analyst recommendations [J]. Financial Analysts Journal, 2000, 56(3): 20-29.

[36]　DEVOS E, Are analysts' recommendations for other investment banks biased[J]. Financial Management, 2014, 43(2): 327-353.

[37]　DIAMOND D, R VERRECCHIA.Constraints on short-selling and asset price adjustment to private information[J]. Journal of Financial Economics, 1987(18):277-311.

[38]　EASLEY D, M O'HARA.Price, trade size, and Information in securities markets[J]. Journal of Financial Economics, 1987(19):69-90.

[39]　ELTON E J, GRUBER M J, GROSSMAN S.Discrete expectational data and portfolio performance[J]. Journal of Finance, 1986, 41 (3):699-713.

[40]　EMERY D R, X LI.Are Wall Street analyst rankings popularity contest[J]. Journal of Financial and Quantitative Analysis, 2009, 44(2): 411-437.

[41]　ENGELBERG J E, A V REED, M C RINGGENBERG.How are shorts informed? Short sellers, news, and information processing[J]. Journal of Financial Economics, 2012, 105:260-278.

[42]　ERGUNGOR O E, L MADUREIRA, N NAYAR, et al.Lending relationships and analysts' forecasts[J]. Journal of Financial Intermediation, 2015, 24(1), 71-88.

[43]　FAMA E F, K R FRENCH.The cross-section of expected stock returns[J]. Journal of Finance, 1992, 47(2), 427-465.

[44]　FAMA E F, K R FRENCH.Common risk factors in the returns on stocks and bonds[J]. Journal of Financial Economics, 1993, 33(1), 3-56.

[45]　FAMA E F, K R FRENCH.Size and book-to-market factors in earnings and returns[J]. Journal of Finance, 1995, 50(1), 131-155.

[46]　FAMA E F, K R FRENCH.Industry costs of equity [J] . Journal of Financial Economics, 1997, 43(2), 153-193.

[47]　FANG L, A YASUDA.The effectiveness of reputation as a disciplinary mechanism in sell- side research [J] . Review of Financial Studies, 2009, 22(9):3735-3777.

[48]　FANG L H, A YASUDA.Are stars' opinions worth more? The relation between analyst reputation and recommendation values[J]. Journal of Financial Services Research, 2014, 46: 235-269.

[49]　FIRTH M, C LIN, P LIU, et al.The client is king: do mutual fund

relationships bias analyst recommendations[J]. Journal of Accounting Research, 2012, 51(1), 165-200.

[50] FOX M B, L R GLOSTEN, P TETLOCK.Short selling and the news: a preliminary report on an empirical study [R]. (2009).http://papers.ssrn. com/sol3/papers.cfm? abstract_id=1543855.

[51] FRENCH K R, G W SCHWERT, R F STAMBAUGH.Expected stock returns and volatility[J]. Journal of Financial Economics, 1987, 19(1): 3-29.

[52] GEORGE T, G KAUL, M NIMALENDRAN.Estimation of the bid - ask spread and its components: a new approach [J]. The Review of Financial Studies, 1991, 4(4): 623-656.

[53] GLEASON C A, C M LEE.Analyst forecast revisions and market price discovery[J]. The Accounting Review, 2003, 78(1), 193-225.

[54] GLOSTEN L R, M B FOX, P TETLOCK.Short selling and the news: a preliminary report on an empirical study[J]. New York Law School Law Review, 2010, 54(3): 645-686.

[55] GU Z Y, Z LI, Y G YANG.Monitors or predators: The influence of institutional investors on sell- side analysts [J]. The Accounting Review, 2013, 88(1), 137-169.

[56] HARDOUVELIS G A, S PERISTIANI.Margin requirements, speculative trading and stock price fluctuations: the case of Japan [J]. The Quarterly Journal of Economics, 1992, 107(4), 1333-1370.

[57] HIROSE T, H K KATO, M BREMER.Can margin traders predict future stock returns in Japan[J]. Pacific- Basin Finance Journal, 2009, 17: 41-57.

[58] HONG H, J D KUBIK.Analyzing the analysts: career concerns and biased earnings forecasts[J]. The Journal of Finance, 2003, 58(1): 313-351.

[59] HONG H, J D KUBIK, A SOLOMON.Security analysts´ career concerns and herding of earnings forecasts [J]. The RAND Journal of Economics, 2000, 31(1): 121-144.

[60] HONG H, T LIM, J C STEIN.Bad news travels slowly: size, analyst coverage and the profitability of momentum strategies[J]. Journal of Finance, 2000, 55(1), 265-95.

[61] HSIEH J, L NG, Q WANG.How informative are analyst recommendations and insider trades[R]. Working Paper, Georgia Tech,

2007.

[62] IRVINE P, M LIPSON, A PUCKETT.Tipping[J]. The Review of Financial Studies, 2007, 20(3):741-768.

[63] IVKOVI Ć Z, N JEGADEESH.The timing and value of forecast and recommendation revisions[J]. Journal of Financial Economics, 2004, 73(3): 433-463.

[64] JACKSON A.Trade generation, reputation, and sell-side analysts [J]. The Journal of Finance, 2005, 60(2): 673-717.

[65] JEGADEESH N, W KIM.Do analysts herd? An analysis of recommendations and market reactions [J]. Review of Financial Studies, 2010, 23(2), 901-937.

[66] JEGADEESH N, J KIM, S KRISCHE, et al.Analyzing the analysts: when do recommendations add value[J]. Journal of Finance, 2004(59): 1083-1124.

[67] JIANG H.Institutional investors, intangible information and the book-to-market effect, Journal of Financial Economics, 2010, 96(1): 98-126.

[68] JIN L, C S MYERS.R^2 around the world: new theory and new tests[J]. Journal of Financial Economics, 2006, 79(2): 257-292.

[69] KADAN O, L MADUREIRA, R WANG, et al. Analysts′ industry expertise [J]. Journal of Accounting and Economics, 2012, 54(2-3): 95-120.

[70] KAMESAKA A, J R NOFSINGER, H KAWAKITA.Investment patterns and performance of investor groups in Japan [J].Pacific- Basin Finance Journal, 2003,11, 1-22.

[71] Karpoff J M, X Lou.Short sellers and financial misconduct [J]. The Journal of Finance, 2010, 65(5).1879-1913.

[72] KE B, Y YU.The effect of issuing biased earnings forecasts on analysts' access to management and survival [J]. Journal of Accounting Research, 2006, 44:965-999.

[73] KECSKÉS A, S A MANSI, A J ZHANG.Are short sellers informed? Evidence from the bond market[J]. Accounting Review, 2013(88): 611-639.

[74] KO K, K KIM, S H CHO.Characteristics and performance of institutional and foreign investors in Japanese and Korean stock markets[J]. Journal of the Japanese and International Economies, 2007(21):195-213.

[75] LA PORTA R, F LOPEZ-DE-SILANES, A SHLEIFER, et al. Law and

finance[J]. Journal of Political Economy, 1998,106(6), 1113-55.

[76] LANG M H, R J LUNDHOLM.Corporate disclosure policy and analyst behavior[J]. The Accounting Review, 1996, 71(4), 467-492.

[77] LEE B, K KO.Are Japanese margin buyers informed[J]. International Review of Financial Analysis, 2016, 45: 47-53.

[78] LEE J E, R F GHISELLI.The hidden effect of intangible financial information on the market value of hospitality firms in the United States [J]. Journal of Foodservice Business Research, 2011, 14(4), 393-404.

[79] LEE M C, A SHLEIFER, R H THALER.Investor sentiment and the close-end fund puzzle[J]. Journal of Finance, 1991(46): 75-109.

[80] LEE W Y, C X JIANG, D C INDRO.Stock market volatility, excess returns and the role of investor sentiment[J]. Journal of Banking and Finance, 2002(26):2277-2299.

[81] LEONE A J, J S WU.What does it take to become a superstar? Evidence from institutional investor rankings of financial analysts [M]. Social Science Electronic Publishing.Simon School of Business Working Paper No.FR 02-12,2007.

[82] LI Y, K LIN, Q MENG,etc.What makes stars shine? Evidence from star analysts' use of intangible information in recommendation revisions[R]. Working Paper,2017.

[83] LI Y, Q MENG, S WANG.Informed margin trading before analyst upgrades: evidence from China[R]. Working Paper,2017b.

[84] LIANG W L.Information content of repurchase signals: Tangible or intangible information[J]. Journal of Banking and Finance, 2012, 36 (1), 261-274.

[85] LIN A Y, Y LIN.Herding of institutional investors and margin traders on extreme market movements[J].International Review of Economics and Finance ,2014(33):186-198.

[86] LIN T C, X LU.Why do options prices predict stock returns? Evidence from analyst tipping[J]. Journal of Banking and Finance, 2015(52):17-28.

[87] LIU M.Analysts' incentives to produce industry- level versus firm-specific information[J]. Journal of Financial and Quantitative Analysis, 2011, 46(3): 757-784.

[88] LOH R, R M STULZ.When are analyst recommendation changes

influential[J]. Review of Financial Studies, 2011,24(2): 593-627.

[89] LOW C.The fear and exuberance from implied volatility of S&P 100 index options[J]. Journal of Business, 2004(77):527-546.

[90] LUNG P P, P XU.Tipping and option trading[J]. Financial Management, 2014(43): 671-701.

[91] MALIK R.Chinese entrepreneurs in the economic development of China [R]. Praeger Publishers, Westport, CT06881,1997.

[92] MASSOUD N, D NANDY, A SAUNDERS, et al. Do hedge funds trade on private information? Evidence from syndicated lending and short-selling [J]. Journal of Financial Economics, 2011(99):477-499.

[93] MAYEW W J.Evidence of management discrimination among analysts during earnings conference calls[J]. Journal of Accounting Research, 2008,46(3):627-659.

[94] MENG Q, Y LI, X JIANG, et al. Informed or speculative trading? Evidence from short selling before star and non- star analysts' downgrade announcements in an emerging market [J]. Journal of Empirical Finance, forthcoming,2017.

[95] MORCK R, B YEUNG, W YU.The information content of stock markets: Why do emerging markets have synchronous stock price movements[J]. Journal of Financial Economics, 2000, 58(1-2): 215-260.

[96] MURPHY K M, A SHLEIFER, R W VISHNY.Why is rent- seeking so costly to growth[J]. The American Economic Review, 1993, 83(2): 409-414.

[97] NEFEDOVA T.Tippers and tippees: brokers' pre- release of price-sensitive information to their VIP clients[EB/OL]. (2012).http://ssrn.com/abstract=2188938.

[98] NIKOLIC B, X YAN.Tangible information, institutional trading and stock returns[R]. University of Missouri - Columbia Working paper,2011.

[99] PINDYCK R S.Risk, inflation and the stock market [J]. American Economic Review, 1984, 74(3): 334-351.

[100] PIOTROSKI J, B ROULSTONE.The Influence of analysts, institutional investors, and insiders on the incorporation of market, industry, and firm-specificinformation into stock prices [J]. The Accounting Review, 2004,79(4): 1119-1151.

[101] RYTCHKOV O.Asset pricing with dynamic margin constraints [J].

Journal of Finance, 2014, 69(1):405-452.

[102] SCHIPPER K.Analysts' forecasts [J]. Accounting Horizon, 1991 (5): 105-131.

[103] SEGUIN P J, G A JARRELL.The irrelevance of margin: evidence from the crash of '87[J]. Journal of Finance, 1993,48(4): 1457-1473.

[104] SENCHACK A J JR, L T STARKS.Short - sale restrictions and market reaction to short-interest announcements[J]. The Journal of Financial and Quantitative Analysis, 1993, 28(2): 177-194.

[105] SETTE E.Competition and optimistic advice of financial analysts: evidence from IPOs[J]. Journal of Financial Intermediation, 2011, 20 (3): 441-458.

[106] STICKEL S E.Reputation and performance among security analysts[J]. Journal of Finance, 1992, 47(5):1811-1836.

[107] STICKEL S E.The anatomy of the performance of buy and sell recommendations[J]. Financial Analysts Journal, 1995,51(5):25-39.

[108] Stoll H.Market microstructure[J]. Handbook of Economics of Finance, 2003(1):553-604.

[109] STOLL H R.Inferring the components of the bid-ask spread: theory and empirical tests[J]. Journal of Finance, 1989, 44(1): 115-134.

[110] SUN L, K WEI.Intangible information and analyst behavior [R]. Hong Kong University of Science and Technology Working Paper. (2011). https://ssrn.com/abstract=1781172.

[111] VERMA R, P VERMA.Noise trading and stock market volatility [J]. Journal of Multinational Financial Management, 2006(17): 231-243.

[112] WANG S.Margin regulation and informed trading: evidence from China [R]. Midwest Finance Association Annual Meetings Paper, and Available at SSRN: (2012).http://ssrn.com/abstract=1929006.

[113] WOMACK K. Do brokerage analysts' recommendations have investment value[J]. The Journal of Finance, 1996, 51(1): 137-167.

[114] XU N, K C CHAN, X JIANG, et al. Do star analysts know more firm-specific information? Evidence from China[J]. Journal of Banking and Finance, 2013(37): 89-102.

[115] ZHAO Y, L CHENG, C CHANG,etc.Short sales, margin purchases and bid-ask spreads[J]. Pacific-Basin Finance Journal, 2013(24): 199-220.

[116] 蔡庆丰,杨侃,林剑波.羊群行为的叠加及其市场影响——基于证券分析师与

机构投资者行为的实证研究[J]. 中国工业经济,2011(12):111-121.

[117] 蔡庆丰.迷失的市场理性力量:表现、根源与治理——基于机构和分析师情绪应对及其市场反应的研究[J].厦门大学学报:哲学社会科学版,2013(5):104-113.

[118] 曹新伟,洪剑峭,贾琬娇.分析师实地调研与资本市场信息效率——基于股价同步性地研究[J].经济管理,2015,37(8):141-150.

[119] 丁颖颖,惠锋,马晶.最佳分析师——探寻真实价值[J].新财富,2003(26):45-45.

[120] 房振明,王春峰,曹媛媛.上海证券市场流动性模式的研究[J].管理工程学报,2005(2):33-39.

[121] 费孝通.乡土中国[M].北京:人民出版社,2008.

[122] 冯旭南,李心愉.中国证券分析师能反映公司特质信息吗——基于股价波动同步性和分析师跟进的证据[J].经济科学,2011(4):99-106.

[123] 冯旭南,李心愉.证券分析师盈余预测误差的决定因素:来自中国的证据和启示[J]. 首都经济贸易大学学报,2012(6):26-35.

[124] 胡奕明,金洪飞.证券分析师关注自己的声誉吗[J].世界经济,2006(2):71-96.

[125] 胡奕明,金洪飞.证券分析师关注自己的声誉吗[J].世界经济,2006(2):71-81.

[126] 李心丹,宋素荣,卢斌,查晓磊.证券市场内幕交易的行为动机研究[J].经济研究,2008(10):65-79.

[127] 李颖,伊志宏.分析师信息提前释放与市场流动性[J].宏观经济研究,2017.

[128] 李颖.证券分析师私有信息的获取、提前释放及其后果[D].北京:中国人民大学博士学位论文,2016.

[129] 刘海龙,仲黎明,吴冲锋.股票流动性的度量方法[J].系统工程理论与实践,2003(1):16-22.

[130] 陆正飞,刘桂进.中国公众投资者信息需求之探索性研究[J].经济研究,2002(4):36-43.

[131] 苏冬蔚,麦元勋.流动性与资产定价:基于我国股市资产换手率与预期收益的实证研究[J].经济研究,2004(2):95-105.

[132] 苏冬蔚.基于中国股市微观结构的流动性与执行成本分析[J].当代财经,2004(2):44-48.

[133] 万丽梅,逯东.中国证券分析师角色担当:声誉机制与市场环境的交互效应[J].当代财经,2013(3):64-73.

[134] 汪弘,罗党论,林东杰.行业分析师的研究报告对投资决策有用吗——来自中

国A股上市公司的经验证据[J].证券市场导报,2013(7):36-43.

[135] 汪勇祥,吴卫星.基于流动性的资产定价模型——中国股市"流动性之谜"的一个理论解释[J].经济学(季刊),2004(13):27-40.

[136] 王宇熹,洪剑峭,肖峻.顶级券商的明星分析师荐股评级更有价值么——基于券商声誉、分析师声誉的实证研究[J].管理工程学报,2012(3):197-206.

[137] 吴联生.投资者对上市公司会计信息需求的调查分析[J].经济研究,2000(4):41-48.

[138] 徐媛媛,洪剑峭,曹新伟.我国上市公司特征与证券分析师实地调研[J].投资研究,2015(1):121-136.

[139] 许年行,江轩宇,伊志宏,等.分析师利益冲突、乐观偏差与股价崩盘风险[J].经济研究,2012(7):127-140.

[140] 杨朝军,孙培源,施东晖.微观结构、市场深度与非对称信息:对上海股市日内流动性模式的一个解释[J].世界经济,2002(11):53-58.

[141] 杨之曙,李子奈.上海股市日内流动性——深度变化实证研究[J].金融研究,2003(6):25-37.

[142] 伊志宏,李颖,江轩宇.女性分析师关注与股价同步性[J].金融研究,2015(11):175-189.

[143] 伊志宏,王鑫斌,李颖.券商规模与分析师盈利预测准确性——基于分析师跳槽的经验证据[J].山西财经大学学报,2016(1):36-43.

[144] 游家兴,邱世远,刘淳.证券分析师预测"变脸"行为研究——基于分析师声誉的博弈模型与实证检验[J].管理科学学报,2013(6):67-84.

[145] 赵良玉,李增泉,刘军霞.管理层偏好、投资评级乐观性与私有信息获取[J].管理世界,2013(4):33-46.

[146] 郑方镳,吴超鹏.证券分析师报告市场反应研究综述[J],外国经济与管理,2006,28(12):40-47.

[147] 周吉人.重新认识流动性和流动性风险管理[J].宏观经济研究,2013(9):3-7,31.

[148] 周开国,李涛,何兴强.香港本地股与中资企业股的流动性差异研究[J].世界经济,2010(8):138-160.

[149] 朱红军,何贤杰,陶林.中国的证券分析师能够提高资本市场的效率吗——基于股价同步性和股价信息含量的经验证据[J].金融研究,2007(2):110-121.